目次 [INDEX]

あ
- アイコンタクト 10
- アイテム 10
- アイデンティティ 11
- アイドルタイム 11
- アイランドカフェテリア 12
- アウトソーシング 12
- アウトレット 13
- アジアンテイスト 13
- アシスタントマネジャー 14
- アップ・スケール 14
- 宛名広告 15
- アトモスフィアレストラン 15
- 洗場 16
- 荒利益高 16
- 安全在庫 17
- アンダーポーション 17
- アントレプレナー 18

い
- イートイン 18
- 一般消費税 19
- イメージアップ 19
- インストラクター 20
- インスペクター 20
- インセンティブ 21
- インフォーマル組織 21
- インフレーション 22

う
- 売上高 22
- 売上高対営業利益率 23
- 売上高予測 23

え
- 営業報告書 24
- 営業利益 24
- ABC分析 25
- エスニック料理 25
- エスプレッソ 26
- X・Y理論 26
- エデュケーター 27
- F・Bコントロール 27
- MIC 28
- エリアマーケティング 28
- エンゲル係数 29

お
- オーガニック 29
- オートチェーンブロイラー 30
- オーベルジュ 30
- お値打ち 31
- オピニオンリーダー 31
- オフィスオートメーション 32
- オペレーション 32
- オペレーションライン 33
- オリエンテーション 33
- オリジナル商品 34
- オンライン 34
- オンリーワン 35

か
- カーホップ 35
- 外食産業 36
- 外食費 36
- 改装計画 37
- 開店広告 37
- 開店準備 38
- 開店マニュアル 38
- カウンセリング 39
- 価格カルテル 39
- 価格政策 40
- 核店舗 40
- 家計調査 41
- 加工米 41
- カジュアルダイニング 42
- カジュアルレストラン 42
- 可処分所得 43
- 寡占 43
- 合併 44
- カフェ 44
- カフェテリア 45
- 株価収益率 45
- 株式上場 46
- 加盟金 46
- カリナリースクール 47
- カリフォルニアロール 47
- カルパッチョ 48
- 管理可能経費 48
- 管理者 49

き
- 機会損失 49
- 企業イメージ広告 50
- 企業内訓練 50
- 企業の社会的責任 51

索引

企業文化	51
技術提携	52
基準外賃金	52
季節変動指数	53
既存店売上高	53
気づき	54
キッチンプランナー	54
キッチンヘルパー	55
キッチンリーダー	55
キッチンレイアウト	56
機内食	56
客席案内係	57
客席回転率	57
客席稼働率	58
客席ゾーニング	58
客席レイアウト	59
客層	59
客単価	60
キャッシュフロー	60
ギャベジ缶	61
キャリアパス	61
キャリアファイル	62
休憩室	62
牛肉の輸入自由化	63
教育	63
教育担当者	64
狂牛病	64
競合店調査	65
競争価格	65
競争市場	66
共同仕入れ	66

く

苦情処理	67
口コミ	67
クリエイティブライン	68
グリドル	68
グリルチキン	69
クルトン	69
グレードアップ	70
クレープ	70
クローク	71
クローズドキッチン	71
訓練	72

け

経営参加	72
経営戦略	73
経営理念	73
ケーススタディ	74
ケータリングサービス	74
月次損益計算書	75
原価	75
限界利益	76
原価管理	76
減価償却費	77
現金過不足	77
現金管理	78
権限委譲	78
減損会計	79
限定メニュー	79
現場訓練	80
検品	80
現物給与	81

こ

考課	81
郊外化	82
降格	82
貢献利益高	83
広告	83
拘束時間	84
行動科学	84
購買動機	85
合弁会社	85
後方部門	86
コース別人事管理	86
コーディネーター	87
コーヒーショップ	87
コーポレートガバナンス	88
コールドチェーン	88
顧客管理	89
顧客満足	89
個人経営	90
コストコントロール	90
コストダウン	91
コストパフォーマンス	91
コックレスキッチン	92
固定長期適合比率	92
固定費	93
固定比率	93
コミサリー	94
コミュニケーション	94

索引

コラボレーション	95
コングロマリット	95
コンサルティングセールス	96
コンシューマリズム	96
コンセショナリーチェーン	97
コンセプト	97
コントローラー	98
コントロール	98
コンビオーブン	99
コンビニエンスストア	99
コンビニエンスフーズ	100
コンビネーションメニュー	100
コンプライアンス	101
コンベンション	101

さ

サービス残業	102
サービスステーション	102
サービスレベル	103
サイクルメニュー	103
在庫	104
在庫コントロール	104
最低賃金	105
採用	105
材料ロス	106
サインボード	106
先入れ先出し	107
作業割当て	107
サバーバンエリア	108
サプライ	108
3S運動	109
残業	109
残業手当	110
サンプルケース	110

し

CI計画	111
仕入れ	111
シェフレスキッチン	112
資格認定制度	112
時価発行	113
時間帯責任者	113
自己啓発	114
自己資本	114
自己申告制度	115
仕込み	115
資産再評価	116

市場占拠率	116
市場調査	117
シズリングセールス	117
視聴覚教育	118
支店経営	118
自動販売機	119
品切れ	119
シフト表	120
資本回転率	120
資本構成	121
資本収益率	121
資本装備率	122
社会貢献度	122
借地権	123
社内報	123
ジャパネスク	124
週間管理	124
週間損益計算書	125
週休2日制	125
従業員持株制度	126
就業規則	126
集合教育	127
終身雇用制	127
集中仕入れ	128
熟成	128
出張パーティ	129
出店候補地売上高算出方式	129
主力商品	130
商圏	130
小集団活動	131
小商圏	131
仕様書発注	132
昇進	132
商勢圏	133
消費者の権利	133
消費者優先主義	134
消費税	134
消費性向	135
商品回転率	135
商品開発	136
情報管理システム	136
ショートニング	137
初期投資	137
食育	138
職階	138

索引

食材料費	139
食中毒	139
職能給	140
職務給	140
ショットバー	141
ショッピングセンター	141
シルバーマーケット	142
シンク	142
シングル市場	143
人件費	143
人材カード	144
人事考課	144
新メニューテストラン	145

す

推奨販売	145
水道光熱費	146
数値責任制	146
スーパーインテンデント	147
スーパーバイザー	147
スーパーバイジング	148
スクラッチ	148
スクラップ&ビルド	149
スケールメリット	149
スタンダード	150
スタンバイ表	150
ストアイメージ	151
ストアオペレーション	151
ストアブランド	152
ストアロイヤルティ	152
ストレージ	153
スパン・オブ・コントロール	153
スピンアウト	154
スペシャリティストア	154
スペシャリティディナーハウス	155
スローフード	155

せ

成果主義	156
成果配分	156
生業	157
セーフガード	157
セールスキャンペーン	158
設定温度	158
ZD運動	159
セットメニュー	159
専門店	160
洗浄機	160
選択食	161
セントラルキッチン	161

そ

総労働時間	162
組織	162
ソフトオープン	163
ソムリエ	163
損益分岐点	164

た

第3セクター	164
大衆消費社会	165
大衆商品	165
大衆ステーキハウス	166
退職率	166
ダイナミックマネジメント	167
多角化	167
タスクフォース	168
棚卸し	168
棚卸表	169

ち

地域一番店	169
チーズ	170
チームプレー	170
チームワーク	171
チャーブロイラー	171
チェーンストア	172
チェッカー	172
チェックリスト	173
中央仕入れ	173
駐車場	174
厨房機具	174
調理済み食品	175
調理ロス	175
チルド輸送	176
賃金	176
賃借料	177

つ

付け合わせ	177

て

提案制度	178
定期昇給	178
定期補充制	179
テイクアウト	179
ディシャップ	180

ディシャップコール … 180	ドライブスルー … 202
ディスカウントストア … 181	トレーサビリティ … 203
ディスクロージャー … 181	トレードオフ … 203
抵当権 … 182	トレーナー … 204
ディナーハウス … 182	トレーナーズガイド … 204
定量補充制 … 183	トレーニング … 205
テーブルサービス … 183	トレーニングセンター … 205

な

- 内部留保 … 206
- ナショナルチェーン … 206
- ナショナルブランド … 207
- ナン … 207

テーブルセッティング … 184	
テーマレストラン … 184	
適正規模 … 185	
適性検査 … 185	
適正在庫 … 186	

に

- ニーズ商品 … 208
- 日計表 … 208
- 日配品 … 209
- 入社前教育 … 209
- 人時売上高 … 210
- 人時生産性 … 210
- 人時来客数 … 211

テストマーケティング … 186	
テストラン … 187	
手付金 … 187	
デッドストック … 188	
テナント … 188	
デベロッパー … 189	
デポ … 189	
手待ち時間 … 190	
デリカテッセン … 190	

ね

- 値上げ … 211
- ネーミング … 212
- 値頃 … 212
- 年功序列型賃金 … 213

の

- 納品書 … 213
- 能力開発 … 214
- 暖簾分け制度 … 214
- ノンバンク … 215

デリバリーサービス … 191	
TV広告 … 191	
電化厨房 … 192	
電子レンジ … 192	
点心 … 193	
店長 … 193	
店長育成プログラム … 194	
店長室 … 194	
店長推薦メニュー … 195	
店長利益分配制 … 195	
店舗外観 … 196	
店舗視察 … 196	

は

- バーチカルマーチャンダイジング … 215
- パーティション … 216
- ハードウエア … 216
- パートタイマー … 217
- パートナーシップ … 217
- 配送センター … 218
- 配送費 … 218
- 配置転換 … 219
- 配当金 … 219
- バイヤー … 220
- ハウスオーガン … 220
- パスタ … 221
- バスボックス … 221
- バッシング … 222

と

- 等価交換方式 … 197
- 動機づけ … 197
- 動作 … 198
- 動線 … 198
- 同族会社 … 199
- トータルプライス … 199
- ドーナツ化現象 … 200
- 独占 … 200
- 独立店舗 … 201
- ドミナントエリア … 201
- ドメイン … 202

索引

発注	222
発注点	223
抜擢	223
パネルディスカッション	224
パパママ店	224
パブ	225
パブリシティ	225
バラエティミート	226
パレット	226
ハンドブック	227
パントリー	227
ハンバーガーパティ	228
ハンバーグ	228
販売促進	229

ひ

PR	229
BGM	230
引当金	230
ビストロ	231
ヒューマンリレーションズ	231
評価	232
標準化	232
標準在庫量	233
標準人員配置	233
品質管理	234

ふ

ファームバンキング	234
ファサード	235
ファストカジュアル	235
ファストフードチェーン	236
ファミリーダイニング	236
フィッシュアンドチップス	237
ブイヤベース	237
フィンガーフード	238
フードコーディネーター	238
フードコストコントロール	239
フォーカス	239
フォンデュー	240
付加価値	240
含み資産	241
物的流通	241
歩積み・両建て預金	242
プライスゾーン	242
プライスライン	243
プライスリーダー	243
プライスレンジ	244
プライベートブランド	244
フライヤー	245
ブラック企業	245
フランチャイズチェーン	246
フルタイマー	246
ブレーンストーミング	247
プレゼンテーション	247
ブレッケージ	248
プレパレーション	248
フロアコントロール	249
ブロイラー	249
プロジェクトチーム	250
プロダクトマネジャー	250
不渡手形	251
分業	251
分社	252
粉飾決算	252
分野調整法	253

へ

ベーグル	253
ベースアップ	254
ヘッドハンター	254
ベビーシャークス	255
ベンチャービジネス	255
変動費	256

ほ

報告	256
豊富さ	257
ボーナス制度	257
ホールレイアウト	258
POSターミナル	258
ホスピタリティ	259
POP広告	259
ボランタリーチェーン	260
本部	260

ま

マーケットセグメンテーション	261
マーケティング	261
マーケティングエリア	262
マーチャンダイジング	262
マスメディア	263
マテハン機器	263
マニュアル	264
マネジメント	264

み
- マネジメントサイクル ……… 265
- マネジャー ……… 265
- マンパワーデベロプメント … 266
- 見えざる経営資産 ……… 266
- 店前交通量 ……… 267
- ミドルマネジメント ……… 267

め
- 名声店 ……… 268
- 命令 ……… 268
- メニュー計画 ……… 269
- メニュー表 ……… 269
- メニュー変更 ……… 270
- メニューミックス ……… 270
- メンテナンス ……… 271

も
- モチベーション ……… 271
- モニター制度 ……… 272
- モラール ……… 272
- モラールサーベイ ……… 273

や
- 安さ ……… 273
- ヤングアダルト ……… 274

ゆ
- ユーティリティコスト ……… 274
- ユニット店舗 ……… 275
- ユニフォーマティ ……… 275

よ
- 要員計画 ……… 276
- 余暇 ……… 276
- 予算制度 ……… 277

ら
- 来客数 ……… 277
- 来店頻度 ……… 278
- ラインスタッフ ……… 278
- ラックジョバー ……… 279
- ラム ……… 279

り
- リージョナルチェーン ……… 280
- リース方式 ……… 280
- リーダーシップ ……… 281
- リードタイム ……… 281
- 利益 ……… 282
- 利益管理 ……… 282
- 利益分配制 ……… 283
- リザルトマネジメント ……… 283
- リストラクチャリング ……… 284
- 立地 ……… 284
- 立地開発担当 ……… 285
- 立地変更 ……… 285
- リベート ……… 286
- 流動比率 ……… 286
- 料理長 ……… 287
- リ・ロケーション ……… 287
- 稟議制度 ……… 288

れ
- レイアウト ……… 288
- 冷蔵庫 ……… 289
- 冷凍庫 ……… 289
- 冷凍食品 ……… 290
- レギュラーチェーン ……… 290
- レシピ ……… 291
- レトルト食品 ……… 291
- レトロ調 ……… 292

ろ
- ロイヤリティ ……… 292
- 労働協約 ……… 293
- 労働組合 ……… 293
- 労働生産性 ……… 294
- 労働分配率 ……… 294
- ローカルチェーン ……… 295
- ロールプレーイング ……… 295
- ロス退治 ……… 296
- ロスリーダー ……… 296

わ
- ワーカー ……… 297
- ワークスケジュール ……… 297

装丁・本文デザイン／筒井英子

アイコンタクト　　　　　　　　　　　　　eye contact

　言葉や指示で表現せずに、目でコミュニケーションをとること。目で合図をすれば、相手が動いてくれたり、納得して待ってくれる状態を指す。

　アイコンタクトは、働く者同士で行なえるようになると、店はチームワークがよくとれて、よいサービスができ、キッチンでは早く商品が提供できるようにもなる。

　アイコンタクトでコミュニケーションをとれるようになるためには、サービスの優先順位が決まっていることが不可欠だ。どんなチームワークで行なうのかがよく理解できていないと、まったく役立たずになってしまう。

　お客さまを優先して、いま何をサービスすべきかの行動がとれるように、ルールがありトレーニングが行なわれていなければならない。そして、お客さまの要求に気づいたサーバーは、笑顔でお客さまにアイコンタクトを交わすことも大切だ。

アイテム　　　　　　　　　　　　　　　　　item

　メニューの1品目のこと。メニューは品種と品目の組合せでできている。スパゲティ、ハンバーグは品種であり、品種を構成する1品が品目である。

　スパゲティの中には、カルボナーラ、ナポリタン、和風スパゲティなどがあるが、それら1品1品をアイテムという。スパゲティという品種の中にいくつかのアイテムが存在することになる。

　アイテム数は、主力商品を強調する時に重要となる。

　品種を絞り込むことによって店の特徴をはっきりさせる。その専門品種の中で、アイテムごとに選ぶ楽しさや味つけ、演出の工夫をすることになる。

　専門店は品種を絞り込んだ店のことだが、チェーン化を進める時には、常に新しいアイテムの開発が必要となる。

　アイテム数はどんどん増やすのではなく、売れないものは、新しいアイテムに変更していくことが大切である。

アイデンティティ　　　　　　　　　　　　　identity

　店や会社の持つイメージ、主張などに統一性があること。
　企業のアイデンティティのことをコーポレートアイデンティティという。アイデンティティは、一貫性、統一性があって、店や会社の個性が内外によく伝わる状態をつくりだすために使用される。
　外食のアイデンティティは、メニュー構成やデザインで表現される。メニューは、何を売り物にしているのかが明確であり、その主力商品の品種、品質、価格、ボリュームなどで常に統一されたイメージがあることが必要である。
　デザインは、店舗や看板、ユニフォーム、器などを指すが、お客さまの目に映るデザインには一貫性があって、店の売り物がいつでも誰にでもわかりやすく伝わる安心感のあるものにしたい。

アイドルタイム　　　　　　　　　　　　　idle time

　来客数が少ない時間帯のこと。アイドルタイムの反対に使用される用語は、来客数の多いピークタイムである。
　一般的に、外食の店は、ランチ、ディナーがピークタイムで、それ以外はアイドルタイムとなる。
　ピークタイムは、ランチは12〜13時となるが、繁盛店になるためには、それ以外の時間帯も来客数が途切れないように、オペレーションの強化を図ることが必要だ。
　大切なことは、ピークタイムに売上げの機会損失を発生させないことである。そのためには、1時間の来客数を予測して、それに対応できるように、必要な人員数を揃えなければならない。
　アイドルタイムには、客層に合わせてサービスを変えたり、新たなメニューを開発する必要もある。

アイランドカフェテリア　　island system cafeteria

　セルフサービスの給食施設で、品種の異なるメニューごとに独立した提供カウンターを持つスタイルのこと。
　一つのレーンを長くすると、長蛇の列ができて、一度に多数の来店客にサービスすることが難しくなる。そこで、短時間に多くの人にサービスするために考えられたのが、品種ごとにサービスレーンやカウンターを持つスタイルである。
　アイランドカフェテリアは、社員食堂に多く採用されている。たとえば、麺コーナー、ハンバーグコーナー、丼コーナーという具合に、好みのカウンターに直行して早く食事を済ませられるように便宜を図っている。このスタイルでは、食事代は食事後に出口で支払うようにして、回転を速くし、人員の効率を図る工夫がなされている。

アウトソーシング　　out sourcing

　会社の業務を外部の会社に委託すること。
　アウトソーシングは、外部の人手と技術を買って経営の効率化を図ることを目指すための手法である。
　外食業のアウトソーシングは、経理をはじめとする事務作業が多いが、規模拡大とともに店の特徴を表すため、工場の物流システムの面でも増えていく。
　メニューに個性を出すためには、基本的にはセントラルキッチンを必要とする。だが、その技術訓練の手間と投資のリスクを避けるために、個性を保ちながらアウトソーシングすることがある。これが「仕様書発注」である。
　工場とともに規模拡大のために欠かせないのが、配送施設とその仕組みの確立だ。事務作業のアウトソーシングに比べて、工場配送には委託先を指導する知識や技術が必要である。

アウトレット　　　　　　　　　　　　　　　　outlet

　工場直売の安売り店のこと。もともとは衣料を製造する会社が在庫を処分するためにはじめた商法である。

　人気ブランド品が安く買えるということで、遠くから来店客があったことから、そのやり方を1社だけではなく複数で、しかも業種構成を考えて、ショッピングセンター型にしたのがアウトレットモールである。

　アウトレットモールでは、モールに出店する全テナントがナショナルブランド品を30〜50％くらい割安にした価格設定としているのが特徴だ。テナントは、工場（メーカー）とそれを専門とする小売業者から構成される。

　ショッピングセンターのデベロッパーはテナントに対して、市場価格より最低何％以上安く提供するように要求している。

　有名ブランドを安く提供する商業施設は、ほとんどがアウトレットと呼ばれるようになってきた。

アジアンテイスト　　　　　　　　　　　　asian taste

　アジアの代表的な料理である中国料理や東南アジア諸国の料理を日本風やアメリカ風にアレンジした料理。

　各国料理が広く浸透していくのは、移民した人たちが中心となって母国料理を楽しむことからはじまる。その文化交流の国際化が進むと、外国料理を自国風にアレンジするケースが増えてくる。

　アメリカのアジアンフードは、主に800万人を超えるアジア系の人たちが広めたものだが、中国料理や日本料理の普及につれてアメリカ人自身がそのアイデアを活かしてアメリカ風にアレンジし、より人気を博すようになった。

　日本でアジアンフードが普及したのは、日本人が料理を日本人に合うように工夫し、特に居酒屋料理として人気を高めたからだ。アメリカではPanda express、Shop Houseなど、アジア系の料理のチェーンが育っている。

アシスタントマネジャー　　　assistant manager

　一般には、副支配人、副店長と呼ばれる人。将来の支配人、店長を目指す人でもあり、その職務は店長をサポートすることだ。店の責任はすべて店長に帰属するが、アシスタントマネジャーには、常に店長を支える役目がある。と同時に、上司である店長から仕事を奪うくらいの意欲も求められる。

　店の規模が大きくなると、複数配置することもある。たとえば、日本料理、中国料理と業種が複数になると、それぞれにアシスタントマネジャーを置く。

　店のマネジメントの良し悪しは店長の能力に負うところが大きい。しかし、店内の人間関係や雰囲気をつくるのは二番手の役割が大切になる。副店長は部下のよき理解者であり、みんなの気持ちを盛り上げると同時に、上司である店長の方針や重点課題を把握して部下に伝え、実績をあげる大切な役割がある。

　よきアシスタントこそが、よき店長や支配人になれる。

アップ・スケール　　　up scale

　提供する商品やサービス、店の雰囲気をよくして、お客さまの満足度を高めること。

　アップ・スケールは、高級化よりも、むしろ商品開発や教育訓練の努力によって、これまでの店よりも、センスのよさや、おいしさやサービス力ではるかに上回ることで、提供する価値を高めていくことを意味する。

　企業にとっては、規模の拡大による価格引下げやマーケティング力によって売上高を伸ばすことよりも、時代の要求に的確に対応しながら商品やサービスの強化でアップ・スケールを実現することが何よりも大切となる。

　同じ商品を永年にわたって提供し、食材の見直しや工場の整備、キッチンの機器開発を進めて店舗のオペレーション力を上げ、あらゆる面から品質向上を実現して消費者の支持を得る努力が企業の生命線である。

宛名広告(あてなこうこく) direct mail advertising

　郵便、配送システムを利用して見込客に直接郵送する広告のこと。一般にはDM（direct mail）といわれる。

　郵送先の宛名が自社の固定客や特別な催し物にぴったりと合致すれば、広告効果の上がる方法である。何をお客さまに訴えるか、その広告の目的が明確でなければならない。売り物をはっきりさせるとともに、DMそれ自体のデザインが重要だ。店のイメージ、商品のイメージ、食欲をそそるキャッチフレーズが大切になる。

　料理のカラー写真や宴会のセールスポイントが鮮明に打ち出されていることが必要である。

　DMには、中身を読まなくとも、どこの店の物なのかすぐにわかるだけの個性があり、内容も店の得意な商品である必要がある。

　DMは固定客の信頼がより増すような企画の告知でなければならない。

アトモスフィアレストラン atmosphere restaurant

　店のデザインが個性的で高級感のあるレストラン。デザインの中に地域性や民族文化を表現し、お客さまの印象に強く残るような演出を行なう。

　ファストフード、ファミリーレストランが発達するにつれて、個性的な店づくりと限定メニューで高級感のあるディナーを中心とした店が人気を博すようになった。

　アトモスフィアレストランは、ディナーの時間帯に力を注ぎ、アルコールの売上げ構成比の高いことが特徴である。

　個性のあるデザインと高級感を生み出す高級食材の使用と、ハイレベルなサービスが不可欠である。店の照度を落としてテーブルにスポットを当て、"あなただけの客席"という雰囲気を醸し出す。

洗場(あらいば) — dish washer

　洗場は、食事の終えた器や備品を洗う作業を行なう場所だが、客席と洗場、調理担当者と洗場の連携が、忙しい時には重要となる。

　汚れた食器、什器・備品を洗う場所の主役となるのは食器洗浄機である。

　土曜、日曜日のように長時間にわたって来店客が続くと、片づけた食器類をいかに洗浄機に早く入れるか、そのサービス動線や汚れた皿類を置くスペースのとり方が大切になる。

　洗浄を終えた食器類をいかに早くキッチンに運ぶかも大切になる。接客担当者と洗浄担当、調理担当者の役割分担を明確にするとともにチームワークが必要である。

荒利益高(あらりえきだか) — gross profit

　売上高から材料費を引いた数字で、粗利益高ともいう。

　荒利益高は、売上高を上げて、材料費を抑えることで大きくなる。

　特に、材料費をコントロールする技術が必要である。食材の発注技術、在庫管理、調理担当者が食材と調味料の使用分量を正確に守ることが重要である。

　荒利益高を拡大して、そこから人件費をはじめとする経費を節約しながら利益の拡大を目指していく。

　人件費は、荒利益高の40〜50％で管理する。売上高対比で人件費やその他の経費をコントロールするよりも、荒利益高対比で行なう方が利益確保が確実である。

　荒利益高÷売上高×100は荒利益率となる。

<ruby>安全在庫<rt>あんぜんざいこ</rt></ruby>

satety stock

在庫が適正で、お客さまに迷惑をかけることなく、また在庫過多でもない状態を安全在庫という。

品切れは、売上高の機会損失を生むばかりではなく、店の信頼を失うことにもつながる。

品切れを起こさないためには発注技術がポイントになる。発注技術とは、売上高予測とそれに必要な商品数量の予測に基づいて必要な在庫量を導き出し、現在ある食材の在庫量を調べて発注量を決定する技術である。

この技術を実際に活用するには、店長による食材の発注が会社としてルール化されていなければならない。

普通、必要食材の10〜15%分をプラスして発注すれば安全在庫となる。

アンダーポーション

under portion

1人前の料理の量が規定よりも少ないこと。分量が少ないのは、使用する食材が不足しているからである。お客さまの目にも、料理は魅力的に映らないし、味も基準通りのものに達しないので、お客さまの信頼を損なう原因となる。

正しい分量を使用するためには、商品開発の際に、料理担当者が作成したレシピを丸暗記し、調理トレーニングを受ける必要がある。

分量を間違わないためには、仕込みの際に1人前用の食材を準備したり、ソースやスープの量を適量にする道具を開発する必要もある。

キッチンの責任者がいつもできあがった料理をチェックして、スタッフの技術レベルを確認する習慣も大切である。

アントレプレナー

entrepreneur

　事業を意欲的に起こす企業家。アントレプレナーは、組織からスピンアウトして、革新的な事業をはじめた経営者を指している。

　しかし、会社の外に出なくても、旧来の会社の中で、これまでとはまったく発想を変えて、組織に大きな変革を起こす人材のこともアントレプレナーとして、社会的に高く評価される。

　大企業の変革では、社内にいくつもの事業部をつくったり、組織改革プロジェクトをつくる。これまでとはまったく異なる業種や製品を生み出すとともに、組織の活性化を推進することで社会へ大きな刺激を与えてゆく。

　国の活性化は、新しい産業社会をつくることによって実現される。常に社会を変革して、成長の道を歩む経営者の誕生が必要である。

イートイン

eat in

　店内に客席を持つ店で、その場で喫食すること。

　店内で食事をする店は、長くテーブルサービスレストランに限られていたが、テイクアウトを主体としたファストフードチェーンや食品スーパーが、販売した食事をその場ですぐに食べられるようにセルフサービス形式の店をはじめた。

　ファストフードチェーンは、客席を持ったことで、ファミリー客の獲得が実現して、土、日、祭日の売上げを伸ばした。朝食メニューの開発にも、成功を収めている。

　イートインで注目される動きが、食品スーパーが売場で売っているサンドイッチや惣菜、パンをその場で食べられるように客席を持つようになったことである。特につくりたての惣菜に力を入れる高級なスーパーマーケットは、イートインの設備を必ず持つようになってきた。

一般消費税
いっぱんしょうひぜい

comsumption tax

商品やサービスを受けた代金に対してかかる税金。日本では現在8％で一律となっている。アメリカでは、消費税率は州ごとに違いがある。

国を運営するうえで、個人の収入や企業の収益に対してかけられる税金のことを直接税といい、消費税のように、納税義務者が違う税金を間接税という。

税金は公平性を大切にしているので、本来は、収入の多い企業、個人が負担すべきものであるが、経済の成長が進む国では、国の収入の税源として消費税が柱の一つとなっている。

酒、タバコ、ゴルフ等にかけられる税金のことを個別税という。

イメージアップ

image up

店の印象をよくしてお客さまの来店動機を促すように変化させること。イメージアップ作戦は、まず店舗の内外装のデザインの変更によって行なう。デザインと店舗カラー、看板の変更なども含まれる。

外観の変更は店の変化を知らせ、魅力を感じさせることにつながるが、内装の変更のほうがより効果的だ。店に足を踏み入れた途端、お客さまに好印象を与えることが大切だが、そのポイントはインテリアの変更と清潔感の演出である。

最も大切なことは、人の表情、動きの変化である。

イメージアップとは結局、働く人たちの考え方が変わり、表情やサービスが変化することによって実現されるからだ。

つまりここでは、訓練の見直し、採用の見直しが必要ということになる。デザインのイメージアップは一時的なものだが、人のイメージアップは常にし続けなければならない。

インストラクター　　　　　　　　　　　instructor

　社内の教育・訓練担当者のこと。一般にインストラクターは定型訓練を行なう人のことをいう。

　インストラクターは、店やオフィスで必要な知識、技術を教える一方、現場の教育訓練に主に取り組まなければならない。

　訓練は、決められた通りの作業が確実にできるように体系的に教えていくことが必要である。社の方針、経営理念が理解でき、商品やサービスのスタンダードを動作で表現できるようにする。店やオフィスに必要な知識や技術を体系的に教えられるように準備されたものが、トレーニングマニュアルである。

　インストラクターは、末端の作業者に導入の教育・訓練を行なうと同時に、部下を持つ人に対して教育・訓練の方法を教えることも求められている。部下の指導方法、面接方法など、責任者として必要な知識について基本を教える。

インスペクター　　　　　　　　　　　inspector

　会社で決めた通りに店が運営されているかをチェックする人。店のレベルのスタンダードを維持するための見張り役である。

　インスペクターが機能するためには、まず店の運営に関する細かい決め事、マニュアルがなければならない。食材の在庫方法、清掃、事務室の整理整頓などの状態が決められた基準に達しているかをチェックする。店長はインスペクターのチェックに基づき、改善点を確認し、自分でできない時は上司のマネジャーの援助を得ながら、店を常にあるべき状態に維持する。

　インスペクターは、店長の経験がなくても十分担当できる。しかし、チェーンによっては、インスペクターとスーパーバイザーの職務が同一の場合もある。

　インスペクターとは検査官であり、スーパーバイザーは店長の上司で指導を行なう人である。店の規模が大きくなり、サービスや商品の基準の維持が難しくなると、スーパーバイザーにはインスペクターとしての能力が求められる。

インセンティブ　　　incentive

　仕事の意欲を高めるために刺激となる表彰など。一般的には、インセンティブとして奨励金を出す場合が多い。店長や現場で働く人たちにわかりやすい目標を与え、店のサービスと収益向上に貢献することを期待して出される。店の売上高や利益に短期的な目標が与えられるとインセンティブの成果が生まれやすい。シンプルな目標であればあるほど参画意欲は高まる。

　店長のインセンティブは、売上高と利益の向上によるものが望ましい。調理や接客担当者には、特定の商品の販売数量やサービスの向上につながる顧客満足度に関するものが良い。

　マネジャーのインセンティブには、売上高、利益に加えて人材育成の項目が加わることも必要だ。店長が主体となり、店の目標を働く一人ひとりの目標に置き換えることで意欲を刺激していくと、より大きな成果が期待できる。

インフォーマル組織（そしき）　　　informal organization

　会社で公表している組織図以外に存在する、非公式のグループ、人の集まりのこと。

　会社では、組織図に基づいて上司と部下、ラインとスタッフという具合に仕事を明確に分業化し、個人の仕事の範囲も定められている。仕事は、公式の組織通りに進められているはずだが、社内の情報や意思決定は、非公式のグループを通じて伝わっていく場合が多い。このインフォーマル組織を上手に活用すると、そのプラス効果は大きい。

　インフォーマルな組織の代表は、出身校や郷土、趣味が同じ人の集まりや、クラブ活動などが挙げられる。それぞれの育った環境で生まれる同志的結合である。社内の人間関係をよくして社員同士が助け合い、職場を楽しくするのは非公式なグループの集まりであることが多い。

　あくまでもモラールの向上、社内の人の輪づくりで役立つのがインフォーマル組織である。

インフレーション　　　　　　　　　　　inflation

通貨の流通量が増えすぎて貨幣価値が下がり、物価が上昇すること。

物価が緩やかに上昇しながら、経済成長で収入が物価上昇を上回っていれば、生活は安定する。

インフレーションの反対はデフレーションで、通貨の流通量が減って貨幣価値が上がり、物価を下げる状態を指す。

価格上昇と経済成長を伴うインフレーションは、資金の借入や事業の拡大を可能にするが、デフレーションになると、貨幣価値が高くなって借入金の返済が困難になる。

国の経済が安定している時は、緩やかなインフレーションで、金利が安定し、投資、消費が物価上昇を上回っている状態である。

売上高（うりあげだか）　　　　　　　　　sales volume

商品やサービスを売って得た代金のこと。売上高は、客数と客単価から成り立っている。客数を増やすためには、価値のある商品、サービスを提供する必要がある。店の人気のバロメーターは、客数で表される。

客数を増やすためには、メニュー開発、サービス方法、店舗デザイン等の研究が必要である。客単価を決めるのは、主力商品の単価と接客技術である。価格政策と接客訓練によって客単価は大きく違ってくる。

経営上で重要なことは、常に客数を増やしながら、売上高を上げ続けることである。たとえ売上高が上がっていても、それが客単価アップだけによる場合は注意しなければならない。客数を増やしながら、接客の向上によって、徐々に客単価を上げていくことが理想的である。経営の活力や成長性を重視する場合は、店長の評価は利益よりも売上高優先の方針をとったほうが得られる利益は大きい。

売上高対営業利益率　operating profit of store

　店が売上高と経費のコントロールを行なうことで生んだ利益率のこと。

　一般的に、売上高を獲得するために店長が使った経費を引いて残った利益を店舗貢献利益という。経費は主に原価、人件費、水道光熱費など売上高の大小に応じて使用される経費で、これを変動経費という。

　さらに、店舗貢献利益から、家賃や店舗資産の減価償却費等の売上高に関係なく毎月支払われる固定経費を引いて残った利益が営業利益である。これを売上高で割ったものが売上高対営業利益率で、％で示される。

　売上高に応じて一定の本部費を店舗に賦課している場合には、本部費は特別変動費として考えて、営業利益からこれを引いて経常利益とすることもある。

　売上高対営業利益率は12％以上確保することが望ましい。

売上高予測　store sales forecast

　売上高予測には、予算編成に使用されるものと、店長の毎日のオペレーションを行なうためのものとの2通りある。

　予算編成には、来期の12ヵ月間の売上高と経費の計上が行なわれ、店舗の利益予算が決定される。

　この予測はあくまでも店長の意志よりも会社や営業部内の意志が尊重されて、トップの意志をいかに実現してゆくかが大切になる。

　店長が売上高予測をする際に最も大切なのは、店長としてのマネジメントにきちんと取り組むことである。具体的には、ワークスケジュールや食材の発注やスタンバイ（仕込み）を正確に行ない、売り逃しを失くすとともにコストのロスを発生させないことだ。

営業報告書 business report

　会社の決算状況を数字でまとめ、株主や利害関係者に報告する書類。株主から会社を預って経営した結果の報告書である。上場会社は全株主に配布し、報告する義務を負う。

　最低限含まれなければならないのが、会社の財務状態を示す貸借対照表と、その期の利益状況を示す損益計算書だ。また、利益処分案を報告して株主の承諾を得る必要がある。

　報告書の内容は期間中の業務報告が主であり、経営者の政策や戦略を表明し、その成果についても触れる。また、今後の経営方針についても積極的な意思表示を行なう。

　小さな会社であっても、営業報告書は不可欠だ。将来に夢を持つトップは毎期、営業報告書を作成し、自らのロマンや企業の将来像を理解してもらえるように、銀行や取引先に対してメッセージを送る必要がある。

営業利益 operating profit

　売上高から売上原価、人件費、家賃など経費を引いた後に残った利益のこと。

　営業利益から金利や配当金など、営業とは直接関係ない収入や支出を加減したものを、経常利益という。営業利益を売上高で割ったものを営業利益率という。営業利益とは本業で稼いだ利益であり、外食業では営業利益率を10%以上確保することを目指す。営業利益は収益性の安定度を見るために重要である。

　営業利益率を高くするためには、まずオペレーション力と商品力を高め、良い立地を押さえて高い売上高を確保することが必要となる。次いで原価をコントロールする現場の技術や荒利益率を高くする商品開発が重要となる。

　人件費率のコントロールのためには、よくトレーニングを行なって高い労働生産性を確保する必要がある。

ABC分析
えーびーしーぶんせき
ABC analysis

　メニューの重点を明確にするためにメニューを分類し分析すること。メニュー数が多い店は、材料や調理に無駄が多くなる。メニュー変更の際に売れていないメニューは省き、仕入れと調理を合理的に進めるために使用する技術である。

　メニューの品数が50品目あっても、その店の売上高の大部分を占める商品は10品目くらいの場合が多い。そこで、売上高に占める比率の高い限られた品目に努力を集中し、より品質を高め、経営の無駄を省く努力をする。

　ABC分析はまず、1品目ごとに売上高を集計し、出数に単価を掛けて売上高を算出する。それを総売上高で割ると、1品ごとの売上高占有比率が出る。この比率が高い順に累計していき、全体の売上高の75%までを占めるメニューをA部門という。次に、20%を占めるメニューをB部門という。残りの5%の商品をC部門といい、この部門はカットしても店の売上高と利益にはさして影響はない。

エスニック料理
りょうり
ethnic food

　一地域の民族料理であまり知名度のない商品。味の演出に個性があり、そうした料理を提供する店は建物、インテリア、ユニフォームなども異国情緒あふれるものが多い。

　エスニック料理はポピュラーになるとその資格を失う。中国料理、メキシコ料理、イタリア料理、日本料理などは、多くの国々で異国性が完全になくなりポピュラーな料理になっている。

　世界中で人の往来が激しくなると、文化や生活習慣が情報として、あるいは個人体験として広まっていく。そうして人々の理解度が深まると、料理のグローバル化は一気に進んでいく。

　人種や民族を超えて、料理を文化の一つとして理解し合えることは素晴らしいが、大切なことは、各国の料理を正しく理解し、それを再現することである。オリジナリティを守りながら、現地に適応することの大切さを忘れないことである。

エスプレッソ
espresso

イタリア式のコーヒーで、イタリア料理の普及とともにヨーロッパからアメリカ、全世界に浸透した。カフェインの少ないアラビカ種のコーヒー豆を深く焙煎し、エスプレッソマシンを使って水蒸気で一気に抽出したものである。

エスプレッソマシンと水蒸気を使用する演出と、コーヒーの香りが店内にあふれることからファンに受け入れられ、ホテルやコーヒーショップ、レストランのコーヒーの主流になった。

特にスターバックスコーヒーはそのコーヒーを普及させたリーダー企業で、世界中にエスプレッソを広めることに貢献した。多くのファストフードやファミリーレストランもエスプレッソマシンを導入し、コーヒーの香りとコクのある味を売り物にしている。ミルク、チョコレートシロップ、オレンジなどを加味してバラエティを出している。

X・Y理論（えっくすわいりろん）
X theory Y theory

アメリカの心理・経営学者ダグラス・マクレガーが提唱した人間行動管理学についての用語。マクレガーは、XとYの2つのタイプに管理者を分類し、企業活動にどのように活用していくかを訴えた。

Xは、上意下達の命令と強制によって目的を達成するタイプである。X理論では、人間は本来働くことを好まないので、恐怖感やムチによって行動させるという方法をとる。

Yは全く逆で、人間は積極的に仕事に参加するものだ、という考え方に立つ。人間は本来働くことが好きであり、納得すれば責任を持って任務遂行に当たるというのがY理論だ。

マクレガーは、Y理論に重点を置き、企業で働く人々の能力を十分に活用して、企業の利益と個人の利益の一致を目指すことを主張している。教育の普及にともない、Y理論に従って従業員にやる気を起こさせるための環境づくりが必要である。自主的な経営参画を促して企業の目的を達成することが大切だ。

エデュケーター　　　　　　　　　　　　　　　educator

　企業が必要とする人材育成計画を立て、人材を育成する担当者。会社を成長させる計画の中枢は人材育成計画である。

　企業の目標が決定され、戦略が打ち立てられると、あとは組織の拡大にともない、どんな人材が何人必要か、それぞれをどのように育成していくかが問題となる。エデュケーターがまず知らなければならないのは、将来の組織である。将来の組織を想定することによって、初めて必要とされる人材の質と数が決められる。その人材の質を明らかにすることにより、教育内容が明確になる。

　人材を選抜すると、個人ごとの教育カリキュラムを作成する。必要な能力を備えさせるために、計画的に知識を補充していく。ここで大切なのは、個人ごとのカリキュラムに沿って絶えず進捗具合をチェックすることである。

　エデュケーターは、決して社内のワーカーの教育・訓練を担当する人のことではない。

F・B コントロール（えふびー）　　　　food and beverage control

　飲料と料理の材料費を適正に使用する原価コントロールのこと。経費の中で、人件費とともに大きな割合を占めるのが原価だが、これをいかに適正に使用し、品質を維持しながら、利益を獲得していくか、数値管理を行なうための重要な項目である。

　店長のF・Bコントロールでは、あるべき原価率（標準原価率）と実際原価率を、棚卸と仕入高から導き出し、その差をできるだけなくす努力をする。

　原価率をコントロールするには、まず正確な発注が必要である。次いで在庫をしっかり管理し、材料の無駄を出さないことである。また、調理や飲料担当者をよく訓練して1人前の食材の分量（ポーション）を正確に使用する技術を身につける。食材の仕込み（スタンバイ）を正しく行なうことも重要なF・Bコントロールである。

MIC えむあいしー

management indirect cost

　間接部門の経費管理のこと。稼ぎ屋である営業部門のラインの経費と本部スタッフの経費を分類して、スタッフ部門にかかる経費を効果的に使うことを目指すものである。

　急成長していくチェーンでは、間接部門の経費が膨張する傾向にある。そこで、直接に売上高や利益高に結びつかない本部費を上手にコントロールしていくことが必要になる。好況期あるいは店舗数を増やしている場合には本部要員は必要だが、まずラインの強化を先行させ、本部の事務管理の整備をして、本部スタッフはできるだけ少なくする。情報システムを確立し本部のサービス業務の人員数を制限することが、間接費を減らすポイントである。

　直接費（ライン）と間接費（スタッフ）に分類して、直間費比率を常に安全な状態に保つ努力が必要。

エリアマーケティング

area marketing

　地域ごとの特性、市場を分析して、その地域の需要に応えるために戦略をたてること。チェーンストアの画一性を重視した方針をとると、各店が地域に密着するための戦略が不足しがちである。店の個性を変化させるのではなく、地域の中で、わが店の何を売り物にするかを発見することが大切だ。

　また、近くの学校や工場、商店街などに各店の店長がどう仲間入りして地域に溶け込んでいくかも重要である。

　チェーンの場合には、各々の店の料理、サービス、クレンリネスの基準を維持しながら、その地区で最も要求度の高いものを発掘し、それを積極的に売り込む。

　同じ都市の中でも立地によって客層、時間帯別のメニューの売れ筋、お客さまの組数（少人数かグループか、など）は異なるし、施設や催し物に対する対策は違ってくる。店長がその地域を理解し、いかに対応するかで店の人気が決まる。

エンゲル係数（けいすう） Engel's coefficient

　家計費に占める食費のこと。1857年にドイツの統計学者、エルンスト・エンゲルが「所得が高くなるほど食費の割合は小さくなる」という法則を発表したことから、エンゲル係数と呼ぶようになった。

　エンゲル係数は、国の生活水準を比較する尺度として長い間用いられてきた。日本の場合、第2次世界大戦後の耐久生活時代にはエンゲル係数は50％を超えていた。昭和40年代に入ると、所得の上昇にともなってエンゲル係数は急激に低下し、欧米と肩を並べるようになった。現在は30％前後である。アメリカ、スウェーデンなど所得の高い国では30％を切る状態だ。

　所得の上昇にともないエンゲル係数は下降線をたどるものの、食費の中の外食費の割合は高くなっている。食べるために働く時代はエンゲル係数が高いが、シングル生活者が増えると所得が高くなくても外食が多くなり、エンゲル係数は高くなる。

オーガニック organic

　有機栽培の農産物のこと。農薬、化学肥料を使わずに育てた農産物。また、収穫後の流通段階においても、薬品を使用しない農産物である。

　スーパーマーケットチェーン、外食チェーンでオーガニックの農産物を販売することは顧客からの信頼を高める必要条件である。農薬や化学肥料を多く使用して栽培した農産物を摂取して健康被害が発生したため、世界保健機関（WHO）は安全な食品づくりを目指し、オーガニックを次のように定義している。

　農産物の栽培地では、作付前の3ヵ年以上にわたって農薬と化学肥料を使っていないこと。加工食品については、オーガニック野菜以外の含有量を全体の5％以内と定めている。

　日本では、有機野菜とは3ヵ年以上農薬、化学肥料を使用していない農地で栽培したものと規定され、遺伝子の組み換えは認められていない。

オートチェーンブロイラー　　auto chain broiler

　オーブンの中をチェーンに乗せた食材を流して、食材を焼きあげる自動式の調理機器。

　オートチェーンブロイラーは、人手をかけずに均質な焼きあがりを実現できることが特徴である。訓練された人でなくても焼き作業を担当できる利便性、効率を売り物にした機器である。商品によっては、スピードを加減することによって焼き方が決まってくる。

　特に多く活用されているのが、ピザとハンバーグパティの焼成である。日本のファミリーレストランでは、セントラルキッチンで規格化された食材を製造し、店ではオートチェーンブロイラーで焼成するという仕組みが多く採用されている。向いていないのがステーキ、鶏肉で、素材の形状や品質が一定でないために、オートチェーンブロイラーを使用するとムラが出る。

オーベルジュ　　auberge

　フランス語で小さな旅館の意。宿泊施設とともに高級な料理を売り物にした場合が多い。

　もともとオーベルジュは、腕に自信がある料理人がオーナーのレストランで、わざわざ食べに来てくれるお客さまに宿泊を提供するようになったものだ。したがって、ハイレベルな料理であることが必要条件となる。

　料理はオーナーシェフの自信の料理であるとともに、その地域でしか手に入らない食材を活かすことも成功の条件。周辺の海、山、川で採れる旬の食材を売り物とする。

　オーナー自ら野菜を栽培したり、収穫に出向くこともある。オーナーシェフの高い調理技術と、その土地ならではの自然の食材を活かした文化独創料理が店の人気を決定する。

お値打ち (ねうち) value

価格に対して商品やサービスの価値があるかどうかを評する場合に用いられる。お値打ちは、あくまで他と比較して相対的に表現されるもの。

一般に「お値打ちがある」とは、同一価格の商品が同業他店のそれよりも品質が高いことをいう。どんなに美味でも、商品の価格があまりにも高ければ「価値が高い」とはいえない。

お客さまに対していかにお値打ち感のある商品を提供できるかによって、店の客数は決まる。お値打ち感を出すためには、競争相手の価格と品質の水準を比べることからスタートする。

品質を維持しながら価格を下げると、お値打ち感が高まっていく。価格はそのままで食材の質を高め、調理技術を高めると価値は高まる。

お値打ち感をより強く表すためには、仕入れやマネジメントの努力によって料理の品質を高め、気持ちの良いサービスを確立することが必要である。

オピニオンリーダー opinion leader

グループを引っ張る意見を持つリーダー役。マーケティングでは、オピニオンリーダーとはいわず、マーケットリーダー (market leader) という。

販売促進をするうえで、多数の人に影響力を持つ人は無視できない。特に口コミ作戦を展開する場合、オピニオンリーダーに商品やサービスの価値を認めてもらい、その普及に一役買ってもらうことによって、営業の成果は大きくなる。

こうした口コミによる宣伝のことをパーソナルインフルーエンス (personal influence) と呼び、テレビや新聞、雑誌などのメディアを媒介とした広告とは区別される。オピニオンリーダーを活用した口コミ作戦と、その他の広告作戦を完全にかみ合わせると効果が大きい。外食は人による口コミが最高の広告宣伝といわれるだけに、店長は客席での対話が重要である。

オフィスオートメーション　　office automation

　事務所にパーソナルコンピュータ（パソコン）を中心としたエレクトロニクス機器を導入し、その事務効率を高めること。一般にはOA化といわれている。

　OAは、1970年代にアメリカで生まれた。オフィスコンピュータの開発により、安価な資金投入でコンピュータ化が図られ、事務効率が上がった。1980年代はより小型で誰でも操作できる安価なパソコンが開発され、普及し、日常化されて事務処理の効率が高まった。

　コンピュータ化は、人件費が高騰するなかで機器の処理能力アップと価格引下げを実現したことで一層普及した。店舗の伝票処理、支払い業務、人事管理など事務所の作業はスピード化が進み、人員の削減に成功。店の実態を数字で早く把握できるようになったり、問題点の発見が早くなり、その対策が打てるようになった。

オペレーション　　operation

　店舗の運営技術。

　よいオペレーションとは、お客さまの満足を得て、働いている人の表情もイキイキしている状態をいう。オペレーションがよければ、来客数がどんどん増えることになる。適正な人員で円滑なオペレーションができるようになれば売上高は伸び、経費のコントロールもできていることになる。

　オペレーションは、接客作業と調理作業が主となるので、各々の部署で働く人たちがよくトレーニングされている必要がある。適正な人員が配置され、チームワークを保ち、働いている者同士が助け合うことが重要だ。

　キッチンや客席のリーダーは、よく部下を指揮したり、カバーに回ることもできなければならない。

　オペレーションでは調理・接客の作業方法の標準化と、リーダーを決めることが大切である。

オペレーションライン　　　　　operation line

　店舗運営を行なう部隊で、一般には営業部と呼ばれている。
　会社は、経営の意思決定をするトップマネジメントと、経営計画や開発企画を行なうスタッフと、営業活動を支援して資金や人事を担当するサービススタッフ（あるいは管理部門）と、店舗で売上高を上げていくオペレーションライン（営業）から成り立っている。
　オペレーションラインとは、あくまでも調理作業や接客作業が中心となるもので、お客さまの満足を得ることと、経費をコントロールして利益を確保することが使命である。
　店舗で行なわれる作業はすべてオペレーションというが、そのでき具合で店の人気も利益も左右される。
　オペレーションラインでは、お客さまの満足を得るように教育・訓練を続けるシステムが大切だ。店長のマネジメントが部下の育成の成否、売上高と利益を決める。

オリエンテーション　　　　　orientation

　新入社員や入社間もない人が困惑することがないように、入社後最初に行なう教育のこと。オリエンテーションは「これからやるぞ」と、仕事に対して意欲をわかせる動機づけが大切である。そのためには、
　・会社の仕事を通じての社会への貢献度
　・将来の会社の方向、理念
　・そこで得られる仕事の機会、収入
　・能力開発の機会、教育・訓練
が必ず盛り込まれていなければならない。
　中途入社の社員が多い外食業で大切なことは、たとえ1人でも新人を迎えた場合、どのような教育を施すのか、その方法を決めておくことである。たとえパートタイマーや中途入社であろうとも、経営理念や会社の向かう方向など、動機づけにつながる教育・訓練の時間が必要である。

お

オリジナル商品(しょうひん)　　　original menu

　会社で独自に開発した商品で、その店独特の品質を誇る個性のある商品のこと。

　外食店は、個人経営であろうが、大規模な会社経営であろうが、事業を継続するためには高い理念と独自の商品開発が必要である。

　オリジナル商品の売れ行きがよいほど、店の存在感は高まり、価格の面でも利益の面でも有利な立場に立てる。さらに、そうした強い商品を時代の要求に対応して進化させていくことが、会社の寿命を長く保つことにつながる。

　オリジナル商品を強くするには、次の4点に注目しながら商品の価値を高めていくことが大切だ。
①素材の開発
②一次加工場の強化
③調理機器の開発
④トレーニングと評価制度を活用した技術者の育成

オンライン　　　on-line

　店舗、配送センター、本部と、各地に配置された端末機がコンピュータの本体やセンターの機械によって結合されていること。売上高、経費、食材の発注など、各々の施設が必要とする情報を、それぞれの利用目的に合わせてアウトプットできるようになっている。

　オンラインは、あくまでも事務手続きを簡素化しながら、情報をいち早く取り出して、経営判断や現場のオペレーション改善に活かすことを目的としている。その情報を処理するシステムをオンライン・リアルタイムシステムと呼ぶ。

　商品の売れ行きなど店からの情報は、このオンライン・リアルタイムシステムを通じて本部スタッフやラインマネジャーに伝えられ、それに基づいて行動計画を立てることになる。

オンリーワン　　　　　　　　　　　　only one company

　個性のある唯一の存在であること。またそうした強みを持つ店や会社をいう。

　ナンバーワンとは違い、オンリーワンは経営規模や利益を誇ることよりも、他社とは一線を画した存在感のある会社のことであり、商品、サービス、店づくりの独創性を重視している。

　オンリーワンは、強いメーカーになるために必要な考え方だ。メーカーの存続の生命線は技術力にある。独自性のある技術が個性豊かな製品をつくる。その製品がこの世で唯一のものであれば、会社は収益性を保ちながら生き残ることができる。

　外食産業は、食品メーカーであり、サービスを売る業界である。オンリーワンの会社になるためには、真似ることのできない商品を開発する必要がある。もう一つの鍵は、サービスの基準となる奉仕の心をいかに教育訓練していくかだ。その社風づくりが柱となっていなければならない。

カーホップ　　　　　　　　　　　　　　car hop

　車に乗ったまま食事の注文をして、料理を受け取って車の中で食事をするスタイルのこと。

　カーホップは、車社会に対応した新しい提供方法の店として話題を呼んだが、現在ではそのスタイルの会社はほとんど見ることができない。

　駐車場に停めた車まで食事を届けるため、サービスに人手と時間が多く必要となる。しかも車の中でとる食事に高い価格をつけることは難しい。カーホップは、アイデアとしては面白いが、大衆に受け容れられなかった。低価格、低生産性が障害となって消えていったが、そのスタイルに代わるものとして著しく普及しているのがドライブスルーである。

　調理者、サービスマンは仕事場を離れたり、移動することが少ないので効率がよい。好調なファストフードチェーンは売上高の半分以上がドライブスルーによる売上げである。

外食産業 (がいしょくさんぎょう)　　food service industry

　家庭外で食事をすることを外食といい、その外食の場を提供する事業者を総称して外食産業という。

　外食産業の成長のためには、国民の所得が豊かであることと、自由に使える時間が豊富にあることが必要である。日本では女性の社会進出が活発になり、夫婦共稼ぎによって可処分所得も増えていった。こうしたライフスタイルの変化が外食産業の成長を支えた大きな要因だ。また、有休制度や週休2日制も外食産業の成長には欠かせない。

　外食産業は、常に食品小売業や食品メーカー、中食グループと競争関係にある。

　外食には、小売業と異なるサービスや個性のある食事の内容が問われている。画一性やサービスの低下が続くと必ず調理品を提供するコンビニエンスストアや中食、あるいは食品メーカーの調理加工済食品にとって代わられる。

外食費 (がいしょくひ)　　eating out

　家庭外でとる食事に支払う費用のこと。

　外食費は、国民所得が向上するに従って増加する。発展途上国では、所得が低いので外食は抑制され、家庭内で調理を行なって所得の流出を防ぐ。

　外食が盛んになるためには、まず経済の発展によって所得が増え、経済的なゆとりが生まれることが前提となる。

　外食産業は、経営規模の拡大とともに経営の合理化を進め、価格はより低くしながら品質やサービス、衛生面の信頼度を高める必要がある。提供する側の技術の向上が、外食の機会をさらに増やすことになる。また、主婦の就労が盛んになって可処分所得が増え、魅力のある外食環境が整うと外食費は膨らむ。

　週休2日制の実施、高速道路網の整備によってレジャー旅行が増えることも、外食費を大きくするきっかけとなる。

改装計画 (かいそうけいかく)　　　renewal plan of store

　店舗を改装してイメージアップを図り、業績を上げること。
　改装は、店舗の躯体工事に関するものではなく、内装、家具、照明などを新しくすることにとどめる。
　時代に合った斬新さと変化を感じさせる店づくりが求められる。また、改装計画は4～5年ごとに行なうことが望ましい。
　イメージアップとともに、商品の変更や店内作業の変更によってキッチンと客席のオペレーションの効率を高めることも目的の一つだ。
　商品が変われば必ず調理方法も変わり、器具などの変更も必要となる。同時にホールやキッチンの作業をしやすくして、生産性の向上につながるようにレイアウトを変更することも重要だ。特に飲食店の労働生産性は、店のレイアウトや機器の変更等と関連がある。改装計画を実施するたびに、客数が増えるように店舗のイメージアップを図るとともに、オペレーションコストの削減に努めなければならない。

開店広告 (かいてんこうこく)　　　opening sales promotion

　店を開店するときに行なう告知の広告。
　開店広告の方法は、対象とする客層の違いによって大きく異なる。
　大衆を対象とする場合には、周辺の住宅や会社、事業所を直接訪問して、店のメニューや特別割引券を手渡し、来店いただくようお願いする。特に新聞の折り込みを利用して、店のオープン日と店のメニュー内容を知らせることは効率的である。
　効果の上がる方法は、店で働く人が周りの家庭を訪問して、直接開店挨拶をすることである。
　高価な店の場合は、商圏が広くなり、客層もある一定層に絞られるので、ダイレクトメール（DM）が有効である。
　有力なお客さまには無料や割引の食事券を送付し、試食してもらうことで店の存在を知ってもらうことも効果的だ。

開店準備 （かいてんじゅんび）   ready for new store

　新店のオープンに備えて、人、物を計画的に準備すること。フードサービスの開店準備は人の採用と教育訓練が鍵となる。

　宣伝広告を効果的に行ない、開店と同時に多数の来店客を迎える方法もある。一方で、開店の宣伝広告よりもトレーニングに力を入れ、徐々に客数を増やしてオペレーションを強化するやり方もある。

　開店準備の進めかたには2通りある。

　一つは、開店準備室を本部に設置し、経験のある人たちでオープニング作業を行ない、1ヵ月ぐらいを目安に店長にバトンタッチするやり方である。もう一つは、店長を開店の2ヵ月ぐらい前に任命し、新店の店長が人の採用、教育・訓練、食材の準備などすべてを行なう方法である。

　店を数多くオープンする会社は、開店がスムーズにいくように、開店準備のマニュアルの整備が必要である。

開店マニュアル （かいてん）   ground opening manual

　新店をオープンするにあたって手落ちのないように、開店の準備を文章化したもの。チェーンではグランドオープニングマニュアルとして、大切な企業のノウハウとされている。

　開店マニュアルは、新店を担当する店長に向けてつくられたものである。オープニングに際しては、まず十分に設備や食材、什器・備品など物を揃えるという仕事がある。最も大切なことは人を採用し、教育・訓練して、オペレーションを強化することである。周辺の住民に知ってもらう販売促進も、大切な開店の仕事である。

　以上の主たる仕事を、たとえ新人店長であろうと手落ちなく、適切なタイミングで行なえるように準備したものが開店マニュアルである。開店マニュアルがなく、開店時のみ本部からメンバーを派遣するものの、そのメンバーも2～3週間で引き揚げてしまうというのでは、新店の売上高は上がらない。

カウンセリング   counseling

　悩みを抱えた従業員の相談に乗り、解決のため力を貸すこと。相談に乗る人のことをカウンセラーといい、悩みを持つ従業員のことをカウンセリーという。

　カウンセリングでは、心理学の技術が人事管理面に採り入れられることで大きな効果をあげている。人事担当者が兼務しなければならない仕事の一つであるが、何よりも直属の上司が相談相手になれることが重要である。

　誰でも辞めたいと思うことがある。その時、上司や人事部との対話が気軽にできると離職率は下がる。店の上司がよき相談相手となり、一緒に問題を解決していく姿勢を示すことが重要だ。カウンセリングでは、相手から何が問題かを聞き出すことが問題解決の糸口となるから、カウンセラーはまず良い聞き役でなければならない。上司が気を許せる温かい心の持ち主であれば、部下も心を開く。

価格カルテル   price cartel

　会社の利益の獲得を狙って、同業者間で価格の取り決めを行なうこと。

　経済が成熟した国では、大手企業による寡占化が進む中で、政府が企業の横暴を阻止すべくカルテルを厳しく取り締まっている。カルテルは「談合」と同様、企業の収益だけを考えて、国民にプラスにならない企業間の協定である。

　価格だけではない。販売方法などの条件を決める「条件カルテル」、販売量や生産量を協定で決めて無駄が出ないようにする「生産制限カルテル」、販売地域や販促方法を取り決める「販促カルテル」などがある。

　カルテルは、企業の健全性を守り、消費者を保護する立場から禁止されている。その法律が独占禁止法である。

　ただし、不況時などカルテルが認められることもある。それを「不況カルテル」という。

価格政策 <small>かかくせいさく</small>　　price policy

メニューの価格決定時の考え方の指針となるもの。

価格はできるだけ安く、品質やサービスのレベルはより高くして価値を高めていくことが、競争社会の勝者の条件である。価格は通常、次の2点から決められる。

①原価主義……メニューを提供するためにかかった食材費、人件費、その他の経費、そして利益の取り分を想定した、提供する側の都合で決めた価格。

②市場価格主義（相場主義）……競争相手や想定される異業種の商品を考え、その中で消費者に自社（自店）が選ばれ、生き残ることを考えた価格。

お客さまが妥当だと考える価格を設定して、仕入れ、加工、提供方法などを考え、価値のある商品に育ててゆくのが望ましい形である。

核店舗 <small>かくてんぽ</small>　　key tenant

ショッピングセンターの中で最も大きなスペースを持ち、お客さまを吸引する原動力となる店。ビッグストアや百貨店など、集客力のある店が核店舗となる。

飲食店にとって、ショッピングセンターの核店舗が何屋なのかは、非常に重要である。キーテナントの性格によって、客層が決まるからである。

食品、しかも生鮮食品の強い店の場合には主婦が主であり、来店1回当たりの滞留時間が短く、かつ買上げ額も少ない。買物以外に時間を割くこともあまりないので、食品はテイクアウトが主となる。

百貨店が核店舗であり、家具やファッション性の高いショッピングセンターになると、来店客の滞留時間が長くなって、飲食施設の内容は変わる。

ショッピングセンターに出店する場合に大切なことは、利用動機と客層をよく把握して店の業態を決定することだ。

家計調査 (かけいちょうさ)　　household budget survey

　家庭の生活水準、消費傾向を知るために実施する調査。総理府統計局が毎月全国で家計の収入と支出について都市ごとに調査し、発表している。

　日本の勤労者や地域ごとの収入がどう伸びたか、あるいは支出がどうであったかを示している。

　外食費の伸びは、家計調査の1項目として発表される。家計調査のデータは、経営計画を立てる時、あるいはその月の売上高の良し悪しを判断する時の一つのバロメーターになる。

　売上高の季節指数を考える時にも、家計調査から得られる外食費の月ごとの傾向が参考となる。

　家計調査では外食費以外の、たとえば生鮮食品費、あるいは給食費、加工食品費、旅行費なども発表されるので、これら関連する項目にも注目したい。

加工米 (かこうまい)　　processed rice

　炊飯米など味付け加工された米飯商品。白米は給食をはじめ外食企業でどんどん消費されるようになったが、白米の消費量全体でみると減少している。

　一方、加工された米飯は増加傾向にある。その代表的なものが、炊飯米である。

　炊飯作業はスペースが必要で、水を使い、仕込み時間や調理時間が多くかかる。そのため各店で行なうのではなく集中加工される。

　テイクアウトの寿司店や一般のレストランでも、加工米が店に届けられている。

　味付けされたライスの代表的なものにピラフやチャーハンがある。これらはキッチンの加工時間の短縮を目的に食品メーカーで集中加工されている。

　ライスバーガーのライスも加工米の代表的な商品。機内食のライスも冷凍された加工米である。

カジュアルダイニング　　casual dining

　ファストフードやファミリーダイニングと比べて店の雰囲気がよく、サービスを重視してアルコール販売にも力を入れ、ゆったりディナータイムの食事ができるようにつくられた店のこと。
　もともとは若者を対象にしていたが、チェーン化が進むとともにファミリー客を対象とするようになり、ファミリーダイニングの市場を奪い取っていった。
　カジュアルダイニングはランチとディナーに重点を置き、アルコールの売上高が総売上高の12～15％くらいを占める。立地は郊外の住宅地に隣接したサバーブである。
　メニューは知名度の高い食材と商品に力を入れ、メニュー数はファミリーダイニングの半分くらいに絞り込み、調理技術のレベルを上げて店舗調理を強調している。日本では、食事に力を入れる居酒屋チェーンが目指している分野だ。

カジュアルレストラン　　casual restaurant

　ファストフードチェーンとコーヒーショップチェーンの全盛期に誕生した、若人向きのお洒落でアルコールに力を入れた気軽に利用できる店。
　コーヒーショップは冷凍食材を使い朝食メニューを主力にした24時間営業の店であり、アルコールの販売は一切ない。また、ファストフードは、朝と昼を主軸にしたサービスを行なう。
　そうしたチェーンが急成長した1960～1970年代、豊かな生活とカジュアルさがもてはやされた時代に生まれたのがカジュアルレストランである。
　カジュアルレストランは、ランチ、ディナーに力を入れて、コーヒーショップの市場を奪い、テーブルサービスでは最大の業態となった。
　21世紀に入ってカジュアルレストランは、コーヒーショップがファミリーダイニングと呼ばれているように、業態名はカジュアルダイニングへと変わっている。

可処分所得 (かしょぶんしょとく)　　disposable income

収入から所得税や住民税などの税金を引いた残りの金額。手取額であり、個人が自由に使えるお金である。可処分所得は、生活を維持し楽しむための消費と、将来のために備える貯蓄とに分けられる（可処分所得＝消費支出＋貯蓄）。

可処分所得はすべて消費に支出されるわけではない。預金や株式投資に回し、将来の生活に備えることにも使われる。可処分所得の中で、消費に振り向けた割合を「消費性向」といい、貯蓄に振り向けた割合を「貯蓄性向」という。

一般には、収入が増えて可処分所得が大きくなると、消費は活発になり、経済は活況を呈することになる。

経済の安定的な成長度を測る最大の物差しは個人消費である。可処分所得の伸びを消費に振り向けるためには、提供する側のマーケティング戦略がポイントとなる。

寡占 (かせん)　　oligopoly

ごく少数の会社が市場の大半を獲得している状態のこと。日本で寡占化の進んだ産業は、ビール、ウイスキー、化学調味料などだ。産業が円熟して成長が止まると、必ず大手同士の競争が激しくなる。次に合併が行なわれて、一握りの企業が市場を支配することになる。

寡占化で注意することは、売り手市場となって、供給側が横暴になることである。常に消費する側に選択権が与えられているのが自由主義国家である。

アメリカでは、外食業でも寡占化が進んでいる。マクドナルド、バーガーキング、ウェンディーズ、ハーディーズなどは、ハンバーガー市場における占有率が圧倒的に高い。

強い会社同士が正面からぶつかり合うことで、お客さまに十分な利益がもたらされることが大切である。

寡占化は国民生活に与える影響が大きいので、経営者には業界のリーダーとしての使命感と倫理観が必要だ。

合併 (がっぺい)　　　merger

複数の会社が一つの会社となって、資金、人材の強化を図ること。

合併には、複数の会社がお互い強いところを生かして新会社を設立する方法と、強い会社が弱い会社を吸収する方法がある。

合併は、あくまでも相互の良い点を伸ばし、競争力を高めるところに狙いがある。合併の結果、市場の占有率が高くなり、技術力と資金力が強化され、事業展開が容易になるところに大きなメリットがある。

外食企業の合併は、上場企業が増えたことにより、上場会社同士あるいは上場会社と非上場会社が合併するという2つのパターンが多くなっている。

また競争が激しさを増し、人材、資金面で不利になった中小規模のチェーンの経営の存続が危ぶまれて、大手チェーンに吸収されるケースも増えている。

カフェ　　　café

ヨーロッパで多く見られる、気軽に利用できる喫茶店のこと。パリ、ローマ、ウィーンなどヨーロッパの都市に多く、道路に面して開放的な客席を設け、街の雰囲気を大切にした気軽な店である。誰もがいつでも利用できる店で、軽食とコーヒー1杯で十分楽しめる。

来店動機に幅があるところと、お洒落なヨーロッパの雰囲気が多くの人たちに受け入れられ、日本やアメリカ、アジア諸国で、カフェ○○という店名で人気を博している。

カフェでは、コーヒーのほか、ワイン、ビールとともに食事が供される。ホテル内で「コーヒーショップ」と呼ばれた店は、24時間営業や朝食重視の姿勢を守りながら、いまではカフェに取って代わられている。

カフェテラスは本来、街頭で軽食も出す喫茶店である。

カフェテリア　　　　　　　　　　　　cafeteria

　セルフサービスの飲食施設で、レーンに沿って並んだ料理を自由に選んでいただくスタイル。お客さまはレーンの終わりで会計を済ませ、客席に料理を運んで食事をとる。

　特徴は、短時間に大量の料理を、できるだけ少ない人数でサービスできることだ。短時間に大量の料理を提供するとなると、どうしても学校や工場、オフィスなどの給食施設が主となる。

　カフェテリアは経費を抑え、安い価格と早いサービスを売り物にする一方、好きな料理を自由に選択できるという楽しさもある。アメリカでは、一般レストランでカフェテリア専門のチェーンもあるが、立地が限定されている。繁華街、オフィス街、ショッピングセンター内などである。

　豊富なメニューをあらかじめ調理しておくのが前提であるため、材料のロスと品質の低下をきたすことが課題である。

　また、調理場と提供場所（レーン）、客席と施設が3部門に分離されるため、広い面積を必要とする。

株価収益率（かぶかしゅうえきりつ）　　　　price earning ratio

　株価÷1株当たり利益高＝株価収益率

　株価の妥当性を計るために用いられる物差し。株価収益率のことを、英語の頭文字をとってPER（パー）と呼んでいる。

　株価はいろんな要素が絡んで決定されるが、基本的には企業の利益高によって決まる。

　株価は、業界の将来性や人気とも関連してくる。1960年代のアメリカでは、外食企業は有望だということで、24〜25倍のPERとなっていた。1970年代の日本でも、PERが30倍を超えるケースがあった。しかし、産業の成長が止まり、逆に縮小化傾向が強くなると、PERは10〜15倍と低くなっている。

　PERとともに会社の株価を見る時に使われるのが、株価純資産倍率（1株当たり純資産÷株価）である。

株式上場
かぶしきじょうじょう

going public of stock

　株式会社が証券取引所の上場審査を受けて、証券取引所を通じて株式が売買されるようになること。

　株式上場の第一の目的は、あくまでも資金の有利な調達である。株式を時価発行するよりも安いコストで資金導入が図れる。たとえば、1株の額面50円の株式が、1株当たりの収益性や高い成長性に裏づけられて額面の20倍といった高い価格で買われると、会社には潤沢な資金が入ることになる。

　また上場することで会社の社会的評価が上がる。働く人々が誇りを持ち、社会の認知度や信頼度も高まって、人材の採用も容易になる。ただし、経営者としては株主に対する責任が増し、自己の主義主張を曲げてでも、株主の意志を尊重するために利益優先の意思決定を迫られる場面も出てくる。

加盟金
かめいきん

initial payment

　フランチャイズに加盟する時に、本部に支払う金銭のこと。フランチャイズ以外にも、技術提携などでノウハウ料として支払われる金銭もある。外国企業と合弁方式で会社を設立する場合、ノウハウ料は相手の株式の持ち分額と等しいケースが多い。加盟金はあくまでも、ノウハウを授かる一時金として支払うもので、暖簾（信用）代と考えれば良い。したがって、加盟金は成功の確率が高くなればなるほど高くなる。

　加盟者は、本部に対して最初に加盟金を支払い、次いで技術指導料として毎月の売上高の中から一定の比率でロイヤリティを支払う。

　加盟金は、テナント出店の場合の保証金や権利金とは異なり、返済される性格のものではない。加盟金は営業権として資産計上できるが、商法で定められた期間内に償却処理されなければならない。初年度に加盟金の全額を経費として処分することも認められている。

カリナリースクール　　　　　　　　culinary school

プロのための料理専門学校のこと。とくにプロの指導者となるコックを育成するのがカリナリースクールである。調理学、衛生学、栄養学、調理実習などが主となっている。

プロとしての導入教育を行ない、調理担当者としての基礎知識と基礎技術を身につけ、プロとして社会に出ていく人間を育成する機関でもある。

アメリカのカリナリースクールの中には、プロの経験者に上級管理者としてマネジメントを教える学校が生まれている。

ホテルやレストランの料理長が務まるプロ中のプロを育成しようとする学校が1970年代に生まれ、企業から優秀なプロが派遣されるとともに人材育成の場として重宝されている。コンピュータを駆使したコストコントロールや新型の調理機器の活用など、経営の合理化に貢献できる真のキッチンリーダーを育成する機関として期待されている。

カリフォルニアロール　　　　　　　california roll

日本の巻き寿司を参考に、アメリカのカリフォルニアで開発され浸透してきた寿司。

カリフォルニアロールは、今日ではアメリカの寿司店の定番で、誰もが知っているメニューである。

食材は、トロの代わりにアボカドを使用し、カニかま、キュウリ（アメリカ産）、白ゴマ、マヨネーズ等が使用される。

日本風の巻き寿司と大きく異なる点は、多くのアメリカ人が敬遠する海苔の使用が少ないことである。白米の周りにつけた白ゴマが海苔の代わりをしている。もっとも日本食の普及にともない、海苔を敬遠する人たちは少なくなりつつある。

寿司店は、ヨーロッパ、アメリカではごく当たり前の存在で、経営者が日本人ではない場合も多い。

カリフォルニアロールは、アメリカだけではなく、他の国でもメニューに欠かせない商品に育っている。

カルパッチョ carpaccio

イタリア料理で生の肉や魚を主材にした料理のこと。カルパッチョは、あくまでも前菜である。イタリア料理の普及とともに日本流にアレンジされ、イタリアンだけでなく、和風の店でもお洒落感覚でよく提供されるようになった。

カルパッチョの特色は、生肉（魚）にソースをかけて提供することにある。その提供方法がサラダに似ているところから、野菜と組み合わせて、牛肉、魚の前菜として用いられる。アルコールとともに提供する居酒屋では、グループ客に取り分け（シェア）される大皿料理として多く採用されている。

日本では、牛肉よりも魚介類と組み合わせて提供するスタイルが一般化している。予約客の場合には事前に準備することも可能で、素早く提供できることから積極的にメニューに取り入れている店が多い。

管理可能経費（かんりかのうけいひ） controllable expenses

売上高の高低に応じて変化する経費のこと。一般には、店長管理可能経費ともいっている。

店長のコストコントロール技術が問われる経費のことで、店の利益はその管理可能経費をいかに適正に使うかで決まる。

主たる経費は人件費と原価である。2つの経費をいかに適正に使う（コントロールする）かで店の利益は決定される。世界の常識として、人件費と原価の合計は売上高の60％以内が妥当とされている。

店長は、売上高の機会損失が生じないように、また人件費を使いすぎないように、客数に合わせてスタッフの数をコントロールし、キッチンと客席に必要な人を揃える（ワークスケジュール）。一方で食材の発注表を作成し、調理担当のトレーニングをして食材のロスを防ぐのである。

在庫量のチェックは毎日行ない、さらに週ごとに店長による仕入れと労働時間のチェックが必要である。

管理者 (かんりしゃ)　　　　　　　　　　　administrator

　トップマネジメントと現場の責任者の中間に位置する職位の人。店長、工場長、あるいは主任、係長といわれる現場を指揮する人のことを監督者というが、それに対して管理者は、会社の方針に従って計画、組織、調整、統制、指示を行なう人のことで監督者より上位の人である。

　飲食業では、一般にはトップ（経営者）と監督者だけで、中間の管理者不在ということが多い。

　経営規模が大きくなり、店舗間の距離が遠くなるに従い、トップに代わって地域をまとめ、指揮する管理者が必要になる。その人材を育成しないまま店数が30〜50店、さらに100店と増えてくると、現場のマネジメントが弱体化する。

　管理者は、監督職にある人を管理し、組織を編成して企業のトップが目指す会社になるように組織力を強化することが職務である。管理者には、年間の予算編成とその数字を達成する責任もある。

機会損失 (きかいそんしつ)　　　　　　　　opportunity loss

　本来得られるはずの売上高と利益をみすみす逃してしまうこと。数字としては表面には表れてこないが、これは大きな損失であり、機会損失の積み重ねは会社の命取りになることもある。

　機会損失を防止する第一歩は、時間帯ごとの来客数を予測し、人と食材を準備して、売り逃しをしないことである。それが店長として最も大切なマネジメントとなる。

　次いで、無駄な経費が発生しないように人と食材を適正に準備することである。発注やスタンバイ（仕込み）を正確にして食材のロスを防がなければならない。

　来客数に対して、適正なキッチンと接客の担当者を揃え、無駄な人件費を生まないないように注意する。

　店長の仕事は準備業であり、それが完全にできると売上高と利益の機会損失を防ぐことができる。

企業イメージ広告　institutional image advertising

　企業の社会貢献の状況や技術力を、一般の消費者や株主、取引先などに知らしめること。

　消費者に商品やサービスを買ってもらう動機づけのために行なう広告とは違う。普通の宣伝や広告は各事業部の製品ごとのマーケティング担当者に任せることになるが、企業イメージ広告は物を売るためのものではない。

　その目的は企業のイメージアップを図って会社の信頼を高めることである。取引先や株主が誇れるような社会活動や技術力の高さを訴えることに重点が置かれる。

　外食業では、フランチャイズ企業が加盟店を募集する場合、企業イメージ広告的な要素が大きく取り入れられている。多くの場合、地域の活性化や食生活の向上に寄与していることを訴えている。

企業内訓練　internal training

　社内で実施される教育・訓練のこと。調理や接客の実務訓練と、店長などに対する管理技術の教育で主に実施される。

　企業内訓練の成果は、すぐにお客さまに伝わるものでなければならない。店のイメージや品質を統一するのが目的だからだ。

　特に成果がみられるのは、店長やトレーナーによる現場の教育・訓練である。

　現場の直属の長によって行なわれる現場訓練（OJT）は、成果が大きいので、店長やトレーナーに対してその訓練方法を社内で指導することが大切になってくる。

　集合教育（off-JT）は、社員のマネジメント技術や中間管理職を計画的に育てるために行なわれる。

企業の社会的責任 social responsibility of business

　企業は経営を通じて、利益追求だけでなく、地域社会の発展や国民生活の向上、安定のために積極的に働きかけなければならない。それが企業の社会的責任である。

　企業は、まず国民の生活の向上のために貢献しなければならない。当然、国の法律を尊重して、生活の活力が生まれるよう労働環境を整備する必要がある。企業で働く人々の生活の安定をいかに守るかが重要視される。

　食生活の外食化が進行するに従って、食を提供する企業には、国民の健康と豊かな食生活を実現する責任が生じる。そこでは、国民の健康を管理し、健康な食事を提供するという高い意識が必要だ。

　消費者の食生活の向上を実現するという使命感を持ち、安心、安全な食事を提供することが国民への責任となる。

　安全な食材を使用することや、食材のトレーサビリティの表示も外食業の重要な役割である。

企業文化 corporate culture

　会社で働く人たちに共有されている価値観のこと。その価値観が考え方や行動の判断基準となる。いわゆる「社風」といわれるもので、会社の空気とか雰囲気、○○らしさと呼ばれるものである。

　企業文化の根幹にあるのは、創業者の哲学である場合が多く、それが会社の経営理念でもある。

　経営理念には、お客さまに接する時の心構え、感謝の念が必ず記されている。また、社員として意志決定や行動をする際に守るべき決まりについても触れられている。

　商品の品質、サービスのレベル、店舗の状態の基準は、企業文化を表現しているものである。

　時代の変化に対応するため、企業は戦略を変えていく必要があるが、企業文化は簡単には変えられない。

技術提携 technical management agreement

　会社間での技術の公開や経営指導の契約をすること。経営技術を公開し、指導する会社は、その対価として報酬を得る。経営技術には、単に商品のノウハウを提供する場合とマネジメントを含めた経営技術のすべての指導を行なう場合とがある。

　外食企業における経営技術提携は、商品力と経営のすべてにわたるケースがほとんどである。

　海外の会社との技術提携は、主にフランチャイズ方式で行なう。その場合の契約は、制約も多いかなり厳しいものとなる。

　フランチャイズの場合は、ノウハウ提供を受ける企業は相手の要求するオペレーションに従うことが義務づけられる。

　技術指導を受ける側は、契約の際に一時金を支払う。経営活動が始まってからも売上高に応じたロイヤリティの支払いが発生する。

基準外賃金 surplus wage

　拘束時間を超えて働いたり、休日に出勤した場合に支給される賃金のこと。一般的には残業手当といわれる。

　残業手当には、午後10時までの通常残業とそれ以後の深夜残業とがある。通常残業は基準賃金の2.5割増しが支給される。深夜残業になるとさらに2.5割増しとなり、基準賃金の5割増しということになる。

　他の残業手当には、休日出勤と未消化分の有給休暇を会社が買い上げるというものもある。

　飲食店では、正確に残業が支給されていない場合があり、労働基準監督署の指導を受けることも多い。その場合はブラック企業として、新聞、TVで報道され、経営の大きなリスクとなる。

季節変動指数 　　　　　　　　　seasonable variation

　毎月の売上高が月ごとに変化していく状態を指数で表したもの。年間の12ヵ月の売上高は毎月異なるが、その変化は毎年、ほぼ一定の傾向を示している。

　年間の売上高を12ヵ月で割った平均売上高を100として、上回る月は120、下回る月は80など各月の指数を出す。これは年間の売上予算を立てたり、仕入れ、工場の生産計画を組む時に重要になる。

　変動経費は同じように季節指数に合わせていく。

　季節変動指数は、会社全体の売上げよりも、1店ごとの指数が大切である。ナショナルチェーンでは地域ごとの差を出す。

　メニュー数が多い店では、メニューの品種別の出数指数の把握が必要。たとえば、ビールや鍋物といった季節性の強い商品の出数が、月によってどう変わるかを把握する。

既存店売上高 　　　　　　　　store sales to previous year

　同一店舗の前年同月比の売上高のこと。店にオペレーション力があるかどうかを判断するための数字である。チェーン店になると、既存店の数字は、立地、オペレーション力の状態を知る物差しとなる。

　上場会社の場合、アナリストや投資家は、その会社の収益を判断するため、既存店売上高がプラスかマイナスかに高い関心を示す。

　出店を続けていると売上高が増え、利益も膨らむので大して気にならないが、店舗数が多くなってから既存店の売上高がマイナスになると利益は激減する。

　既存店の売上高を伸ばしていくためには、オペレーション力の強化と店長のマネジメントが重要な課題となる。

　1店当たりの来客数が増えるように、絶えずメニューを強化するとともに、オペレーションラインのレベル向上が必要だ。

気づき awareness

　自主的にお客さまへのサービスの必要性に気がつき、行動を起こすこと。気持ちの良いサービスや店づくりを目指して、OJT（現場訓練）のテーマにする。ホテルやレストランでは、この"アウェアネス"という言葉をサービスの質と効率を上げるために重視している。

　接客基本技術のOJT終了後は、この気づきの訓練に重点的に取り組まなければならない。気づきをよくしてお客さまの満足度とサービスの効率を高めていくのが接客担当トレーナーの大切な役目である。

　訓練は、マニュアルに決められた作業手順と作業方法に従って、会社の設定した基準を正しく教えることからスタートする。その基準と店で働く人の作業状態にズレがなければ、店のサービスの水準は保たれ、お客さまの満足を得ることができる。

　気づきはお客さまの表情とテーブルの状態から、気持ちを理解することである。

キッチンプランナー kitchen planner

　厨房のデザイン、レイアウトを担当する専門家。生産性と厨房の機能と環境を決めてしまうスペシャリスト。

　キッチンのレイアウトや設備の内容によって、商品の品質レベルや作業能率、労働環境などすべてが決まってしまう。特に使いやすい、機能の良い器具の開発やレイアウトは、経営の効率を決定する。

　キッチンプランナーは、まずメニュー内容や出数を調べ、調理の手順と方法を把握する。次に器具の規格や材質（耐久性、機能性）を検討し、オペレーションの方法を把握したうえで、効率よく作業できるようにデザインする。

　レストランでは、店舗デザインとキッチンのプランは別々の人が担当するケースが多いので、お互いに意思の疎通を図る必要がある。その鍵は営業部が持っている。

キッチンヘルパー　　　　　　　　kitchen helper

　調理場で働くコックの補助者のこと。
　コックが仕事しやすいように下処理を担当する人。調理技術者としてストーブやフライヤーの前に立つことはない。コックが手際よく仕事できるように、その下準備をするのが役割である。営業前に重点が置かれるキッチンヘルパーの仕事は、下準備の作業だからである。営業時間中も主に後方部門を担当する。
　ヘルパーの具体的な役割は、営業時間のピーク前、その時間帯におけるメニューの出数見込みに従って、キッチンの仕事がしやすいようにスタンバイ（仕込み）すること。決められた食材を決められた数量だけ準備して、ピーク時にコックが能率的に仕事ができるように所定の場所に仕込み食材を準備する。洗浄や食器の出し入れについてもヘルパーが担当する。

キッチンリーダー　　　　　　　　kitchen leader

　キッチンで指揮を執る人。キッチンリーダーの役割は次の通りである。
　①接客担当者の伝票を見てそれぞれのポジション（部署）の人にメニュー名と数を伝える。
　②料理の提供時間を守る。ランチやディナーで提供時間は8分とか12分と決められているので、それを守るようにキッチンで働く人たちを指揮し、遅れている人がいればその手助けをする。
　③商品のスタンダードを守る。各料理の仕上がり具合をチェックして、基準に達していない場合はつくり直しを命じる。
　④部下の調理のトレーニング。OJT（現場訓練）で部下に不足した調理技術を見つけ、トレーニングをする。
　そのほか、納品時の検品や次の時間帯のためのスタンバイ（仕込み）も重要な仕事である。

キッチンレイアウト　　kitchen layout

キッチンの機器の配置のこと。

レイアウトの基本は、「冷たいものは冷たく」「温かいものは温かく」の原則が守られるように、温冷を考えて什器の場所が決まる。作業効率を考える前にまず品質を保つ工夫が必要だ。温度別に作業場を散らしたり、主力商品を調理する場所はキッチンリーダーの近くに配置する、などである。

厨房の設備は、主力機器となるストーブやグリドル、フライヤーを中心とした高温部分と、客席との接点になるデシャップとの位置関係が重要になる。商品の多くはストーブとグリドルが中心で、1ヵ所に作業が集中する。グリドルとフライヤー、オーブンの配置は、動線を考慮して決定しないと、ラッシュ時に人が動く距離が長くなって混乱の原因になる。キッチンレイアウトは、コックとキッチンプランナーとの協同作業で行なわなければならない。

機内食（きないしょく）　　inflight food

航空機内で提供される食事のこと。航空機を利用した海外旅行が身近なものとなり、機内食は一大マーケットに育ち外食企業として見逃すことができなくなった。

外食専門の企業でも、この事業を主力にして成長したところがある。アメリカのフードサービスの大手、ホテルチェーンのマリオット社は機内食を提供する代表的な企業である。

経営的には、便数に限りがあるので航空機の食事サービスだけでは頭打ちになる。そこで、空港を利用するすべての人々への食事サービスを行なうことを目的に、空港内のレストランにも進出している。

機内食はセントラルキッチンを必要とするので、空港のレストランとドッキングすることで、より有利に事業を展開することができる。また、冷凍食品を主とするので、その技術の革新が業界の成長を決定づけることになる。

客席案内係 （きゃくせきあんないがかり）

host or hostess

　来店されたお客さまを入口で出迎えて客席に案内する係。
　この職種の仕事の第一は、笑顔で「いらっしゃいませ」とお客さまの来店を温かく歓迎すること。次いで、お客さまの人数や組合せに応じて楽しく食事をしてもらえるように、テーブルを選択することである。
　客席へ案内する際は、十分なサービスができるように、客席の状態と接客担当者の力を考えながら、特定の人に仕事が集中しないように配慮する必要がある。
　案内の仕事とともに大切なのがキャッシャー、会計の仕事である。最後の支払いを正確に行ない、感じよく来店のお礼の気持ちを伝えるとともに、再来店を促す必要がある。
　客席案内係が忘れてならないのは、店内を歩く機会が多いので、お水やコーヒーのお代わりなど、お客さまが気持ちよく食事ができるように気配りすることである。

客席回転率 （きゃくせきかいてんりつ）

seat turnover

　1席当たり1日何回、お客さまが座ったかを示す数字。1席当たりの客数を出すだけではなく、1席当たりの売上高を経営のバロメーターにしているところが多い。
　1席当たりの売上高を問題にする場合には、資本の収益性を考慮して、1席当たりの投資額との比較で問題にしなければならない。
　1日の来客数÷客席数＝客席回転率
　客席回転率は、売上高を分析する場合に重要になる。
　売上高＝客単価×客席数×客席回転率
　客単価と客席回転率の大小によって売上高が決まる。
　一般に客単価の高い商売ほど客席回転率は低い。客席回転率は、お客さまが混雑する時間帯、あるいは最も客数の多い曜日に集中して検討するほうが役立つ。最も客数の多い時間帯に努力したほうが、より成果があがるからである。

客席稼働率 きゃくせきかどうりつ　　　　　　occupancy rate

　客席利用率のこと。一般に客席稼働率は、テーブルが満卓になった時、客席数の何％が利用されているかで表す。

　客席稼働率が高いと、時間当たりの売上高が上がって効率がよくなる。他方、稼働率が低いと売上高も下がる。

　卓数や客席数は売場のスペースで決まるが、何人掛けの卓が何組必要かは、1組当たりの来客数の構成比によって決めると効率がよくなる。ファミリーレストランのように多目的に利用される店は、1卓当たりの客席数の取り方によってピーク時の来客数は大きく変わる。

　土曜日、日曜日、あるいはディナーの時間帯は家族連れが多く、4人掛けのテーブルがよく稼働するが、ランチタイムには1組当たりの来客数は平均すると2人以下になり、1人客も多い。その場合、4人掛けに案内すると、客席の稼働率は25％と低くなり、売上高の機会損失を発生させる原因となる。

客席ゾーニング きゃくせき　　　　　　　　　floor zoning

　接客係の担当客席を明確にして、担当する客席のサービスに対して責任を持たせる方法。エリア担当制、ブロック制、ステーション制とも呼ばれている。客席ゾーニングはピークタイムとスロータイム（暇な時間）によって、受け持つ卓数やエリアの広さを変えることである。

　客席ゾーニングを採る目的は、接客担当者に自分が担当するお客さまは誰であるかをしっかり認識させ、十分なサービスをしてお客さまにご満足いただくことにある。

　客席に立っている時間は、常に担当しているお客さまのサービスの要求に気を配る。担当テーブルだけではなく、隣の担当テーブルとのサービスにも積極的に働きかける。

　客席ゾーニングは、接客作業のすべての技術が身についている必要があるので、訓練方法が成功のポイントとなる。

客席レイアウト _{きゃくせき} floor layout

　客席の配置や客席のサービス、通路の取り方を示した図面。客席のレイアウトを考える時には、お客さまの居住性がよく、店長や接客係が働きやすくすることが大切である。

　客席レイアウトは、接客係の作業効率に影響するので、労働生産性とサービスの質を決める重要なポイントである。

　接客係の動線は、デシャップから各テーブルとの距離ができるだけムダのないようにする。客席係は注文をとった伝票をキッチンに通し、できあがった料理を客席に運ぶことになる。各接客係の動く距離をできるだけ短くし、作業量をほぼ一定にするためにも、働きやすいレイアウトは大切である。接客係の動きを直線にし、動きながら客席全体が見えるようにすることが大切だ。

客層 _{きゃくそう} customer profile

　来店客を性別、年齢、職業、所得などによって分類すること。

　チェーン店では客層の幅を広く設定することが大切だが、専門店や単独店の場合には、客層を限定することによってメニューの質やサービスの方法、店舗のデザインなどもお客さまの好みに合わせていく。

　自店の客層はどういう人なのかを明確にし、年齢、性別など客層に対応した店づくりが重要だ。特に外食機会の多い女性を主力にした店づくりの場合には、店の雰囲気、食材、価格なども、その客層に合った表現が求められる。

　同じランチタイムでも、ビジネスマンと高齢者、家庭の主婦を対象にした場合とでは、料理やサービスに大きな違いが表れる。その客層の好みや店に対する期待をよく理解したうえで、メニュー方針やサービス方法を決めることが大切である。

客単価 (きゃくたんか) average check

お客さま1人当たりの平均消費額のこと。

客単価＝売上高÷客数

売上高を伸ばすには、客数を増やすことと、客単価を上げることの2通りの方法がある。客数は客席数と客席回転で決まるが、客単価はメニューの価格方針と接客力で決まる。

接客力とは、笑顔いっぱいのサービスと接客係の積極的なセールスである。そのためには、接客係に豊富な商品知識が必要であり、よく訓練されていなければならない。

高級店では、店長かホールリーダーがオーダーを取る。また、メニューブックのつくり方、商品の紹介文や写真の位置によっても、商品の出数は違ってくる。

チェーンレストランでは、そのように客単価を上げるよりも、オペレーション力を高め、客数を増やすことを大切にするべきである。

キャッシュフロー cash flow

税引後利益と減価償却費をプラスした金額のこと。

会社が社内に留保して、使用できる資金となる。

利益の半分近くは、税金となって社外へ流出する。経費に計上される減価償却費は、実は社内に全額留保できる資金となる。その資金は借入金の返済に充てられることもあるが、返済金額がキャッシュフローを超えると資金不足となり、借入れをしなければならない。

また、キャッシュフロー内に投資額を抑えると、借金をしなくて済む。

出店を続けているチェーン店では、投資額の何％を自己資金で賄うかが大切なポイントである。自己資本比率を50％以上と決めた場合には、その年の総投資額の最低半分はキャッシュフローによって賄われていなければならない。

キャッシュフローは、資金繰りのポイントになる。

ギャベジ缶 <small>かん</small>　　　　　　　　　garbage can

キッチンと店内から出たゴミを収納する器のこと。

レストランやホテルでは、その店のキッチンの能力を判断する際、ゴミ箱を見ればすぐにわかるといわれる。躾がゆきとどいていて技術のある店は、まずギャベジ缶が美しい。

調理技術が高ければ、まだ使える食材が捨てられることはない。調理担当者の原価意識、調理能力をすぐに判断できるのが実はゴミ箱なのである。無駄な仕込みを多くすると、ロスも大きくなる。人手不足のため来店客が集中する時間の直前にヤマ勘で仕込みをすると、数量が多すぎてロスがでる。

食材のコストが安定しない場合、トップがゴミ箱を見ることは大切な仕事である。店をいつも清潔にするという教育は、ゴミ捨て場とトイレからスタートする。そこが清潔であれば、必ず店全体はスカッとした状態になっていく。ギャベジ缶は、トップが店を訪問して店の状態を手っ取り早く知ることのできる、大切な宝箱である。

キャリアパス　　　　　　　　　career path

一定の職位を得るために必要とされる知識、経験、職務等を誰にでもわかるように示したルール。

キャリアパスが明確であれば、社員に求める知識や経験が示されることにより、自主的に学ぶ機会を自らの希望で選択できるというメリットがある。職業人として、わが社でどんな職務に就きたいのか、どんな地位を目指すかの目標が決まると、そこに到達するために必要な現場経験や専門知識も見えてくる。自主性のある社会人生活を送ることができ、進歩も早い。

外食では、現場体験を大切にする企業が多いので、まず店長になることを目標に、どんな経験と知識が必要かを明確にした教育プログラムが作成される。その後は、本人の希望をできるだけ優先した配置が行なわれて、個人も会社もプラスになる充実した学習のできる環境をつくっていく必要がある。

キャリアファイル　　　　　　　　career file

　社員およびパートタイマー各人の仕事上の経験を記録したもの。従業員の職歴、勤務年限、家族構成、賃金、業績評価、性格、特殊技術など、当人を知るうえで必要な情報が納められている。

　キャリアファイルを利用するのは、配置転換や教育を考える時である。配置転換や転勤を考える時、出生地や家族構成などは、その判断をする時の重要な要素となる。また、新しいプロジェクトを組むにあたってメンバー構成を考える場合など、候補者の技能や性格を判断するうえで非常に重要な情報源となる。

　計画的な教育を進めるにあたって、過去にどんな経験を積み重ねてきたか、まだ不足している知識経験は何かといったことをすぐに知ることができて、何を身につけさせるべきかがわかる。

　キャリアファイルは、コンピュータの活用により記録が容易になり、人事担当者も仕事が進めやすくなった。

休憩室（きゅうけいしつ）　　　　　　　　employee's room

　従業員用に設けられた休息室。

　社員やパートタイマー用に準備される部屋は、更衣室や店長室とは別に設ける。

　従業員の数が多く、勤務時間の長い店では、どうしても休憩室が必要になる。パートタイマーは本来、休憩時間のない短時間労働であったが、就労時間が長くなると、休憩室は大切になってきた。

　休憩室はあくまで疲れを癒すための場所だが、店長にとっては、部下とのコミュニケーションを図るまたとない空間になる。暇な時間を見計らってコミュニケーションをとることで、人間関係を円滑にし、モラールアップを図ることができる。

　また、ビデオを設置して、調理や接客の訓練用に休憩室を使うことも多い。

牛肉の輸入自由化 free trade of beef

　牛肉の輸入が、価格や数量の制限もなく、関税も撤廃されていく状態。

　日本では、1991年からアメリカの強い働きかけによって、牛肉の輸入の自由化が進められるようになった。

　これまで日本政府は、飼育コストの高い畜産農家を保護するために輸入量を制限するとともに、価格調整を行ない、海外の牛肉に対して競争力を保てるような政策を進めてきた。

　価格調整の手段が関税である。

　アメリカやオーストラリアのような原価の安い牛肉と日本の牛肉とでは価格競争はできないと、輸入牛肉に高い税金をかけ、日本市場での流通を抑制してきた。

　しかし、TPP（環太平洋経済連携協定）への参加に向けて舵取りが行なわれてきたので、輸入自由化はより進むことになる。

教育 education

　仕事ができるように、必要な知識や経験を計画的に与えていくこと。

　教育には、教養を身につけることのほかに、与えられた仕事を正確にこなせるように知識や技術を積ませるものがある。

　教養を高めることは、社会人としての常識を身につけ、より豊かな人間性を形成するために必要である。

　教育効果を高めるためには、計画的に知識を増やし、経験を積ませなければならない。個人ごとに組み立てられた教育計画のことをキャリアプログラムという。教育計画に基づいて経験を積み、合わせて異なる職能を経験することで幅広い知識と常識が身についていく。

　訓練とは、決められた作業を繰り返し行なって身につけさせることをいう。管理者は、いかにして部下を一定期間で、自分に代わって仕事ができる人材に育てられるかで評価される。

教育担当者 (きょういくたんとうしゃ)　educator

会社の規模や戦略に応じて各部署が必要とされる人材を育成する教育計画をたて、実践する人のこと。

教育担当者は、トップの経営目標を実現するために、どんな人材が何人必要なのかをよく理解していなければならない。必要な人材の数と質を揃えるために、社外からスカウトしたり、社内で教育を行なう。

企業規模拡大に欠かせないのは、店長とエリアマネジャーなど営業部のマネジャーが必要とする人員を、集合教育と店舗におけるOJT（現場訓練）を通じて育てることだ。一定の期間に必要な人材を計画的に育成して初めてチェーン化が実現する。

教育担当者は、現場で人が育つように、店長や幹部に教育の道具を提供し、指導方法を教えることが大切である。

狂牛病 (きょうぎゅうびょう)　BSE(bovine spongiform encephalopathy)

牛の脳がスポンジ状態になり、立てなくなって死に至る牛の病気。現在のところ治療法がなく、いったん病気に感染すると、ほとんど回復の望みはないといわれている。

たんぱく質プリオンが異常に発達して、頭脳の働きを完全に阻止し、死に至る重病だが、その原因はわかっていない。潜伏期間も長いので、狂牛病が発生すると、牛肉を食べないことが最も安心だということで、牛肉を敬遠する風潮が強くなる。

1986年にイギリスで初めて狂牛病が見つかり、日本でも2001年に1頭目が発見された。感染源は骨粉飼料と推測されているが、牛肉だけではなく牛乳の消費量も減った。

日本では、狂牛病が国内で広がるのを防ぐため全頭検査を行なっている。アメリカ牛肉の日本への輸入禁止は、日本がアメリカに要求した全頭検査が受け入れられなかったために始まった。現在は検査方法について二国間の同意を得て実施している。

競合店調査
きょうごうてんちょうさ

survery of competitors

　競争相手と比較してわが社の弱点を知り、強化する点をはっきりさせるための調査。主に競合店の商品政策が調査対象だが、レイアウトや厨房機器、オペレーション方法も対象となる。

　競争の優劣は、お客さまの評価で決まる相対的なもので、どちらがおいしいか、より気持のよいサービスを受けられるかによって店は選択される。

　トップもマネジャーも競争相手と比較して、自店は本当に価値が高いかどうかを観察し、公平に判断を下さなければならない。判断するための情報収集が競合店調査である。メニューレベルの比較、店舗内装の比較、従業員のサービス内容を中心に、すべての経営要素をチェックする。

　チェーン店は、競争相手が見えているので、常に競争相手の動向に着目し、その変化に敏感に対応しながら戦略を明確にすることが大切である。

競争価格
きょうそうかかく

competitive price

　ライバル企業やライバル店を意識して打ち出した価格のこと。競争価格は、よりお値打ち感を消費者に訴えるために価格の低さを強調する。低価格でありながら、必要な利益を獲得できるように収益構造を築くのがシステムである。

　競争価格は、市場占有率を高め、利益を生むことを狙いとして決めるものだ。"価値"を売ることによって客数増につながり、売上高が増え、システムを強化することでより高い利益を生む。その循環がチェーン活動である。競争力のない価格とは、まったくお値打ち感を出せない価格をいう。

　競争価格は、商品開発に依存するところが大きい。

　企業規模を決めるのは価格であり、品質の良し悪しである。低価格政策をとるチェーンで大切なことは、商品とサービスのレベルについて明確な基準が設定され、それを維持することにある。

競争市場 (きょうそうしじょう)

competitive market

　何店もの店が同じお客さまを奪い合う状態となり、力のない店はその市場から脱落するという状態のこと。

　外食業は、ある程度店舗が集結したほうが集客力が上がるといわれているが、テイクアウトでない限り、買いだめのきかない商売なので、同じ地区で多数の店が成立することは、なかなか困難である。

　消費者側からすれば、競争ほど素晴らしいものはない。より価値の高いものが選択できるからである。経営する側にとっても、不断の努力を通じて社会の要求に応えていけば、成長のチャンスが得られるやりがいのある状態ということができる。

　自由競争、資本主義経済の仕組みでは、社会貢献度の高い店が生き残って、そうでない店は亡びていくということである。商業発展の原動力は競争にある。外食業の競争の決め手は商品力とサービス力である。

共同仕入れ (きょうどうしいれ)

joint buying

　複数の会社が協力し合い、商品の仕入れを一緒に行なうこと。大規模な会社と同じように、仕入量が増えることでメーカーや問屋との交渉力が高まり、仕入価格を下げて競争力を持つことも可能になる。

　メーカー品や加工食品は、取引量の多寡によって仕入単価はかなり違ってくるが、生鮮食品は、量の拡大が仕入単価とあまり直接的に結びつかない。

　共同仕入れには商品知識が必要である。商品情報、仕入先の選択など仕入れに関する知識を持った専門家を揃えなければならない。また、価格面では有利だが、メニュー変更の必要が生じたり、立地が拡大した場合、友好的な関係を永続させることが難しい。その点、暖簾分けしたグループ店で共同仕入れに取り組む場合には、メニューや商品のスタンダードなどを共有しているので成功しやすい。

苦情処理（くじょうしょり） claim management

店の料理やサービスに対して発生したお客さまからの苦情に対する処置。苦情処理は店長の担当である。

苦情が発生するのは、サービスの不手際や商品の遅れ、異物混入などによることが多い。お客さまの言い分を無視したり、店長や責任者の対応が悪ければクレームは増大する。

お客さまの言い分を聞き、きちんと詫びることで済む場合が多い。客席のサービス不行き届きに対しては、必ず店長もしくは店長代行者が対応し、料理に関しては料理長が客席に出てお客さまに詫びる。責任者が詫びることで店の誠意が伝わる。

苦情は、本部のシステムを変更する際の参考になるので、店長が必ず上司または本部に報告するルールをつくっておくこと。苦情処理はお客さまに対する誠意が第一であり、店のファンになっていただくつもりで積極的に対応する必要がある。

口コミ（くち） personal influence

人の口伝えによって広まるサービスや商品の評判のことで、飲食店の人気を左右する。

よい評判が広まり、新聞、テレビ、ラジオ、雑誌などマスコミに取り上げられたり、地域の集まりに利用されるようになることが理想的だ。ダイレクトメールとの組合せがうまくいけばさらに成果があがる。

飲食店は本来、口コミによる人気獲得が最も重要とされている。口コミの中心となるオピニオンリーダーといわれる人々への積極的なアプローチも大切になる。

その方法の一つは、新商品の発表会を兼ねた試食会、開店記念や会社設立記念といった行事などへの招待が考えられる。

さらに、社外モニターとして店のサービスやクレンリネス、商品のチェック、店の欠点の指摘などを行なってもらうことも考えられる。「お客がお客を呼ぶ」という考え方で、ファンづくりに計画的に取り組むと売上高は必ず上がる。

クリエイティブライン creative line

　人気を集め、高い売上げを上げられるように、商品開発や立地開発、店舗デザイン、宣伝広告などの企画を立て、提案し、具体的に行動する部隊。創造的な仕事をする部隊である。店の規模が小さい時は、社長がクリエイティブラインのすべてに責任を持つが、規模の拡大とともに専門家が必要となる。この部隊の創造力が会社の規模を分ける。

　クリエイティブラインが発案し、それをトップが決裁して、オペレーションラインに下ろしていく。

　特に大切なのは商品開発だ。新しいメニューを考え、その調理を店舗に定着させる能力が要求される。仕入れも品質と価格を決定する重要な部門であり、担当者は特別な知識と技術が必要とされる。クリエイティブラインに就くためには、豊富な現場経験と店舗のマネジメントに精通している必要がある。

グリドル griddle

　鉄板を200℃前後に熱し、その上に食材を乗せて焼く調理機器。牛肉や鶏肉のステーキ、ハンバーグなどを焼くために使われる。フライパンと違い、同時に数種類の食材が調理できるので、効率のよい調理機器である。

　フライパンは熱効率が高く、高熱となるため、1人のコックが1種類の調理に専念する必要があり、異なった商品を同時につくることは困難である。ところが、グリドルは鉄板の幅、長さを変えれば、1人で同時に何人前でもつくれる利点がある。

　フライパンを上手に振れるようになるには熟練を要するが、グリドルでの調理作業には熟練はほとんど要らない。もっとも、安定した仕上がりのためには表面の温度を一定にする必要があり、熱源となるバーナーの工夫が重要となる。チェーンレストランで調理方法がフライパン主体からグリドル、フライヤー、オーブンに移行しているのは、コックの技術不足からくる料理の質の低下を防ぐためと、効率を考えてのことである。

グリルチキン
grilled chicken

網焼きした鶏肉のこと。鶏肉の代表的な調理方法は、次の3種類である。
①油で揚げたフライドチキン
②ロースターで焼いたローストチキン
③直火で網焼きしたグリルチキン

グリルチキンは、直火で焼くため香ばしさがあり、脂を落とす焼き方なので、ヘルシー感がよく出せる。

チキンの需要は先進国では牛肉を超えているが、その最大の理由は、カロリーが低くヘルシーで、かつ価格が安いからである。その中でも、鶏肉の持ち味を最もよく打ち出すことのできるグリルチキンの人気が高まっている。

脂が抜けてしまうと、淡白な鶏肉はますます淡白になるので、調味料、香辛料の使い方が大切になる。

クルトン
cruton

スープの具やサラダや料理の添え物として使用される小さく切ったパン。

パンを小さく切って焼きあげたものは、主にスープに使用される。

一般的には、シーザーサラダやグリーンサラダの飾りとして使われる。サラダ類は鮮度を重視しているので、クルトンの品質管理が悪いと、せっかくの新鮮な野菜が台無しになる。パリッと焼きあがれば、香りと食感がよくなるが、時間が経過したり、湿気を帯びると、サラダの価値を下げてしまう。

クルトンは、こまめにスタンバイ（仕込み）することが必要で、ピーク前に適量を準備して長時間保管しないようにルールを決めなければならない。

グレードアップ　　　　　　　　　　　　　　　　grade up

　時代の変化や競争相手に遅れをとらないように、店舗のイメージや商品の質、サービスのレベルを上げ、競争力をつけること。グレードアップとは単に高級化を意味するのではない。

　生活レベルの向上や競争店と比較して商品、サービス、クレンリネスの内容が劣っている場合、それぞれのレベルを上げて魅力ある店づくりを行なうことが勝ち残りにつながる。

　グレードアップの第一は、店舗のイメージである。特に照度と色彩による明るさや清潔感が評価のポイントになる。

　食品メーカーの調理済み食品や惣菜店の商品に遅れをとらないように、あるいはライバル店との競争に勝てるよう料理の品質は常に高くし続ける。食材のルート変更をしたり、調理方法を変えたり、働く人たちの調理技術を上げていく。

　店長の再教育もグレードアップの必要条件となる。

クレープ　　　　　　　　　　　　　　　　　　　crepe

　フランス生まれで、小麦粉、そば粉、卵を主材料としたデザート。元来は、フランス料理のフルコースでデザート用につくられたものであったが、アメリカに渡ってパンケーキと名称を変えるとともに、小麦粉を主に使った朝食の主役になっている。

　高度な調理技術を必要とする卵のクレープは、大衆商法には適さず、主食として素人でもつくれるように卵は小麦粉に変わり、調理道具もフライパンからグリドルに変わった。

　主食にするために、パンケーキは2つの工夫をしてきた。一つはトッピングに使用するフルーツ類の開発である。もう一つはハチミツを中心としたシロップの開発である。

　フランスではスナックとしておやつの役目を果たしている。

　アメリカでは、クレープはパンケーキに変身して人気の高い朝食メニューとなっている。

　高級フランス料理店では、デザートクレープはウェイターの腕の見せどころ。客席で演出してつくられる。

クローク　　　　　　　　　　　　　　　　　　cloak

　お客のコートや荷物を預かる所。もともとはオーバーを預かる所だったが、今日では手荷物を預かる所になり、ホテルや結婚式場では欠かせない施設である。

　レストランは、大型店でない限り、クロークを持たない。しかし、結婚披露宴や大型のパーティが開催されると、クロークは必要となる。もし常設のクロークがない場合は、臨時のクロークを設置することが必要となる。

　クロークの作業は、お預かりする時よりもお帰りの際に手渡す時のほうがポイントである。預かる時は、比較的時間の余裕があるために、急は要さない。帰りは全員がほぼ同時になるので、いかにスムーズに手渡すかによってパーティの印象が決まってしまう。携帯品の並べ方を工夫し、探す時間を短くするようにルールを決めて訓練することがポイントとなる。

クローズドキッチン　　　　　　　　　　　closed kitchen

　客席からまったく見えないように仕切られたキッチン。

　クローズドキッチンのよさは、キッチンの騒音と匂い、人の声が客席に漏れないこと。客席の雰囲気をよく静かに保てる効果がある。

　キッチンは、調理作業場である。そこで調理をする音、調理人がコミュニケーションをとるために出す大きな声、食材の匂いなど、店を楽しく利用したいお客さまにとっては、気を散らされる要素がいっぱいだ。

　クローズドキッチンは、キッチンのスペースを大きくする必要もあるので、投資がそのぶん多くなるが、食事を楽しくするためには有効な方法である。

　逆に、キッチンを思いきってお客さまに見せて、調理場をショーのように楽しんでもらうのがオープンキッチンである。

訓練(くんれん) training

　仕事が正確にできるように、くり返しくり返し決められた通りの作業方法を身につけさせること。

　基本動作は100％正確にできるようにし、さらに作業のスピードアップを要求する。訓練は店舗で行なう。現場で営業中に直属の上司が行なう訓練のことをOJT（現場訓練）という。調理とサービスの評価は、すべて店長の訓練次第で決まる。

　店長が店で多くの時間を割くのは、おいしい料理をつくる調理技術と気持ちのよいサービスができるように訓練することである。現場訓練をいかに効果的に行なうかで、店の人気は決まり、売上げも決まってくる。

　チェーン店では、店舗でトレーニングを担当するパートタイマーのトレーナーを対象とする集合教育(off-JT)も必要である。

経営参加(けいえいさんか) management participation

　労働者が経営の意思決定にかかわること。この経営参加は西ドイツ（現ドイツ）で1952年1月1日より実施されてきたもので、労働者の代表が監査役会に参加する仕組みである。

　なぜ監査役会かというと、西ドイツでは監査役会が最も力を持っていたからである。その組織に従事する者すべてが経営に参加することを理想とし、一部資本家の独走は法律によって規制している。西ドイツの経営参加は、会社の政策決定にも労働者の意見を汲み入れるところに特徴がある。これは、会社は誰のものか、という考え方に基いてできたものである。組合側から5人、経営者側から5人、もう1人は労使双方によって選出された中立の人となっている。

　日本でも経営協議会、労使協議会などの名目で、労使が一体となって経営を考える場を持とうとしてきた。しかしその多くは労働協約に関する監視のためで、労働者が不利益を被らないようにという配慮で行なわれている。また経営戦略や政策に関する討議の場になっている。

経営戦略 management strategy

経営環境の変化に対応するために、具体的に示された方向や作戦。

経営者は社会環境やライフスタイル、所得、外食習慣などの変化を一刻も早く察知しなければならない。新しい変化にどのように対応していくか、その方向を明確に示すのが戦略である。業態、商品、立地などをどのように変化させるか、その方向を決定することが常にトップに要求される。

売上高は決して味やサービスだけで決まるわけではない。何を、誰に、どこで、いつ、どんな方法で売るか、その戦略次第で会社の成功の大部分が決まってしまう。

戦略は、その方向を具体的に示したものであるから、戦略に基いてオペレーション技術の革新や商品開発、立地開発が進み、サービスや調理方法など細部までが決められる。

経営理念 management philosophy

会社の社会への貢献のしかたや店の存在理由を明確にしたもの。働く者の行動基準となるもので、経営信条、社是、社訓などが含まれる。

経営理念として最も大切なことは、お客さまに対する基本的な姿勢を示すことである。次に、社会にどのように貢献していくのか、サービス業、食品製造業としての使命が強調される必要がある。働く人たちの生活権や労働環境に関する考え方を示すことも必要である。また、地域社会への貢献も謳われていなくてはならない。そして利益追求に対する厳しい姿勢と、会社存続の要となるものは何か、それを実現するための考え方を明らかにしておく。

経営は、社会環境の変化に対応していかなければならない。その戦略を決定していくうえでも、考え方において常に優先するのが経営理念である。

ケーススタディ　　　　　　　　　　　　　case study

　実際に起きた事例を基に経営の原理原則を学ぶ学習方法。
　事例は個別企業のことだが、その失敗や成功例から普遍性のある答えを出さなければならない。生きた学問をするには、実際の事例をサンプルとして、外部の指導者、経験者を交えて討論することである。
　企業を丸裸にして経営学の学び方を実践したのが、ハーバードビジネススクールである。実際に経営に参画するトップマネジメントの再研修や、ビジネスマンのための有力な教育手段となっている。
　ケーススタディの特徴は、企業の生の数字と歴史をベースにしていること。ある会社で起こった問題は、すべての企業に共通して起こりうると考えている点である。ケーススタディによく出てくるのは、投資とマーケティングに関することである。ある地域の売上高を予測して、いくらの投資が可能なのかというビジネスモデルをつくる方法などだ。答えの正否よりも、なぜその答えを出したか、その思考過程と方法論を身につけて、実務の場で応用することが大切である。

ケータリングサービス　　　　　　　　　catering service

　家庭や会社に出張して料理とサービスを行なうこと。
　ケータリングサービスは、家庭や会社から依頼を受けてサービスを行なう出張料理である。機内食は、エアケータリング（air catering）といい、機内サービスの一環として行なわれる。
　ケータリングサービスは、従来は会社の催事が主であったが、住宅の環境やライフスタイルの変化から、ホームパーティ、家庭への進出も多い。ケータリングを成功させるためには、サービスや演出力も必要である。単に料理を運ぶだけではお客さまの満足を得ることは難しい。
　結婚式、誕生日、法事など家庭でアットホームな食事会を演出する新しいビジネスである。

月次損益計算書 monthly income statement

会社や店の1ヵ月の売上高、経費、利益を示す書類。その損益計算書から問題点を発見し、対策を打って、売上高と利益を向上させる。

特に経営規模が拡大すると、店長やその上司が現場で積極的に経営する姿勢が求められ、予算と実績を一致させる努力が必要とされる。

店長をはじめとする中堅幹部に店の経営を委任する形をとった場合には、毎月の報告書は月次損益計算書であり、委任された店長とマジネジャーの行動は、月次損益書の数字を改善させることが基本となる。

店長のマネジメントや経営手法に問題がある場合、必ず数字に表れてくるので、その原因を探り、それを改善するための具体的な対策を講じる。

月次損益計算書は、店長のような数値責任を負う者にとっては上司に報告する最も重要なものであると同時に、店長が毎月自分の行動を変えていく指針となる。

原価 cost

商品を製造し、販売するためにかかった経費のすべて。外食業では、原価を2つに分類することができる。一つは製造原価であり、もう一つは販売原価である。一般的には、食材費を原価と呼び、店長は食材費と人件費で経費をコントロールする。

食材費+人件費（FLコスト）を売上高の60%以下に抑えることが、世界の飲食業の常識であるが、FLコストは上昇傾向にあり、売上高の65%とするところが多い。

人手の少ない業態（ファストフードチェーン）の場合は、食材費率は高くなるが、人件費率は低い。一方、高級レストランのように熟練度の高い人を多く抱えている店は、食材費率は低く、逆に人件費率が高くなっている。

2つの経費のバランスのとり方で利益は決まる。

限界利益(げんかいりえき) merginal profit

売上高から変動費を引いたもの。経費の中には、売上高に応じて変わる変動費と、売上高に関係なくかかる固定費がある。

売上高−(変動費+固定費)=利益

変動費の大部分は材料費と人件費、水道光熱費などである。限界利益から固定費を支払って純利益が出る。

固定費は、売上高に関係なく支出されるので、経費の総額と売上高が合致する点(損益分岐点)を超えると、変動費を差し引いた分が利益となる。

安全な経営は、損益分岐点をできるだけ低いところに設定し、限界利益率(限界利益÷売上高)を大きくすることである。

損益分岐点=固定費÷限界利益率
　　　　　=固定費÷荒利益率−変動経費率

限界利益=売上高−変動費あるいは、
　　　　=売上高−(材料費+変動費)
　　　　=荒利益高−変動費

原価管理(げんかかんり) cost control

経費の無駄を排除して適正な利益を生むこと。

原価管理(フードコストコントロール)の出発点は、まず適正な原価率の実現にある。実際原価率と標準原価率(あるべき原価率)の差異が出た時には、その原因を究明し、対策を立てる。

コストコントロールは、店長の重要な仕事だが、その情報を整理するのは本部のスタッフである。実際と標準の差異をなくす対策を打つのは、店長およびその上司の大切な仕事になる。飲食業の3大経費は、

①人件費　②材料費　③水道光熱費

材料費のコントロールは、食材の発注とスタンバイ(仕込み)の技術がまず大切になる。次には食材の在庫の管理とキッチンで働くスタッフの食材と調味料の使用方法、ポーションコントロール(1人前の分量を守ること)がポイントになる。

減価償却費 (げんかしょうきゃくひ)　depreciation cost

　建物や設備は年々老朽化するが、その施設を補修できるように金額で補填する費用が減価償却費である。

　帳簿の上では、減価償却費は経費として処理されるが、実際には、他の経費のように支出として金銭が外部に流出しているわけではない。減価償却の方法は2通りある。

　資産の耐用年数に基づいて、その期間内に一定の金額を毎年償却していく定額法と、毎年一定の比率で償却する定率法とがある。耐用年数を経過すると、残存価格として買入価格の1割は帳簿に残すことになる。

　減価償却費は、実際には現金支出がない経費なので、その額は自由に使用できる。多くは、借入金の返済に充てられる。

　税金を支払った後の純利益高と減価償却費を加算した金額を、キャッシュフローという。

現金過不足 (げんきんかふそく)　cash shortage&overring

　現金有高とあるべき現金売上高との差異のこと。現金を取り扱う商業活動では、過不足は必ず発生している。

　ミスの要因は、オーダー伝票に書き込むメニューの単価ミス。パートタイマーの訓練不足によって生じるケースが多い。次にレジで釣り銭を渡す際のミスも多い。単純な現金の勘定ミスや、1万円、5000円、1000円の紙幣を取り違えるなどのミスである。記入伝票を使用する店では、接客係の数字記入の不正確さも要因だ。特に3、7、8などは読み間違いやすい。

　悪質なのは、売上金の盗難。レジスターの現金を小分けして勘定することと、釣り銭を多く持たないことが盗難事故をなくしていく。

　現金の過不足は、毎日正直に報告させることである。過不足ゼロを強制しすぎると、必ず操作がはじまり、大きな過ちを犯すきっかけになる。大きな差違が出た場合には、その日のうちに原因を探ること。その許容範囲を決めておくとよい。

現金管理(げんきんかんり) cash control

現金を正しく計上、保管し、損失を防止すること。現金を取り扱う飲食業の場合、店舗に現金管理の仕組みを持つとともに、従業員の躾が重要である。

現金管理の第一は、売上金の正しい掌握である。売上高と現金残高には差異が生じるが、次のことを実行することがミスの防止につながる。

伝票の枚数チェック、オーダーエントリー使用者と現金取扱者を記入すること。

売上日報の現金残高報告は、当日のありのままを報告させること。

過不足の金額が大きい場合には、本部や上司が直接原因を究明すること。現金の取扱いは、内部監査として厳しいチェックが定期的に必要である。抜き打ちでチェックが行なわれると、現場に緊張感があって、ミスを防止できる。

権限委譲(けんげんいじょう) delegation of authority

トップや幹部が、部下に対して、自分の持っている決定権を任せること。

組織の拡大に従って、まずトップの権限を幹部に与えていく。それによってトップは雑用から解放され、経営上の意思決定に時間を割けるようになり、会社の方針や戦略決定を誤ることがなくなる。

中堅幹部への権限委譲は、意思決定を早くし、部下に責任感を与え、意欲をかきたてる要因にもなる。またトップの意思決定が早まり、対応が早くなって組織が活性化される。

幹部から部下へ権限委譲することで、部下が育ち、次の地位にチャレンジしようという積極性が生まれる。ただし、権限には責任が伴い、任された上司への報告義務が生じる。特にチェーン経営では、上司に対して報告する業務の項目が、そのまま委譲された権限と果たすべき責任となる。

減損会計 (げんそんかいけい) accounting of impairment of assets

　会社の保有している固定資産が簿価よりも著しく下落している時、その下落分を特別損失として計上すること。

　食材や商品など流通資産と呼ばれるものは適用されない。

　バブル崩壊によって、特に土地の価格の下落が顕著になり、貸借対照表の土地の評価価値が実態と違うことから、簿価の見直しが行なわれるようになった。

　実際の土地価格が帳簿よりも低い場合には、含み損があるといわれるが、この含み損を表面に出し、会社の真の価値が公平にわかるようにしたのが減損会計である。

　2003年10月31日に企業会計基準委員会から「固定資産の減損に係る会計基準の適用指針」が公表され、2005年4月1日以後に開始される事業年度から減損会計が適用されることになった。

限定メニュー (げんてい) limited items

　メニューの品数が少ない店のこと。

　メニューの多い店の欠点は、食材の品目が多くなり、在庫過多になりやすいことと、キッチンのオペレーションが複雑になって、料理の質に満足していただけなくなることだ。また、メニュー数が多いと、ランチやディナータイムに早く料理を提供することが難しい。品目を多く揃えていると、1品ごとの質の吟味が疎かになり、スタンダードが乱れる原因となる。

　限定メニューの店の典型はファストフードである。ファストフードは大衆に人気のある商品を1品選び出し、価格破壊と技術革新によって看板メニューに育てた。さらに需要の多い商品に絞りながら研究を積み重ね、人気商品を3〜5品目組み合わせて魅力を増していった。

　高級レストランでも、ステーキやシーフードなどに品目数を限定し、技術力とキッチンの機器開発で効率の高い店を展開するところが多い。

現場訓練（げんばくんれん）
on the job training

　仕事の現場で作業しながら訓練をすること。OJT（オー・ジェー・ティー）という。訓練するのは、店長や代行者が主だが、訓練資格を持つトレーナーが行なう場合が多い。

　OJTは、店長、トレーナーが毎日の業務の中で行なうマンツーマンの教育・訓練である。

　店長としての責任を果たすためには、部下のサービス、調理技術を上達させることが前提となる。トレーナーは、教えるためには、部下のすべての作業に関して見本（モデル）とならなければならない。

　部下の作業のレベルが低い場合には、直ちにそれを指摘し、2〜3秒の短い時間で訓練していく。

　OJTのほかに、現場を完全に離れた時の対話によるコミュニケーションも並行して行なうことが望ましい。

検品（けんぴん）
checking of supplygoods

　納入された商品が会社の決めた通りの品質であり、店長の発注通りの量であるかどうかをチェックすること。

　検品作業は、注文伝票と納品伝票を照合することからはじまる。次に、数量と単価に関して納品伝票通りの食材、商品が納められているかどうかを確かめる。品質についても、会社の基準通りか、必ず確認する。

　検品は、店長の仕事の一つである。発注表を参照して、注文通りの数量と契約単価であるかのチェックに重点を置く。材料原価をコントロールするためにも、店長の必須業務である。

　検品は、店長の検印した納品伝票を経理部に送付することで終了する。経理部は、店長がサインした納品書の控えと、納入業者の請求書を照合して毎月支払いを行なう。

　数量と単価のチェックと同様に大切なことは、食材の品質チェックである。店長および搬入に立ち会う人は、すべての取引食材の品質基準を、しっかり把握していなければならない。

現物給与(げんぶつきゅうよ)　　　allowance in kind

　現金で支給される給与以外の物品で、それが給与と判断されるもの。

　店内での食事、寮費、現物の食品提供などが挙げられる。そのほか、①定期乗車券、②商品の値引き販売、③土地や家屋の無償または安価での貸付け、④創業記念日や永年勤続者の表彰記念品、⑤レクリエーション費など。

　少額の場合は、福利厚生のための必要経費として認める。その場合、会社は経費を計上し、社員の給与と見なさない。

　定期乗車券や食費などは、会社の負担する金額には制限枠があり、ある一定の枠を超えるとその分は給与と見なされ、個人の所得税の対象となる。

　注意を要するのは食費である。店舗では、店のメニューの中から選んで従業員に現物支給しているが、食費の上限や安価で提供する場合の割引率など、ルールを明確にしておかなければならない。

考課(こうか)　　　evaluating personnel

　個人の技術力や能力を査定し、職位や職種に見合った職務を全うできるように、不足する経験や知識をはっきりさせること。考課は昇給、ボーナス査定の資料とすることだけを指すのではない。また個人の仕事の実績を評価するものでもない。仕事の成果だけに照準を合わせた評価は、業績評価と呼ぶ。

　業績が上がっていれば、個人の業績評価は上がる。それに対して考課は、どんな教育を受けさせ、訓練すれば、その人の責任が果たせるようになるかを確かめるものである。

　教育は、OJT（現場訓練）とoff-JT（集合教育）で行なわれている。店長の上司の重要な仕事の一つは、部下の教育計画を明確にすることである。その責任を果たすためには、まず部下にはどのような経験や知識が不足しているかを把握することからはじめる。それが考課である。

郊外化 （こうがいか）
suburbanization

　住宅地が都心から郊外に移動するにつれて、商業をはじめとする経済活動も郊外に移っていくことを指す。

　郊外化は、市場経済の効率化とともに、より豊かな生活環境を求めて進んでいく。それを推進するのが、自動車の普及と交通網、道路の整備である。特に、鉄道と高速道路の整備は不可欠である。

　外食のマーケットは、住宅地の移動と連動する。職場は都心でも、私生活の基盤が郊外に移れば消費者活動はその周辺に移っていく。生活関連の商業は住宅地の近くにあって初めて成立する。その具体的な施設がショッピングセンターである。

　外食は駐車場付きのレストランが中心となり、その駐車スペースが売上高を左右する。駐車場付きレストランは、時間距離を短縮するので商圏人口は大きくなる。

降格 （こうかく）
falling rank

　現在の職位よりも地位が下がり、給与も下がること。

　降格は、その理由が明確でなければならない。代表取締役をはじめ会社役員の責任の取り方には、降格は少なく、辞任という形が多い。

　一般社員の降格は、社内の信賞必罰の厳しさとともに、再びチャンスは与えられるという温かさを示すことが必要である。

　数値責任を果たせなかった時に、すぐに降格させることはあまりない。業績評価として、まずボーナスに反映される。マネジメント上の事故を起こしたり、管理者としての知識、経験、技術に欠けた場合に降格人事が行なわれる。

　若くして店長や幹部になった人は、経験不足のために責任を果たせないことが多い。その場合は、もう一度職位を一段階下げて、経験を積み直し、再挑戦させることが、当人にとっても会社にとってもプラスになる。

　降格の成否は、上司の指導力に依存する。

こうけんりえきだか
貢献利益高
contributed profit

店舗段階で得た利益高のこと。

1店ごとの利益が積み重ねられて会社の利益が生まれる。貢献利益は通常、店舗貢献利益ともいう。

店舗は、本部からの業務遂行の支援を受けることで利益を得るので、本部費を負担する。そのうえで、店長は適正な利益をあげることが求められる。

店長の評価は、店舗貢献利益高で計ることが望ましい。貢献利益高は、高い売上高の確保が前提となる。次いで大切なのがコストコントロールである。主たるものは材料費、人件費、水道光熱費の3点だ。店長のコストコントロールは人件費と材料費に直接反映されるが、働く人の意識の持ち方で大きく変わるのが水道光熱費。これには訓練と注意が必要だ。

店長の評価を貢献利益高にすることで、売上高を上げるオペレーション力が向上するとともにコスト意識が高まる。

こうこく
広告
advertisement

商品、サービス、情報を買ってもらうように、テレビや新聞などの媒体を利用して知らせること。チェーン店では、大切な販売促進方法である。

広告は、お客さまに何を知らせ、何を買ってもらうのか、それをはっきりさせておくことが必要である。企業のイメージを高めるためのPRとは違う。

飲食業は、地域性が強く、商圏が狭いことや固定客を対象とする特性から、新聞の折り込みチラシやダイレクトメール（DM）がよく使用される。ある一定地域に集中出店したチェーンでは、電波媒体の広告効果が大きい。ナショナルチェーンではテレビ広告の内容によって売上高は大きく左右される。

一般に広告費は、売上高の3％が常識とされているが、競争が激しくなると、ナショナルチェーンでは5％を超えるケースが当り前とされる。

拘束時間 binding hours

職場に出動して退出するまでの就労時間のこと。

あくまで在店、在社時間のことを指し、その中で実際に働いた時間のことを実働時間という。実働時間は、拘束時間から休憩時間を差し引いた時間を意味する。

ただし、1日または1週間の労働時間をそれぞれ8時間、48時間と定めているのは、拘束時間ではない。

1919年、ILO（国際労働機関）が第1号条約として宣言し、1週間の最長労働時間は48時間になった。日本では、第2次世界大戦後、労働基準法が施行されて、初めてその原則が採用され、労働者に対して過重労働を強いることのないように法律で定められた。

拘束時間は、一般には1日9時間を原則としているが、その場合、1日に1時間の休憩を与える必要がある。

行動科学 behavioral science

社員をやる気にさせる方法を研究する学問のこと。

企業目的を達成するために、どうすれば働く人たちが積極的になれるか、人の心理を考えた学問である。

行動科学は、人間の持つ本能を大切にする。統計学や経済学、経営学の理論にも、心理学を導入して初めて成果が表れる、という考えに基づいたものである。

行動科学の柱は、働く人が自主的に目標を立て、自主的に行動を起こすことに置いている。

そのためには、前提条件がある。達成すべき目標と評価方法が誰にでもわかるようになっていることである。

自主的に目標を立てたり、行動を起こすためには、事前に会社の情報公開と教育が十分になされている必要がある。

そのうえで社員の自主性を大切にすることが事業成績に結びつく。それが人材育成の基本である。

購買動機(こうばいどうき) motivate of buying

店を利用する理由や目的のこと。

同じ人でも、店を利用する時には、さまざまな理由がある。その利用目的に合わせて、求められるサービスの方法や店舗スタイル、料理の内容や提供方法も違ってくる。

たとえ同じカレーライスであっても、利用目的が異なるお客さまを狙うと、提供方法や価格が違ってくる。駅ビル、繁華街、学生街では早い食事、安い食事が利用動機となるので、カウンター席が主となり、相席も可となる。

カレーライスをテーブルクロスを敷いて提供する店では、雰囲気やサービス方法などが異なる。立地は一等地でなくても、インド料理の雰囲気や飾りつけがあって、決して相席はさせない。カレーライスを食べたいという動機だけでなく、友人や大切な人との語らいの場を大切にしたいという動機が加わるからである。

合弁会社(ごうべんがいしゃ) joint venture

複数の企業が資本を出し合い、共同で事業を行なうために設立する会社。

日本の企業が外国資本と共同出資で設立する会社だけではない。国内の企業同士であっても合弁会社がつくられるが、飲食業の場合は外国資本との合弁が話題になる。

外国企業が進出する場合、技術のみを持ち込んでくる方法と、技術と資本を持ち込む方法の2つがある。

技術提携の場合はフランチャイズ方式。提携時の一時金と、売上高の2〜3%のロイヤリティが要求される。日本に進出した外資の第1号がミスタードーナツで、合弁会社の第1号が三菱商事と提携したケンタッキーフライドチキンである。

合弁方式では通常は外国企業が資本金を出すことはしない。契約時に外国企業に支払われるノウハウ料がそっくり資本金になるケースが多い。

後方部門(こうほうぶもん)　　　　　　　　　　　　back of house

　店舗における客席以外の、主にキッチンと食材庫の部分を指す。飲食業の場合、一般に後方部門と呼ばれるのは、キッチン、店長室、仕込み場、休憩室、冷凍庫、冷蔵室などの倉庫部門だ。

　建坪面積の中で、客席部分を広くとると、投資効率がよくなる。人の動きをよくするためにも、後方部門は狭いほうがよい。

　もっともいまは、客席一点張りの店舗づくりは否定されるようになった。料理の品質管理と人件費のカットを同時に実現するため、調理機器の効率的なレイアウトや品質を上げる機器の開発によって働きやすい調理場づくりが進んだためである。

　後方部門は、キッチンや倉庫の設備だけではない。物流経費を抑えるために、配送の効率も検討しなければならない。食材の搬入方法、品質の維持、人件費の節減などが後方部門の課題である。

コース別人事管理(べつじんじかんり)　　personal management by function

　入社前の話し合いによって、将来の仕事の内容やコースを決めてしまうこと。コースは総合職、一般職に大別される。

　コース別人事管理が行なわれるようになったのは、男女雇用機会均等法が実施されるようになってからである。

　総合職は、一般社員から管理職、大幹部へと昇進を目指すコース。「会社の仕事のすべての部署に挑戦します、転勤も海外駐在もOKです」というもので、日本では長く男性社員に限られていたが、女子社員にも希望に応じてそのチャンスが均等に与えられるようになっている。

　一般職は、総務、経理事務などが中心であり、転勤や転居を前提としないものである。

　フードサービスの場合には、総合職希望の女性は少ないが、店長を経験して管理職に就いたり、スペシャリストの道を目指す大学卒の女子社員や、パートタイマーから本部の幹部を希望する主婦も出てくるようになっている。

コーディネーター　　　　　　　　　　　coordinator

　専門的知識とリーダーシップを持ち、会議やプロジェクトが所期の目的通りに進むように調整や指導をする役割の人。

　コーディネートの意味は、2つ以上の要素を一つの形式に合わせること、である。意見が異なる場合でも、あるべき方向に合意させる役割がコーディネーターには求められる。

　飲食業でも、マーケティングやマーチャンダイジング、店舗デザインと客席レイアウト、キッチンプランなどの創造的な分野では、コーディネーターの存在が必要となる。

　コーディネーターには、外部の専門的知識を持った人を登用する。専門知識を持った人を、社内で雇用するのは不経済である。必要に応じて外部の専門家に依頼したほうが、費用対効果が高まると同時に、外部からの専門的な知識が持ち込まれ、会社のノウハウとして蓄積される。

コーヒーショップ　　　　　　　　　　　coffee shop

　コーヒーと軽食を売り物にした店で、朝食メニューが中心のレストランのこと。

　日本とアメリカでは、コーヒーショップの概念が異なる。日本では、コーヒーをはじめとするソフトドリンクを売り物にし、スナックや菓子を売る店を指すが、アメリカのコーヒーショップは食事も提供する店で、メニューの組合せで朝、昼、夜まですべての時間帯に対応できるようになっている。

　客層も同様で、1人客もいればファミリー客もいる。日本のファミリーレストランの業態開発のモデルになったのが、アメリカのコーヒーショップチェーンである。

　メニューは大衆商品で、誰でも毎日家庭で食べているもの。主力は朝食用の卵料理にパンケーキ、サンドイッチ、ハンバーガーなど朝食の時間帯に強いメニューで、たいていの店が24時間営業している。20世紀末にはカジュアルダイニングとファストフードに市場を侵食され、店舗数が減少しはじめた。

コーポレートガバナンス　　corporate governance

会社の経営が適正に行なわれるように、取締役会が経営者の業務執行を監視監督する企業統治のこと。

アメリカ型の経営の一つで、株主や金融機関、債権者、社員など、利害関係にある人たちが、経営者の独走をチェックして、企業のリスクを阻止する仕組みである。

本来、商法で決められた監査役、株主総会は、経営者の暴走、独走を阻止する役割だが、経営者の力が強大すぎるケースが多く、なかなか企業経営の公明性がみられない。そこで、日本で大手企業向きに設置されたのが委員会設置会社である。

この委員会は、企業と複数の社外取締役が一体となって経営計画を立て、取締役候補を決め、役員の報酬まで決めることになっている。

各委員会は取締役3名構成だが、社外取締役が過半数を占めることになっている。

コールドチェーン　　cold chain

低温にして生鮮食品を生産から消費に至るまでシステム化した近代流通技術のこと。中心となるのが冷凍技術であり、生鮮食品をできるだけ鮮度のよい状態に保ちつつ、価格の安定を狙った。

生鮮食品は、季節と保存の両面から価格相場が安定せず、消費量と価格のバランスを安定させるのが難しい。必要な時期に、必要な量を、適正な価格で提供するためにつくられたのがコールドチェーンという仕組みである。

鮮度維持に大きく関係する保管、運搬のシステムは、高度な技術と関連業界との共同作業が必要となるので、政府からの積極的な働きかけがあった。

チェーン展開を進める企業にとって、セントラルキッチンから店に至る加工、運搬、食材保管の技術は、品質の安定と経費の安定に大いに役立っている。

顧客管理 (こきゃくかんり)　　　　　customer's relationship

　1度来店されたお客さまに、また来店してもらえるように、店とお客さまとの関係をよくすること。顧客管理は、お客さまに何度も来店していただくための大切な仕事である。

　特に、単価の高い店や宴会利用度の高い店では、お客さまへの店長のアプローチの良し悪しで売上高が決まる。そのためには、来店されたお客さまとよく対話し、お客さまの情報を整理していなければならない。対話の中から会社名や職位、趣味、家族構成など営業上の必要な情報が得られる。その情報を使いやすいように整理しておくことが必要である。

　店で特別な催しやメニュー変更があった場合、固定客にはすぐに案内状を送付したり、挨拶に出かける。

　お客さまに迷惑をかけた場合でも、逃げずに丁重にお詫びをすることで、店の固定客になっていただけるチャンスがある。

顧客満足 (こきゃくまんぞく)　　　　　customer satisfaction

　店や企業に対してお客さまがどれほど満足されているかを調査したもの。店や企業側の勝手な推測よりも、お客さまの声を聞きながら、商品やサービスレベルなどを決めていこうとするマーケティング技法である。

　1980年代に日本とアメリカの両国で同時に導入されたもので、英語の頭文字を取って、「CS運動」と呼ばれている。経営の目的は「お客さまの満足を得ることである」という原則に従えば、CS運動は当り前の行動である。

　ところが現実は、提供する側の論理を優先させ、お客さまの要求や便宜性は二の次になっている場合が多い。激しい競争の中では、お客さま優先の姿勢を貫いた店と会社だけが生き残れる。

　店長のボーナス評価の1項目に、「お客さまの満足度」を加えたチェーンもある。

個人経営 independent

企業ではなく個人が経営すること。

飲食店はほとんどが個人経営であるが、その中には大手フランチャイズチェーンの暖簾（のれん）と指導を受けながら経営している場合もある。経営者の個性を商品やサービス、店の雰囲気に生かしているのがインデペンデントである。

小売業のようにメーカー商品を販売していると、経営者の個性がなかなか出しにくい。商品の独自性がないので、売り値と便宜性だけが店を選ぶポイントとなる。

一方、飲食店は独特な商品をオーナーの独創でつくりだし、チェーンレストランに対抗できる。それには、独特の商品と味、サービスを生み出し、経営者が仕入れ担当、調理者として陣頭指揮をとることである。接客も経営者がカウンター越しにするか、家族が担当して固定客づくりに努めることも重要だ。

コストコントロール cost control

経費を適正に使い、利益を確保すること。一般に原価や人件費など変動費の使い方を指し、それらの経費率を売上高に対して適正な範囲内に収めることをいう。ただし、コストコントロールする際にやってはならないことがある。

第一は、荒利益率を高くするために食材の品質を下げたり、1人前の量を削って原価を下げること。

第二が、必要人件費のカット。キッチンや客席の人員が不足しているにもかかわらず、目先の利益のために人件費をカットしたり、法律で定められた残業手当をカットする行動。

お客さまに喜んでいただくために、まず経費を適正に使うことを優先する。次に無駄な経費を抑え、来客数予測に応じた人員数と食材を使用する。コストをコントロールするためには、経費の使い方の基準であるメニューのレシピと標準労働時間を知っていなければならない。店長は現場の仕組みに精通し、経費を正しく使用する技術を持つことが必要である。

コストダウン　　　　　　　　　　　　　　　cost down

　経費の無駄を省いて利益を上げること。コストダウンは、企業の収益構造を変えて利益体質をつくることだが、経費の切り詰めに無理がないようにしなければならない。
　まず店舗投資の削減だ。投資を制限することで固定経費を抑え、投資回収を早めていく。
　次の課題が人件費と材料費である。
　人件費は、店舗レイアウトの工夫やセントラルキッチンの設置などで効率的なオペレーションの仕組みをつくり、トレーニングで労働生産性を上げていく。さらに商品の加工方法を変え、効率を上げて、労働時間を短縮して人件費を下げる。
　材料費は、仕入ルートの開発で下げる。仕入先の見直しや使用食材を変更する。知識や情報を生かして経費を抑えることが大切。サービスや料理の品質の低下を招くコストダウンは避けなければならない。

コストパフォーマンス　　　　　　　　　　　cost performance

　費用対効果を意味する言葉。経営用語として「コストパフォーマンスがよい」というのは、かけた経費に対して利益が大きいとか、投資した資金の回収が早い、あるいは投資の割に儲けが大きい時に使われる。
　お客さま側からは、価格が安く、品質が安定している（品質がよい）ことをいうが、商品の中身以外にも、「早く食べられる」とか「ローカロリーで健康的だ」という価値判断の尺度もある。
　「経費をかけているから、うちの商品はうまい」という提供側の論理は通用しない。原価が低くても、味つけや調理方法の技術や演出力があれば、お客さまの満足を得ることができる。それが企業の生み出した価値であり技術力だ。調理の加工技術やサービスが劣ると、お客さまに付加価値は伝わらない。
　コストパフォーマンスは現場のサービスの心と技術力の結晶でもある。

コックレスキッチン　　　cookless kitchen

専門のコックのいないキッチンのこと。

フードサービス業が急成長を遂げた背景には、未熟練な人たちを短期間に戦力化するマニュアルの存在と、それを可能にした調理済み食品や調理機器の開発があった。その代表がファストフードチェーンでありコーヒーショップチェーンである。また、高単価のディナーハウスでもパートタイマーを教育することで十分に店が運営できるようになった。

熟練度の高いコックに頼っていては、人員が確保できず経費も増大し、経営は成り立たなくなる。人材の短期育成ができて初めて人件費の削減と店舗数の拡大が可能となり、価格を下げながら品質を向上させて、お客さまに利益を還元できる。

コックレスキッチンとは、職人は不要であるとか、料理の質が低くても構わないという意味ではない。熟練のコックがいなくても、おいしさと価値のある商品を提供できることが、この言葉の真の意味である。

固定長期適合比率（こていちょうきてきごうひりつ）　　　fixed long-term relevance facter

企業の投資の安全性と財務状態の良し悪しを判断する経営指標のこと。

投資したお金が100％自己資金であれば問題はないが、借入金依存度が高く、しかもすぐに返済を要求されると資金繰りが不安定になる。こうした状態は避けなければならない。固定投資を借入金に依存する時は、長期にわたって返済可能な長期借入金であることが望ましい。短期借入金を固定資産（土地、建物、設備）に充当すると、すぐに返済を迫られ、資金不足を招き、仕入先への支払いの遅延や給与の遅配を招いてしまう。

長期適合比率は、固定資産が自己資本と長期借入金の合計の枠内に収まっているかを示す比率で、次の式で表される。

長期適合比率＝固定資産÷（自己資本＋長期借入金）

この数字が100以下であることが望ましい。

固定費 fixed costs

売上高に関係なく出費される費用のこと。

売上高の高い店は一般的に固定費率が低く、逆の場合は固定費率は高くなる。

固定費率＝固定費÷売上高

経費は、売上高に比例して発生する変動費と比例しない固定費がある。

固定費には、人件費（一部変動費）や家賃、地代、金利、減価償却費、保険料、一部水道光熱費などが含まれる。いかに固定費を抑えるかが利益確保の鍵になる。

固定費を抑えて効率のよい経営をするための重要なポイントは、店舗投資額である。投資額の見直しと人員配置の削減が固定費を下げるポイントになる。

ローコストオペレーションとは固定費を抑えることである。

固定比率 fixed ratio

チェーン経営において資金繰りを円滑にし経営を安定させるためには、土地、建物、設備などの固定資産を自己資金で賄うことが最良である。その指標となるのが固定比率である。

固定比率＝固定資産÷自己資本×100

固定比率が100以下であれば、返済する資金の手当を心配する必要はない。投資した固定資産は毎年減価償却費として回収され、留保される。留保された資金は、次への投資に充当できる。

しかし、飲食業の場合は初期投資の金額が大きく、固定投資を自己資金だけで充当するケースは少ない。そこで、固定資産に投資する資金を自己資金と長期借入金で賄うことになる。それが固定長期適合比率である。

自己資金＋長期借入金＝固定投資資産

長期借入金の返済は長期にわたるので、投資によって生まれる税引後利益と減価償却費が返済にあてられる。

コミサリー　　　　　　　　　　　　　commissary

　調理の一次加工場のこと。一般にはセントラルキッチンと呼ばれる。

　コミサリーの目的は、品質管理と調理の合理化である。工場で一括してつくることによって、全店で均質な商品が出せるようになる。チェーンレストランを志向する場合、コミサリーの設備とその技術は不可欠である。

　食品メーカーに仕様書発注を行なうことがあっても、調理作業を工場と店に分離する技術や、メーカーと店を結ぶ配送技術、店の調理加工の効率を上げる技術の修得は必要である。

　できるだけコストを下げ、店舗のオペレーションをシンプルにするためにあるのがコミサリーである。配送の輸送距離を踏まえて品質劣化をどう防ぎ、経費増をどう克服するかが課題となる。

コミュニケーション　　　　　　　　　communication

　意思の伝達を図り、相互理解を深めること。

　組織が大きくなる時の問題は上意下達、下意上達の意思疎通がスムーズに進まないことである。

　会社がどこに向かって進んでいるかは、常に店長にまで正確に把握されていなければならない。

　会社の現況や将来について社員が無関心になった時は、危険信号である。

　トップは、常に経営理念の実践と経営方針、QSC（Quality、Service、Cleanliness）のスタンダードの徹底を伝えなければならない。どんな店にしたいのか、商品やサービスの基準を常に対話によって伝える必要がある。

　そのポイントとなるのが店長会議・教育・訓練の場である。

　店長のコミュニケーションの重点は、調理や接客と個人考課である。訓練の成果はコミュニケーションの回数で決まる。

コラボレーション　　collaboration

　複数の人間や会社が協力し合うことによって新しい価値を生み出すこと。目的は、個人の能力を最大限に生かすこと、またはそれぞれの会社の文化や技術を見直して、組織を活性化させることにある。

　コラボレーションは"協働化"を意味する。

　外食企業が合併する場合、各々の会社の人材やシステム、文化を認め合い、お互いに刺激を与え合うことで、より強い組織をつくって、業績を上げていく。

　企業の合併は、商品開発力に両社の経験と技術を合体させて力を発揮する。仕入先、工場、配送のシステムなどマーチャンダイジングにかかわることは、協力し合うと大きなメリットが得られる。それと同様に、マネジメント方法や情報管理についても、少ない投資で大きな成果を生む場合が多い。人材育成やシステム開発にもコラボレーション効果が見られる。

コングロマリット　　conglomerate

　複合企業のこと。管轄下に、食品、建設、小売業、ホテルなど異業種を多数抱えているケースが多い。経営の効率を高めながら、企業規模の拡大を目指す。

　コングロマリットの狙いは、一つの産業に限定した場合の成長の限界を打ち破ることにある。複合化の方法は、できあがった会社を資本支配すること、すなわち買収が主である。

　資金と人材の投入によって買収した企業を強化して成長させる。人、物、金が効果的に働くことで成功の道が開かれる。

　コングロマリットの代表例は、ペプシコ社である。ピザチェーンのピザハット、フライドチキンのケンタッキーフライドチキン、メキシコ料理チェーンのタコベルなどを買収して一大コングロマリットをつくった。もっとも、最初は3社のコラボレーションやマネジメントの強化で成功したが、永くは続かなかった。

コンサルティングセールス　　consulting sales

　お客さまが求めているものを素早く感知して、専門知識を生かして推奨販売していくこと。買物のお手伝いをする販売員に要求される技術である。
　買物を楽しんでもらうためには、接客係は豊富な経験と商品情報を持っていなければならない。
　衣料や化粧品などのファッション商品のセールスが典型だが、対話の中から好みや趣味を引き出しながら、相手の個性をより引き立たせるように推奨販売する。
　メニュー数の多い飲食店においては、接客担当者はお客さまに対して最高の情報提供者でなければならない。
　カウンタースタイルの店の場合、お客さまの好みや食材の新鮮さ、味の特徴を伝える調理担当者が、最高のセールスマンということになる。

コンシューマリズム　　consumerism

　消費者主権の思想。
　経済の成長に伴って企業が巨大化した結果、企業の論理が優先して、消費者に多くの不都合、不利益をもたらすことが行なわれるようになった。
　消費者（国民）が健康や安全、豊かさをより強く求めていくなかで、生活に不利益をもたらす企業には、勇気を持って政府あるいは企業に直接改善を働きかけるようになった。
　それが消費者運動である。
　コンシューマリズムは、高度経済成長を遂げたアメリカで起こった。消費者が団結して政府や企業の横暴に対して法律闘争を働きかけた。その急先鋒が有名な弁護士、ラルフ・ネーダーである。ネーダーは、公害をもたらす自動車をつくって巨大化した自動車会社を鋭く批判し、政治的にも影響を及ぼした。
　コンシューマリズムによって、消費者優先の思想が経済活動に導入されたのである。

コンセショナリーチェーン　concessionary chain

デパートやビッグストアの売場の一部を借りて出店するチェーンのこと。スーパーや百貨店などの客数動員力に依存する出店方法である。貸す側は、自分のところでは提供できない一部の商品に限って集客を委託して、売場を強くする。店名を明示している場合もあれば、どこが経営しているのかがまったくわからないケースもある。

出店者側の利点として、次の4点が挙げられる。
①貸し主の集客力に依存するので販売促進費が節約できる。
②知名度の低い店でも、貸し主の名声が高ければ信頼度が高まる。
③投下資本を節約できる。
④貸し主の新規出店に合わせて成長が可能になる。

貸し主のチェーン展開に対応できる組織力と商品開発力が必要である。持ち帰りのすしや惣菜、アイスクリーム、麺類など軽食の店に最適な方法である。

コンセプト　concept

どんな店なのか、メニューやデザイン、サービス等の内容を文章で表したもの。コンセプトづくりにあたっては、まず店のイメージや雰囲気、メニューの特徴などを言葉で整理する。そして、具体的な商品や価格、サービスや店舗デザイン、食器などで具体的に表現していくのである。

コンセプトを明確にすることによって初めて、メニューの内容や価格が決まる。

コンセプトが明確でない店は、デザイナー好みの店になったり、料理長の趣味が前面に出ることになってしまい、どんな客層や利用動機に対応するのか、お客さまの顔が見えなくなる。

新店で、一番エネルギーを注ぐのが店のコンセプトづくりである。店のコンセプトが決まると、立地やメニュー内容、サービス、店舗のデザイン、装飾などもおのずから決まる。

コントローラー controller

利益計画や戦略決定のために数字を担当するスペシャリスト。コントローラーは、トップの羅針盤であり、トップ直属のスタッフである。

数字の動きを見ながら現場を観察して戦略の変更を起案する能力が求められる。戦略変更は、会社の短期的、長期的な経営計画を実現するために行なわれる。

コントローラーは、トップの将来のプランに基づいて政策を決め、それを数字で表現していく重要な役割である。

そして計画と現実の数字に誤差が生じた場合には直ちにその原因を分析し、トップに対策を提案することが要求される。

数字を見ながら、問題点がどこにあるのかを指摘し、どんな手を打てばあるべき数字が実現できるのかを提案する、いわば戦略や組織づくりに能力を発揮するスタッフである。

コントロール control

営業部の標準値と実際値、予算や予測と実績の数字を一致させること。

コントロールは、目標やあるべき姿にいかに現実を近づけるかという技術である。

規模を拡大する時には、計画通りの業績をあげることによって社会の信用が得られる。そのため、実現可能な結果を数字で予測する技術が必要となる。

計画と実績に違いが生じた時、その原因を究明して、すぐに対策を立てる。その前提として、店のシステムと現場のオペレーションに精通していなければならない。

店長のコントロール技術は、標準原価率や標準労働時間に実績を近づけることである。

コントロール技術は、本部スタッフ以上に、数値責任を負う店長やエリアマネジャーなど営業部門に要求される。

コンビオーブン　　combination oven

　スチームオーブンとコンベクションオーブンの両方の機能を兼ね備えたオーブンのこと。人手不足や大量調理の必要性から、ホテルや給食などに使われている。

　スチームオーブンは、蒸気で加熱して調理するもので、特に野菜類の調理に多く使われる。鍋で野菜をゆがくと栄養分が逃げ、色素も弱まるが、オーブンの場合は、それらのマイナスをカバーすることができる。ヘルシー料理を売り物にする店の温野菜提供に欠かせない。

　コンベクションオーブンは、熱風で調理を行なうもの。冷凍調理品を大量に解凍したり、大量調理を行なう時には大きな力となる。ホテルの宴会や機内食などに多く活用されている。

　コンビオーブンも、設定温度と調理時間のボタンを押せば、自動的に調理が完了するようになっている。この自動調理機能は、大量調理の給食施設や、大きな宴会需要があるホテルなどで人員削減のために不可欠な機器である。

コンビニエンスストア　　convenience store

　日常生活で必要度の高い商品に絞った小型店舗のこと。営業時間が長いことと住宅に密着した店づくりに特徴がある。

　独身者や共稼ぎ夫婦には格好の店舗である。コンビニエンスストアは24時間営業が多く、小型店のため買物がしやすく、キャッシャーで待たされずに買物を済ませられるところも利点である。品目数が多い割には、品目ごとの数量は少ない。したがって、売れる商品を的確に品揃えし、補充する能力が重視される。その欠品情報の収集と品揃え体制の整備が欠かせない。弁当、サンドイッチ等の需要が多いので、配送システムが重要視されている。

　飲食業にとっては、コンビニエンスストアはライバルである。独身者や共稼ぎの夫婦や高齢者向きの調理加工食品の品揃えを充実させており、外食チェーンにとっては脅威である。

コンビニエンスフーズ　　convenience foods

調理の手間を省いた調理加工食品のこと。缶詰やレトルト食品、冷凍食品など。

飲食店では、メーカーが生鮮食品を下処理して味付けした調理済み食品を活用している。冷蔵、冷凍の調理済み食品の開発は、キッチン革命を起こしてきた。

調理済み食品の導入により調理場の作業が単純化されて、技能をもった人材も必要としなくなった。人手削減もできて人手がかからず、キッチンの労働生産性向上につながった。

生ゴミも出ず、清潔なキッチンを保ちやすい。供給する大手の食品メーカーとのパイプが太くなると、仕入価格が安定する。一方で、冷凍庫をはじめ多くの貯蔵施設とスペースを必要とするので、そのための投資もかさむ。調理済み食品を多用することによる最大の危険は、店の個性を失くすことである。

コンビネーションメニュー　　combination menu

単品よりも、メニューを組合せで売ること。

コンビネーションとは「メニューを結ぶ」という意味。メインとなる食事にスープやサラダ、デザートを組み合わせて販売することをコンビネーション、あるいは略してコンボともいう。

単品をいくつか組み合わせることによって、お客さまの食事の楽しみが増すとともに、食事代がより経済的になる。

店にとっては、1品当たりの価格は下がっても、組み合わせ販売をすることによって客単価が高くなり、1人当たりの荒利益高が増すという効果が得られる。

コンビネーションメニューは、次のことを守らなければならない。組み合わせるものは認知度の高い自社の主力品目であること。1品ずつ注文するよりも安く、満足感が高いこと。

朝食、昼食、夕食ごとに利用動機に合致したコンビネーションメニューを用意すると、来店頻度は高くなる。

コンプライアンス　　　compliance

　法令やルールを守り、企業倫理を遵守すること。
　これまで日本では、企業が法律、法令を守ることがあまり重視されていなかった。企業活動において法律無視、軽視が多く、それによって経営者が罰せられることもあまりなかった。
　企業活動の重点が利益に置かれ、個人の尊厳が軽視される考え方が、コンプライアンスを疎かにすることにつながっている。
　コンプライアンスのスタートは、労働基準法の順守である。労働時間とサービス残業の管理がスタートになる。
　次には、公明、公平、公正な人事制度の確立と実行である。
　消費者に対しては、食材の偽表示を撲滅することである。
　さらには、商法、税法の順守などがある。これらを通じて、社会性の高い会社になることが求められている。

コンベンション　　　convention

　業界、業者などの年次大会のこと。情報交換や交流を深める場として全国レベルで開催される。
　コンベンションに参加する人にとっては、日頃会えない業界人や専門家と接する貴重な機会であるとともに、業界や専門分野の技術や動向に関する有意義な情報収集の場となる。
　外食産業のコンベンションは、マネジメント技術を導入する突破口になるほか、厨房や食品、情報機器などの機器や新しい食品を実際に観察して、情報収集できるまたとないチャンスである。
　開催都市にとっても、コンベンションは地域の経済発展の礎となる。全国から人が集まり、知名度も上がる。観光や名産を売り込む絶好のPRチャンスでもある。多くの人が集まるので、ホテルや外食産業もその恩恵を受ける。

サービス残業(ざんぎょう) unpaid overtime

所定労働時間を超えた分に対して、会社として支払うべき賃金を払わないこと。残業手当の不払いのことである。

所定労働時間を超えて働いたり、深夜あるいは休日を返上した労働があった場合には、法律で決められた通りの割増賃金を支払わなければならない。これは社員であっても、パートタイマーであっても共通のことである。

サービス残業に関して、飲食店や銀行などで法を犯すケースが続発した。労働基準監督署では、悪質なケースはマスコミに発表し、その撲滅に努めている。

店長に店の利益獲得を優先させると、サービス残業が発生する傾向が強い。休日や残業手当の返上が常態化していくと、働く意欲を減退させ、会社の存在すら危うくする。

サービスステーション service station

客席に近いところに設けられたサービスに必要な設備で、接客係の仕事の基地となる場所である。

サービスステーションには、水やフォーク、ナイフ、テーブルマット、メニューなどテーブルサービスを行なう店で使用される道具が置かれている。その場所を上手に使用すれば、接客係はサービスの効率を上げることができる。

接客係はテーブルで注文を受け、キッチンに通して、できあがった料理をキッチンから客席に運ぶのが主な仕事である。

サービスステーションは、各々の作業がスムーズにできるように接客係が歩く距離を短縮したり、すぐにサービスに回れるように設けられている。お冷の欲しいお客さま、メニューの欲しいお客さまなどに素早く対応するためにあるのが、サービスステーションである。

サービスステーションから客席がよく見えることで、客席へのサービスが早くなる。

サービスレベル　　service standard

お客さまに対するサービス基準のこと。

サービスをはじめ料理の品質や店舗のクレンリネスについて、店のイメージを決める基準をスタンダードという。長期にわたって繁盛を続けるためには、常に期待通りのサービスと料理の品質を維持することが必要である。お客さまの期待に応え続けることが、経営者と店長が優先して取り組む仕事である。

店のサービスのイメージを維持するために、接客用語やサービス技術、クレンリネスを維持する技術を正確に身につけることが必要である。サービスの原点である「いらっしゃいませ」「お待たせいたしました」「ありがとうございます。また、お越しくださいませ」の基本用語が、感じよく言えるようにならなければならない。笑顔や言葉の抑揚、服装、化粧、歩く姿勢やスピードなどがサービスの質を決める。

チェーン企業は、スタンダードを維持できる店長を育成することが、成功のポイントとなる。

サイクルメニュー　　cycle menu

主に給食の分野で使用されるメニューの献立で、1～2週間単位で提供するメニューを事前に決めておき、繰り返し同じパターンで提供していく方法。事前の準備がしやすいので、食材の調達とオペレーションは容易であり、次のメリットがある。

①事前にメニューが決められているので、仕入れ、スタンバイ(仕込み)が合理的である。

②献立担当者が毎食、頭を悩ませることなくバランスのとれたメニューをつくることができる。

③営業施設数が多い場合、セントラルキッチンのシステムが有効活用できる。

欠点は、メニューに変化がなくなり利用者に飽きられることだ。

サイクルメニューをつくりあげるためには、利用者の嗜好調査が欠かせない。食材の仕入れ、調理の工夫が大切である。

在庫
stock

店舗や配送センターで保有している食材や消耗品のこと。材料の正しい算出には、正確な在庫の把握が前提となる。

前期末在庫高＋今期仕入高−今期末在庫高＝材料費

在庫を適正にすることを在庫管理（inventory control）というが、それには2つの目的がある。

一つは無駄を減らすことである。在庫が多すぎると、食材の品質低下をきたすことはもちろん、無駄な資金を寝かせることにもなる。

もう一つは、品質管理である。飲食業で使用する材料は、すべて新鮮さを売り物にしている。在庫の時間経過は品質の低下をきたすことになる。特に生鮮食品の品質低下は大きな損失にもなる。

在庫管理は棚卸作業とともに発注、検品、発送、搬入、保管等の作業を一貫させる必要がある。

在庫コントロール
inventory control

在庫を適量に保って損失を出さないようにすること。在庫コントロールには2つの目的がある。一つは過剰在庫と品切れ防止である。もう一つが品質の維持である。

店長の計数管理は、材料費と人件費のコントロールが主となる。経費の適正な使用による利益確保の実現もさることながら、サービスを改善したり、品質をよくするためのコントロールがより大切になる。

在庫コントロールは、売上高に応じた店舗在庫の標準値を設定することからはじまる。通常1.5〜2日分を最大（発注時点の総在庫量）とする。これを標準在庫という。

標準在庫量−発注時点在庫量＝発注量

棚卸しを正確に行なう習慣と棚卸し技術、食材の配置を決めておくことがポイント。一定の在庫量を維持すると、品質も原価率も安定するので、商品のレベルが上がり利益も増える。

最低賃金   legal minimum wage

国民の生活水準を維持するために法律で定めた賃金で、賃金支払いの下限となっている。1959年に制定された。最低賃金は基本的人権を保障するものであって、決して賃金相場を示すものではない。

最低賃金は、次の4つの方式で決められてきた。
① 業者間協定によるもの
② 業者間協定を一定の地域内の同業者に適用するもの
③ 労働協約によるもの
④ 行政官庁が職権で決めるもの

一般には①の方法が用いられるが、その場合には、労使と有識者の三者の意見を聞き、行政官庁が行なっている。アメリカの場合、最低賃金は州ごとに決められている。

時間給で示されるが、実際の時給は、優秀な人材確保のために最低賃金を大きく上回っている。

採用   recruit

会社の求める人材を確保する仕事。

人材サービス企業のリクルートが就職戦線に大きな影響力を持つようになって、リクルートという英語は完全に日本語化した。採用活動は、規模の拡大を進めていく企業では重要な仕事で、戦略的な取り組みが必要である。

採用には、会社案内資料を整備するとともに、採用担当者に優秀な人材を充てなければならない。優れた人材を数多く確保するために、企業の将来性をわかりやすく示し、やりがいのある会社であることを強調する。採用活動にあたっては、必要とする人材の質と数をはっきりさせる。次に、科学的な手法（たとえば適性検査）に基づいた人選をし、面接で最終決定する。

採用時に強調しなければならないのは、会社の将来像とともに、どのようなキャリアプログラムが用意されているかを応募者に正確に伝えることである。

材料ロス（ざいりょう）

food loss

食材の管理ミスや調理ミスで生まれる原価の損失のこと。材料費を正確に把握する前提条件は、各メニューの食材の使用量を決めておくことである。それがレシピである。

正確な原価を出すには、正確な棚卸しが必要。注文通りの食材が納品されたかどうか、検品作業が大切である。

当月のメニューの出数から算出される標準原価率と、仕入高と実地棚卸しに基づいた実際原価率との差異をロスという。

ロスを防止するためには、冷蔵庫内の管理と食材の配置の方法を考慮して、先に仕入れた食材から使うようにすることが必要だ。技術的な面では、訓練を通じて調理技術を磨き、正確な食材分量管理の強化を行なう。

サインボード

sign board

飲食店の店名を示した看板のこと。

単独店であれ、チェーン店であれ、看板は店の存在を示す目印であり、お客さまの来店を決定づける大切なものである。

看板は、売り物の内容を表すと同時に、店の存在を印象づけるために、店の個性が打ち出されていなければならない。

夜の照明は、アイキャッチの重要なポイントである。配色や字体は、その店が何屋なのかを連想させたり、店舗の雰囲気や店の格などがわかるようデザインの工夫が必要となる。

看板の効果が最も大きいのはチェーン店である。高速道路のインターチェンジ近くや国道など幹線道路沿いの店では、大きさ、高さ、設置位置で売上高が決まるほどである。

通行人やドライバーにとって、看板は信頼のマークになっていなければならない。

先入れ先出し　　　first-in first-out
さきいれ　さきだし

　納品された食材を、先に収められたものから使用すること。材料の品質管理とロスをなくすことが目的である。

　生鮮食品や乳製品を多く使用する店では、鮮度の維持に気を配ると同時に、常に納品された順に使用する習慣と、食材管理の仕組みを持つ必要がある。

　先入れ先出しの思想を徹底するためには、教育・訓練とともに、後方部分の設備の開発と並べ方の決定、保管スペースの確保が大切である。

　冷凍庫、冷蔵庫、ストレージ（storage／常温倉庫）における食材の保管方法をまず決定する必要がある。先に搬入されたものから、ちゃんと先に出せるように棚をつくり並べ方を決める。

　生鮮品に限らず、冷凍品も時間経過とともに品質が変化するので、先入れ先出しを守らなければならない。

作業割当て　　　work assignment
さぎょうわりあて

　一人ひとりの仕事の内容を時間帯ごとに明確に決めワークスケジュール表で指示すること。

　店長は、売上げを確保するために、よりよいサービスと早い料理提供を実現すべく、部下に作業の範囲を指示する。

　ワークスケジュールは、サービスや調理のレベルを維持して顧客満足を実現し、労働生産性を確保するために行なう。

　曜日や時間帯で店の来客数は大きく変化する。そこで店長は、曜日ごと、時間帯ごとの客数を予測したうえで出勤人員を決めていく。

　客数予測ができて初めて各部署に必要な人数が決まる。客数予測に合わせて人員を、必要なレベルと数だけ揃えるのが店長の仕事である。会社が定めた、客数に対応したキッチンと客席の必要人員を標準人員配置という。

　よく訓練された人が、来客数に応じて必要な数だけ各部署に配置されていて初めて、完全な作業割当てが可能になる。

サバーバンエリア

suburban area

　古くからある都心の繁華街（ダウンタウン）に対して、新しくできた郊外の住宅地区のこと。

　アメリカでは、中産階級はこぞって居住性のよさを求めて、治安の悪い都心から郊外へ移住している。

　人口移動がはじまれば当然、新しい消費者を求めて商業も移動する。サバーバンエリアの発展の特徴は、車が生活における移動手段の中心になることである。

　レストランも小売業も、新興住宅を狙って次々と進出することになる。生活者にワンストップショッピングの便宜性を提供するため、計画的につくられたのがショッピングセンターであり、その地域の消費活動の中心になる。

　サバーバンエリアでは、狙いどころはファミリー客である。高級レストランの成立は難しい。安価で気軽に食事のできるファストフードやファミリーレストランが成功する確率が高い。

サプライ

supply

　客席で使用される什器や備品、キッチンの食材などを補充すること。

　調理や接客の仕事がスムーズにできるためには、食材や皿、フォーク、ナイフ、グラス、コーヒーカップなどが、あらかじめ準備されていなければならない。

　サービスの悪い店には普通、2つの原因がある。

　一つは、訓練不足から起こる接客係のサービスレベルの低さである。もう一つは、準備不足が招いたサービスの遅れだ。例えばテーブルセッティングをしようとしても、近くにフォークやナイフがないようではいけない。慌てて洗場に取りに行くような対応では、よいサービスは提供できない。

　キッチンの作業が、ピークタイムになっても遅れをとらないためには、事前に十分な数の食器や食材が冷蔵庫や倉庫からキッチンに運ばれていなければならない。

3S運動
さんえすうんどう

3S movement

　経営の効率を高めるために、単純化 (Simplification)、標準化 (Standardization)、専門化 (Specialization) を推し進めていこうという運動。3つの英語の頭文字をとって3Sという。この運動は、工場における生産性の向上と品質管理を目的として生まれたもの。

　メニュー数が限定され、その作業方法の標準化・単純化が進められると、品質は上がりはじめる。

　また、作業が単純化、専門化されれば、同じ調理作業が増え、作業レベルが向上することになる。その結果、品質の向上とともに労働生産性も上がって、効率もよくなる。

　飲食業では、専門化と標準化にまず着手する。重要なことはメニュー品目数を得意なものに絞り込み、調理方法を統一することである。また標準化によってキッチンで要求される人の能力や技術水準が明確になるので、訓練の重点もはっきりしてくる。

残業
ざんぎょう

overtime

　規定の労働時間を超えた勤務時間のこと。飲食業では日によって、予測以上の客数が長時間続く場合がある。その時にはやむを得ず残業が発生する。残業はないことが望ましい。客数予測の精度を上げ、それに応じた従業員を配置する店長の技術が必要だ。

　もし一般社員やパートタイマーに残業をさせた場合は、決められた超過勤務手当をきちんと支払う。

　注意しなければならないのは、上司の監督なしに残業が行なわれるケースである。

　残業の続出は、人件費高になり、利益の減少になるとともに、従業員のモラールの低下にもつながる。

　店長の正確な客数予測とワークスケジュールの管理がキーポイントになる。

残業手当 (ざんぎょうてあて)　　overtime allowance

労働基準法で定められた通常の労働時間、労働協約や就業規則で定められた労働時間以上の労働に対して払われる割増賃金のこと。

1日の就業時間（実働ではない）が8時間と定められている場合には、それを超えた労働を要求した時は、会社は通常の賃金に2割5分の割増をして支払うことになる。深夜残業や休日出勤の場合には5割増しとなる。

この割増賃金の支払いは、正確に実施しないと法律違反となる（労働基準法37条）。

いかに残業を減らすかが、マネジャーの大切な役割となる。残業手当をゼロにすることは利益確保のために重要だが、より大切なことは安心して働ける環境づくりである。

一人ひとりの就業時間をできるだけワークスケジュール通り実行することである。店のピークタイムには適正な人揃えを行ない、客数の少ない時間帯はムダな人を配置しない、という稼働計画表をつくる。

サンプルケース　　sample case

メニューの内容がわかりやすいように模擬品を展示したケース。

専門店や単品の店では不要だが、メニューの品数が多く、初来店のお客さまが多い店では、料理を選んでもらうためにサンプルケースは不可欠となる。ケースの形と、店頭のどの場所に置くかがポイントだ。サンプルで目を引くと同時に、商品に関心を持たせることに重点をおく。

したがって、模擬品のカラー、形、位置、陳列方法が重要になる。サンプルの位置や陳列方法によって、メニューの出数が変わってくるためだ。

一般的には、お客さまの目線に近いところや中央に陳列された商品がよく売れる。

CI計画
しーあいけいかく
corporate identity plan

社会における企業イメージを計画的に高めること。

まず商品に対する信用力が売上高を決める。その商品をどこの会社がつくっているのか一目でわかるように、企業イメージをはっきりと表す商品のデザイン、カラー、形にすることが、CIの狙いである。

店、工場、オフィスのどこでも、その企業のイメージが商品につながるように統一性を持たせる。店の歴史を誇る場合には、店舗の外観、メニュー、什器・備品、ユニフォーム、サービスする人たちの立ち居振る舞い、言動に至るまで、「暖簾を誇っている」というイメージが表現されていなければならない。

規模が大きくなったり、業種の拡大が進むと、企業の個性が薄れる恐れがあるので、CIで統一されたイメージを打ち出すことが必要となる。

仕入れ
しいれ
buying

使用食材、商品の仕入品目の数量、単価、搬入場所などを取引先と決めること。「利は元にあり」という言葉があるように、利益は仕入れの方法によって左右される。

仕入れは商品レベルの品質を決め、売価を決めて計画的に進めていく。仕入れを決める段階では、材料の品質、量、価格はすでに検討済みでなければならない。

メニュープランは仕入れと切り離して考えられない。仕入先を選定する場合は、複数から見積もりを取り、仕入先を常に競争関係にしておくことが大切だ。

仕入れで肝心なことは、一定の品質の材料が常に入手できること（量と質の確保）。メニュー価格を安定させるためには、仕入価格の安定が不可欠だ。

仕入れを有利に進めるためには、使用材料の専門知識が求められる。仕入担当者は、問屋や市場はもちろんのこと、食品メーカーや産地を必ず訪れて自分の目で確かめる必要がある。

シェフレスキッチン　　　chefless kitchen

　料理長（調理長、シェフ）のいないキッチンのこと。

　料理長のいない状態で、キッチンのオペレーションを確立するのがシェフレスキッチンである。

　シェフレスの仕組みは、食品メーカーの技術活用とセントラルキッチン、パートタイマーの教育・訓練によって可能になる。

　食品メーカーがハイレベルな加工技術を駆使して開発した商品が、プリペアードフーズ（prepared foods）、プレクックドフーズ（precooked foods）などといわれるものである。こうした調理済み食品が開発されたことによって、腕利きの料理長は不要になり、調理済み食品を多用するシェフレスキッチンが登場してきた。もっとも、商品の個性が成功の鍵となるので、メーカーの商品に依存しすぎるのは危険である。自社の工場の力が必要となる。

資格認定制度　　　qualification system

　個人の知識や技術を評価し、一定の知識と技術を習得できたと認められた時に各人に相応しい仕事を与えて待遇する仕組み。その狙いは、オペレーションを安定させ、顧客満足が得られるように個人の技術や能力開発を進めていくことにある。

　キッチンでは、調理の技術力を評価し、有資格者として認めた人だけを、それぞれのポジション（部署）に配属する。資格のない人は担当させない。そうすることによって、商品のスタンダードが守られる。

　客席も同様である。訓練を受け、正確な接客作業のできる人だけを客席に立たせて、サービスのレベルを維持していく。

　パートタイマーに依存する度合いが高くなると、店のレベルを保つためには、人材を育成する仕組みとその技術を積極的に学ぶ制度が大切になる。

　パートタイマーのトレーナー有資格者が誕生することが、店を強くするポイントである。

時価発行
じかはっこう

issue at market price

　新しく株式を発行する際、相場の株価で株の発行を行なうこと。

　額面通り（1株の額面は50円や500円）に株式を発行することを、額面発行という。一方、時価発行は上場企業の場合、株式市場での現状価格を基準にして決める。通常、時価発行の価格は、現状価格よりも下回ることが常識とされている。

　時価発行するためには、企業の収益性（1株当たり）、成長性（増資の期待度も含む）が保証されていなければならない。株価の高い会社は、発行株式数が少なくても大きな資金が調達できる。上場の主たる目的は、資金の有利な調達にあるから、株価を上げて時価発行を行ない、将来の事業に回す資金を確保することが重要である。有利な資金調達法だが、経営者には時価で買ってくれた株主に対する責任が伴う。

時間帯責任者
じかんたいせきにんしゃ

shift manager

　店長不在時に店長に代わってオペレーションを指揮する人のこと。

　時間帯責任者の主たる責任は、オペレーションを完璧に行なって、お客さまに満足してもらうことである。サービスや料理の質を落とさないように指揮するには、来客数に合わせて、部下の作業を手伝ったり作業割当てを変更できる能力が求められる。店の状況を見て、いまどの作業を手伝えばお客さまに喜ばれるのか、その判断ができなければならない。

　一般的に時間帯責任者は副店長が務める場合が多いが、パートタイマーの中からオペレーションの指揮ができる人材を育てることが、店の人気維持のために必要である。

　時間帯責任者の能力が高まれば、店の売上高は保てる。そのためには人材の育成方法を確立するとともに評価方法を決めて、その能力が時間給に反映されるようになっていなければならない。

じこけいはつ
自己啓発　　　　　　　　　　　　　　　　　　self development

　自分の目標を持って、自ら学び能力アップを図ること。

　会社が行なう教育や訓練は通常、レストランビジネスに従事するうえで最低限身につけていなければならないことにとどまる。それは、次のステップへと飛躍するためのものではない。

　自己啓発は、あくまでワンランク上の自分を目指して取り組むべきものである。そのためには、会社の現状と将来目指す方向をよく理解しておく必要がある。

　将来の会社の方向性と必要とされる人材のレベルを思い描き、自分の挑戦目標を決めて、そこに到達するためにはどんな知識や経験が必要かをはっきりさせる。

　自己啓発の基本は、トップや幹部とコミュニケーションを図り、会社の方向性と必要とされる人材の要素を把握して、自分の興味ある職務であることを確認することである。自己啓発には時間と忍耐力が必要となる。

じこしほん
自己資本　　　　　　　　　　　　　　　　　　owned capital

　会社の資産の中で会社が所有する資本のこと。自己資本の中心は、一般的には資本金だが、各種の積立金や会社が蓄積してきた繰越利益金など内部留保されたものもある。

　自己資本は、社外に流出する資産ではないので、会社の安全性を示す指標となる。その物差しが自己資本比率である。

　自己資本比率とは、会社の総資産に占める自己資本の割合のこと。借入れに頼った経営を進めていく限り、自己資本比率は高くはならない。急速な業容拡大を図ると、自己資本比率は低下するが、それを乗り切るには、しっかりした財務戦略と利益体質の構築が求められる。

　自己資本の反対が他人資本である。借入金、買掛金、未払金、預り金などを指すが、いずれ将来的には会社から離れていくお金である。

自己申告制度 （じこしんこくせいど）　　　self appeal system

　個人の意思を尊重して、自己評価や働きたい職種、地域、部署などを申告させる人事の方法。

　この制度は、仕事はあくまでも自主性に任せるもので、当人のやる気こそ成果を生む最大の原動力になるという考え方に基づくものである。仕事の成果があがるのは、個人の主義主張や好みと、企業が個人に与えたものが完全に一致した時である。特に飲食業の場合には、職種に関する各人の希望はかなり明確なので、自己申告制を採用したほうが意欲は高まる。

　自己申告制は、個人的なキャリア（経験）のことだけではなく、売上予算や純利益高の目標を設定する場合にも適用される。社員の掲げた目標を尊重し、仕事を任せることによって、経営努力のポイントがわかる。また、自分の知識や経験不足を再認識し、それを補ってくれる上司の存在の必要性を知ることにもなる。

　自己申告制は、目標設定による管理の一手法といえる。

仕込み （しこみ）　　　stand by

　来客数の予測に基づいて、メニューの出数予測を導き出し、早く調理できるように必要な量の材料を下準備しておくこと。

　目的は、お客さまの食事の注文に対して、できるだけ早く食事を提供することにある。それによってお客さまの満足度は高まり、客席の回転も早くなるので、売上高は必然的に上がっていく。メニューの多い店や手間のかかる商品の場合には、売上げを上げるポイントになる。

　仕込みは、あらかじめスタンバイ表を作成し、各食材の仕込量を決定することからはじめる。来客数予測をもとに主要食材の標準使用量が決定され、作業時間などが明確になる。スタンバイ用の調理マニュアルも必要である。

　お客さまの来店とは関係なく作業ができるので、標準化できれば、無駄のない調理作業が行なえる。

資産再評価 revaluation of asset

　企業が所有する土地などの資産の帳簿価格が、現実と著しく異なる時に評価し直し、帳簿上の価格と時価のズレを正すことを資産再評価という。

　日本では、インフレーションの激しかった昭和20年代に3回にわたって資産の再評価が行なわれたこともある。

　どんなに収支のバランスがよくても、所有する資産から得られる利益が低い場合は再度、効率のよい投資を考えていく必要がある。たとえば、売却した土地代金を元手にして、半値の土地を2倍の広さで買って大型店舗をつくったり、2店舗に増やすといったことだ。それによって利益額がアップするのであれば、投資のやり直しを実行することになる。

　店舗に利益目標を与える場合、土地の時価を考えて時価総額に対する適正な利益高を算出し、それを目標とすることもできる。土地投資が盛んに行なわれた時代の経営のテーマでもある。

市場占拠率 market share

　ある特定の地域や商品ジャンルで、自社の商品や店の売上高が市場に占める占有率のこと。マーケットシェアは、チェーン企業や商品の強さを検討する物差しとなる。

　シェアが問題になるのは、まず業態間である。ファストフードとファミリーレストランは同じコンセプトのチェーン同士で競い合うこともある。

　同じ業態で競い合う場合は、主力商品のブラッシュアップをはじめ店舗デザインや提供方法を時流に応じて変化させていく必要がある。

　多くのチェーン店が市場占有率を高めるためにドミナント形式で出店するのは、チェーンのマネジメントを強化しながら、その地域の信頼性を高めるためだ。また同時に、ライバル店の進出を防ぐための先手必勝作戦という意味合いもある。

市場調査 (しじょうちょうさ)　　　market research

経営活動に必要な資料を収集して、それを分析し、経営戦略や事業プランの参考にするための調査。

メーカーは、一つの新商品を売り出すにあたって、市場の状況を踏まえて最も効果的な宣伝、販売方法をとるためにマーケットリサーチを重視している。

売上高を正確に予測して、失敗のない出店を推進していくためには、市場調査は欠かせない。

市場調査で多く行なわれるのがメニュー方針を決める際のものである。どこで、何を、誰に、いくらで、売っていくかという、メニュー決定にかかわる調査だ。

出店場所を決める際には、わが社はどんな市場を狙うのかを明確にしてから、具体的な立地の調査をはじめる。

所得や人口構成、競合状況など商圏内の実情を把握して、出店先を決める。市場調査は、メニュー開発と立地開発には不可欠な作業なので、外部の専門家を併用することも有効である。

シズリングセールス　　　sizzling sales

熱々の鉄板を使い、商品が焼ける"ジュージュー"という音をたてながら提供すること。

シズリングセールスという言葉は、アメリカのレストランで「ステーキを売る時は、ジュージューという音を売れ」と、キッチン、ホール担当者に演出の大切さを説いたところから生まれた。

単に商品の質を売るだけではなく、お客さまに音や色、香りを訴求する大切さを意味している。

ステーキは、香りとジュージューという音をたてながら客席に運ぶことで五感を刺激して、より魅力が増す。ステーキ店の経営には欠かせない販売促進方法である。

鉄板が適温になっていないと、商品の品質にバラツキが出るので、肉の焼きあがりと鉄板を熱する作業のタイミングを合わせることが大切だ。

視聴覚教育 （しちょうかくきょういく） audio-visual education

ビデオなどの画像や音響機器を使って、知識や技術の習得効果を高める教育方法のこと。

視聴覚教育のことをAV教育と呼ぶ。絵や映像、写真、テレビ、テープレコーダーなどをフルに活用し、より理解しやすく、より効果のあがる教育である。

チェーン企業では、新入社員はもちろん、店長や幹部教育にも活用されている。

パートタイマーに対するトレーニングは、具体的な調理作業やサービス方法をAVで学ばせる。

また、教育の効果を高めるために、VTRを使用してトレーニングの実際の作業状況を撮影し、そのできばえを見ながら欠陥を修正していく。

調理と接客のトレーニングには、1人で学習する時の有効なツールとしてAVが使われる。

支店経営 （してんけいえい） branch management

同一資本の会社が、商品や価格がまったく異なる店を複数店経営する経営形態のこと。

1店ごとに店名や店のイメージ、メニュー内容が異なり、それぞれの店の責任者に個性を持たせた運営をする。

資本が同一である以外、すべての店はまったく違った考え方で経営されているので、特に店長と料理長の力量が問われる。店長や料理長個人の力に依存する度合いが強い。

支店経営は、事業規模をあまり大きくできない。経営者が店の運営を店長に任せ、経営者としての介入をできるだけ少なくしなければならないからである。

支店経営では、メニュー内容が店ごとに違うので、店長と料理長にはメニュー開発力も必要となる。

自動販売機 vending machine

　省力化を考えて生まれた無人販売機のこと。この販売機の普及によって、多くの商品がより安く、お客さまが欲しい時に、どこでも入手できるようになり、市場が大きく広がった。

　売られる商品は大衆価格であり、知名度の高いことが成功の条件となる。いつでも手にしたくなる商品であり、商品の解説がなくても、消費者が安心して購買することができる認知度が高いナショナルブランドの商品がふさわしい。

　清涼飲料が常に自動販売機で売れる商品のトップにランクされるのは、その条件に合致しているからである。

　フードサービス業にとっても、自動販売機は魅力的だが、食べ物には衛生管理が重要なだけに注意が必要である。調理済みの冷凍食品と電子レンジを組み合わせた販売方法も可能だが、自動販売機はあくまでスペースを活用したサイドビジネスである。

品切れ out of stock

　材料不足によってメニューが出せない状態をいう。

　「品切れ」と「売り切れ」は分けて考える必要がある。品切れは、お客さまの注文があるにもかかわらず提供できない状態である。お客さまの注文数と、店が仕入れて準備した数量が完全に一致した時が売り切れである。

　店がオープンしている限り、メニューの注文にはすべて対応できなければならない。食材と仕込みの不足から起こる機会損失は、店長の発注技術やスタンバイ技術の不足が招いたものである。店長の技術としては、来客数予測と、主要品目の出数予測ができる方法論が身についている必要がある。無駄な経費を抑え、数字に表れない売上げの機会損失を発生させないのが、優秀な店長である。

　各食材の適正在庫量を守り、棚卸しを行なってから発注する習慣をつけることが、品切れ防止につながる。

シフト表   shift of worker

従業員の毎日の出勤時刻と退社時刻を書き込んだ稼働計画表のこと。

シフト表は、予測売上高、時間別来客数を基にして、店長が部下の勤務時間帯を決定したものである。

シフト表を組む時には、店長はまず必要な人員数がわかっていなければならない。次にパートタイマーの出勤可能な曜日と時刻がわかっていることが必要だ。そうでないと、店が必要とする時間帯に人を揃えることができなくなる。

したがってシフト表作成にあたっては、売上高に対して何人必要とするかという標準人員配置が決まっていることが大切である。必要人員がわかっているから、店長は部下の希望を聞きながらも、自分の意志を貫けるのである。

シフト表は、ワークスケジュールと同じ使い方をしているが、時間帯ごとに個人の作業の割当てを示したワークスケジュール表とは使い分けることもある。

資本回転率   turnover of capital

経営のために使用している会社の資産がいかに効率よく活用されているかを示したもの。

資本回転率＝売上高÷投下資本

1億円を投資して1年間に売上高が2億円あれば、資本回転率は「2」となる。

経営において重要なことは資本の収益性の向上だが、資本の収益性とは次の算式で示される。

資本回転率×売上高利益率＝総資本利益率

売上高は、投資額の2倍になるように目標設定する。その際に、資本回転率が低いと、売上高利益率は高くせざるを得ない。これは経費を低く設定することにつながり、店の価値の低下を招く。成長するグループは、資本回転率を高くして、売上高利益率を低くしている。

資本構成 （しほんこうせい） capital structure

会社の総資本のうちで、他人資本と自己資本の構成比を示したもの。自己資本比率の高低は、会社の財務の安全性を測る物差しとなる経営の大切な指標である。

日本の会社は、高度成長期には借金して規模の拡大に努めてきた。しかし成長率が下がると、企業を存続させて変化に対応できるように自己資本比率を高くすることが重要視され、50％を超えるところが多くなっている。自己資本比率を高めると同時に、固定資産には自己資金と長期借入金を充ててバランスのとれた財務内容にすることも大切である。

自己資本比率が高ければ高いほどよいということではない。店の成長や競合対策、あるいは立地確保など将来に向けた布石を必要とする場合には、思いきった投資も必要となる。

安全性を尊びながらも、生き生きとした会社にするため借入金も大切な財産である。

資本収益率 （しほんしゅうえきりつ） return on investment

経営に使った総資本の何％を回収したかを示す数値のこと。総資本とは、貸借対照表に示される総資本の合計額である。

資本収益率＝税引前利益高÷総資本
　　　　　＝（税引前利益高÷売上高）×（売上高÷総資本）
　　　　　＝税引前売上高利益率×資本回転率

資本収益率が15％を超えると立派な成績の会社とされる。一方、10％を割るようでは低すぎる。

投資を抑えれば、材料費や人件費にその分だけ経費をかけられるので、消費者の利用価値が高くなり競争力がつく。

投資が嵩む場合には、資本回転率は低くなるので、高い売上高利益率が必要となる。

ホテルや高級レストランは、その典型である。地価変動が著しい時には、土地の時価換算を行なって、使用資本に見合うだけの利益が出ているのかどうか検討する必要がある。

資本装備率　　　ratio of capital per employee

　従業者1人当たりの固定資産額のこと。資本装備率が問題になるのは、労働生産性向上の条件が整っているかどうかを考える時である。労働生産性を上げるためには、資本装備率を高くする必要がある。

　1人当たりの固定資産額が大きな産業を資本集約型産業といい、資本装備率が低い産業を労働条約型産業という。

　外食企業のチェーン化とは、労働条約型から資本集約型へ移行していくことを意味している。

　品質の向上と安全のために設備投資を行ない労働生産性（従業者1人当たりの荒利益高）を高めていくことが、競争に打ち勝つための体質強化につながる。

　フードサービス業は労働集約型産業の典型とされてきたが、そこから脱皮するためのバロメーターとなる指標の一つである。

社会貢献度　　　social contribution

　ビジネスを通じて社会に役立っていくこと。

　外食のビジネスは安全な食事と家庭や地域の幸せに役立つことである。会社としては、利益の中から税金を納めることによって国や地域に貢献する。

　食べる喜び、友人との語らいの喜び、家庭の団欒など店を通じて人々の生活を豊かにすることは、何よりも大切なことである。貢献度は、お客さまの数が増え続けることで測られる。客数が増え続けることは、社会への貢献度が高まっていることを示す最大のバロメーターである。店が地域社会に溶け込み、その地域の発展・向上と歩調を合わせることで企業も成長することができる。

　納税義務を果たすことは企業の大切な社会貢献だが、同時に従業員に高い給与を支給して生活の向上を図ることも大切である。

しゃくちけん
借地権
right of leased land

　土地を長期にわたって借りられる権利のこと。

　権利金を支払い、毎月の地代を払えば、借り主は土地を自由に利用することができる。借地権は強い権利で、土地の強制売却を国や地方から求められた場合、地主よりも地権者に支払われる金額のほうが多いのが常である。

　かつて借地権は、借りた側の一方的な要求で契約を自動的に継続できた。平成4年からは新借地法が実施され、30年契約で、地主側から事前に契約破棄の申し出があった場合には、契約期間終了をもって借地権は消滅するようになった。これによって土地を流動化できるだろうと考えられている。

　外食の郊外店では、借地による出店が増えている。これまでは、地主側にとって土地の貸与は利用権の永久放棄を意味するため貸し渋りがあった。新借地法によって契約期間終了後には土地が戻ってくるという安心感があるので、貸す可能性が高まっている。

しゃないほう
社内報
house organ

　社内のコミュニケーションをよくするために定期的に発行される印刷物のこと。

　会社の方針やトップの理念や考えを正確に伝える大切な手段である。社員にとっては、会社を理解し仲間意識を高め、自己表現をすることができる媒体である。

　チェーン企業では事業規模の拡大にともなって必然的に人が分散するので、トップの方針や考えを全社員に直接語りかけることは困難になる。そこで、社内報を通してトップは方針や政策をわかりやすく語りかけ、社員の理解と賛同を得て、協力を求めていくことになる。

　社内報ではまた、日々の仕事を通じてお客さまから称賛された社員を継続して紹介する。よい社風づくりのための重要なツールでもある。

ジャパネスク

japanesque

日本文化を取り入れ、日本風のマネジメントを行なって事業に成功していたり、日本的な生活をすること。日本の文化や思想が海外で定着してきたことを表現する言葉である。

特に日本料理は、日本の経済発展に伴い、日本人が海外に移住したり、来日する外国人が増えることによって世界中に急速に拡大していった。

フランス料理でも、日本の懐石料理のようなコースの組合せや盛りつけ、味つけなどが取り入れられている。

伝統的な日本のすしは、アメリカでは食材や加工に工夫が施されて、どんどん普及している。ドレッシングやソースに日本の醤油を活かして現地で人気を博しているのは、ジャパネスクの典型的な姿である。

食品だけではなく、マネジメントにおいても日本的な労務管理、QC（品質管理）活動などを導入して、品質管理や生産性向上の成果をあげている例も数多く見られるようになった。

週間管理
しゅうかんかんり

weekly management

1週間ごとに店の売上高と変動経費を分析して問題解決に役立てるマネジメントの方法。

その目的は、問題点をできるだけ早く発見し、すぐに売上高を伸ばしたり、経費をコントロールするなどの手を打つことで損失を防ぐことである。

月次損益計算書は、1ヵ月の成績が計画通りに到達できているかを確認するためのもの。しかし、問題が発生した場合、月単位ではチェックが遅くなる。問題を翌月に持ち越すことになって損失が拡大する。週間管理の目的は、問題を発見した翌週にはその対策の手を打つことにある。

週間管理のポイントは、売上高と材料費と人件費（労働時間）のチェックである。在庫管理と人件費管理を正確に行なえる帳票のシステムが必要になる。

週間損益計算書   weekly profit & loss

1週間単位で店の業績を把握するための帳票。

月単位で店の損益を捉えるのが一般的だが、それでは店のマネジメントとオペレーションの問題点の発見が遅くなり、そのための対策も遅れる。店長のマネジメント次第で売上高や利益が変化するので、店の状況を数字で把握し、問題点をいち早く発見して対策を打ち、店を立て直すことが必要である。

アメリカのチェーンでは、店長に売上高や来客数を質問すると、1週間の数字で答えるのが普通である。それは店長の数字の把握や行動がいつも週単位であることを意味している。

店長の仕事は、週単位で売上高や来客数の予測を立て、必要なスタッフと食材を準備することである。

経営者が店を頻繁に訪問できる店数の時は週間の損益計算はあまり必要ではないが、多店化を推進する企業は週単位で店の状態を正しく把握し、現場で問題を解決する力が必要だ。

週休2日制   two holidays system for week

1週間に2日間休み、5日間働く制度で、労働時間を短縮し、ゆとりある生活を目指したもの。

週休2日制では、労働時間が1週48時間から40時間に短縮される。週休2日制は1930年代に提唱されたが、実際に実施されたのは1950年代からである。その背景には、技術革新による生産性の向上があった。

ILO（国際労働機関）が正式に1週40時間労働制の勧告をしたのは1962年である。アメリカ、フランス、西ドイツ、イギリスではほぼ完全に週休2日制が実施された。アメリカなどでは最近、週休3日制を実施するところも現れてきた。

飲食業にとって週休2日制は、外食機会を増やすことになって大変結構だが、一方で自社も週休2日制に踏み切らねばならないので、その体制づくりが重要である。労働生産性の向上とオペレーションの仕組みをどう確立するかが成否を決める。

従業員持株制度 （じゅうぎょういんもちかぶせいど）　employee stock ownership

社員に自社の株式を持たせる制度。その最大の狙いは、愛社精神を持たせて労働意欲を高めることにある。

愛社精神を持って仕事に精励すれば、会社は成長し、株価が上がって社員の財産も増える。

上場会社では、社員株主が安定株主として増えていき、健全な経営を行なうための基盤になるという狙いもある。そして、会社への帰属意識が高まり、社員がより豊かさを目指して働くことになり、モラールも高まる。

規模の小さな会社では、経営者と社員の間に同志意識が芽生えるのはなかなか難しいが、持株制度の実施により、同じ土俵に立って、気持ちを一つにして協調する姿勢が生まれやすい。持株制度は株式の所有と退職、売買のルール、特に株価について決めておくことが大切になる。

就業規則 （しゅうぎょうきそく）　working rule

労働条件や服務規定などについて定めた規則。

社員が会社で働くために、会社と取り交わした約束事であり、経営者も社員も守らなければならない、いわば会社の憲法である。

労働基準法では、必ず就業規則を作成し、労働基準監督署に提出することを義務づけている。就業規則には労働条件などが記載され、それに基づいて会社と社員の雇用契約は成立する。

雇用契約の内容はすべて就業規則に従った形を取るので、もし労働組合と会社との間で労働条件の変更が行なわれた場合、就業規則の改訂が必要になる。

就業規則はあくまで会社の発展と社員の生活を維持するために、取り交わされる約束事である。すべて法律に従ったものでなければならない。

集合教育 （しゅうごうきょういく） off-the-job training

現場を離れ、1ヵ所に社員を集めて行なう教育のこと。

教育・訓練は、現場で行なうのが基本（OJT）だが、理論を教えたり、教室形式での教育を行なう場合には、集合教育（off JT）に頼らざるを得ない。

集合教育の特徴は、理論が主になり、教育担当者や外部の専門家による講義というスタイルで行なわれることにある。それによって社員の考えと知識と技術を統一することができる。

集合教育は、新入社員の教育からはじまる。目的は、知識と価値観の共有化である。

社員のレベルが高くなると、講義方式からディスカッション形式に移り、自分たちで討議しながら、あるべき姿を導き出すようにする。討議は、自分の考えを相手に正しく伝えるとともに、相手の意見に耳を傾ける訓練になる。討議を通じて結論を出し、努力目標を自主的に決めて、実践に移すマネジメントの方法も身につくことになる。

終身雇用制 （しゅうしんこようせい） life long employment

いったん入社すると定年まで勤務する雇用形態。その根幹は年功序列をベースにした賃金体系にある。会社が倒産しない限り、人生の将来設計ができて、安心して働けるという特徴がある。

日本はこれまで終身雇用制を前提としてきたので、労使関係がうまくいき、企業が発展できたといわれてきた。

終身雇用は、生活の安定をもたらすものではあるが、若い力が高く評価されないために、技術革新と国際化に遅れをとる原因となるケースが多い。

終身雇用は、給与制度で刺激を与え、スカウト人事や教育を前提とした配置転換を積極的に行なっていかねばならない。それがうまくいけば、社員の企業に対する信頼度が高いだけに、ロイヤリティの高い社員が育って、より強固な組織ができあがる。

集中仕入れ　　　　　　concentration of buying

仕入先を限定し集中すること。仕入れの集中は2つの意味がある。仕入れと配送の合理化を図ることと、品質の安定と仕入価格の低減を実現することである。

チェーンのメリットの一つは、取引数量を増大させることで仕入単価を引き下げ、価格の競争力をつけることにある。

配送の合理化は取引先を集中することで実現できる。店舗にとっても発注先を少なくすることでメリットが生まれる。

集中仕入れのもう一つの意味は、取引先の絞り込みである。取引先を集中することで、品質と仕入価格が安定し、店長の発注と検品作業が楽になる。仕入数量の少ない店でも、できるだけ取引先の数を絞ることを念頭におき、仕入れの合理化を図る必要がある。

重点商品については、仕入れに関する情報を広く収集し、複数の取引先から比較購買できるようにする習慣が必要である。

熟成　　　　　　aging

牛肉、豚肉、魚肉などの肉質を柔らかくして旨味を出すために一定の期間寝かせることをいう。

エイジングは旨味と食べやすさを出すために行なう。食肉処理した直後の肉の筋は硬く、旨味が足りない。一定期間寝かせる間に、酵素の働きによって肉は軟らかくなり、肉の風味も出てくる。牛肉、豚肉、鶏肉など種類によってエイジングの期間は異なる。一般に牛肉は冷蔵状態で行ない、15〜30日間くらい寝かせることが多い。

オーストラリア産の肉は、枝肉にカットされて、船で日本に運ばれる間に、冷蔵庫の中で熟成されるものが多い。エイジドビーフと呼ばれるものである。

アメリカ産の肉の場合は、現地でエイジングして、冷凍して日本に輸送される場合が多い。部位によっては、日本で解凍後、再びエイジングすることもある。

出張パーティ　　　　　　　　　　　　　home catering

　レストランやホテルなどが、自店以外の場所で行なわれるパーティを請け負うこと。ビルの竣工式や会社関係の記念行事などで現地に出張して、料理からサービスまで食事の運営の一切を担当する。

　先方の設備や施設を借りて、短時間に大きな売上げを上げられるというメリットがある。会社や団体を対象とするパーティは、一度に大量の料理を準備したり、サービスを行なう人材が必要となるので、大手の企業でないと困難である。

　家庭への出張パーティは店と同じ味とサービスが受けられることが特徴である。料理をつくる人もサービスする人も、名の通ったレストランで食事していると感じられるレベルが必要である。

　ホームパーティは、経済的に余裕があり、家も適当な広さが必要であることから、豊かな住宅地が対象エリアである。

　レストランならではの料理とサービスを提供することが、ホームケータリング成功の決め手となる。

出店候補地売上高算出方式　computation of new store location

　出店候補地に対する売上高予測をするための科学的方法。

　チェーンストアにとって成功の要因の一つが、確実な売上高を確保できる出店地の選定である。

　特に店数が多くなり、出店のエリアが拡大されると、出店予定地の売上高をいかに正確に予測するかが重要となる。

　出店に際しては、過去の出店経験に基づき、売上高のよい店と同じような条件を持っているところを選ぶ。その共通条件をいかに探り出し、売上高を予測して、出店を決定するか、科学的な計算方法が必要となる。

　候補地が面する道路の車の通行量や歩行者数、周辺にあるライバル店の売上高をよく調査して、予測売上高を導き出して出店ミスをなくしていく。

主力商品 (しゅりょくしょうひん)　　main item

　その店の看板商品。代表メニューであり、最もよく売れている商品のこと。一般に主力商品は次の2種類がある。

　一つは競争に強い商品。競合状況の中で、お客さまが店の選択を決める際の目玉になる商品である。もう一つは荒利益率の高い商品である。そういう主力商品は、闘うメニューであり、稼ぐメニューでもある。

　ただ単によく売れている品目から選んで主力商品に育てるだけでは、積極性に欠ける。

　競合状況が厳しくなると、人気商品を育てた店が生き残る。高い品質とより安い価格の実現が求められる。高い商品のスタンダードを設定し、それを可能にする食材ルートの開発、工場での一次加工、店舗の調理機器開発、そして調理担当者の育成を進めていくことが成功のポイントだ。

商圏 (しょうけん)　　trading area

　来店が期待される人が多く住んでいる地域、範囲。

　商圏内の人口が少なくても店が成立すれば、その店は成長性があることになる。

　商圏は、一般に距離、時間、人口で表現されるが、正確には店からの時間を設定し、地図で範囲を示して人口で表現するとわかりやすい。

　商圏を設定して初めて立地が決定する。営業をはじめてから決まる結果論ではない。

　店舗の規模も商圏の大小によって決まるが、一般には提供する料理の内容や価格、そして客層で商圏は決まる。

　競争に強い低価格の店は、来店頻度が高いので商圏が狭い。逆に高単価の店は、大商圏主義を採らざるを得ない。

　距離だけで商圏を決めるのは危険である。範囲内に川や鉄道が通っていれば商圏が分断され、店に行くまでの時間を多く必要とするからである。

小集団活動 <small group activity>
<ruby>小集団活動<rt>しょうしゅうだんかつどう</rt></ruby>

　社員全員がいくつものグループを編成し、経営改善を推進していく方法。組織が大きくなると、社員の意見を採用することは少なくなる。そこで職種ごと、あるいはテーマごとにグループを構成して、経営を改善していくため意欲的にアイデアを出し合う。

　現場の意見に耳を傾け、改革を進めていくわけだが、真の狙いは社員に問題意識を持たせ、その解決のために学習の機会を与えて、知識を深めさせることにある。

　当面の目的は経営の改善であるが、狙いは社員の動機づけを行なうことである。

　結果として社員が自己啓発に努め、会社の風通しがよくなり、社員間のコミュニケーションがよくなれば大成功である。

　飲食店の場合、調理や接客の小さな改善がテーマとなるが、ここで得られた知見が人材育成の大切な方法論になってゆく。

小商圏　small trading area
<ruby>小商圏<rt>しょうしょうけん</rt></ruby>

　狭い範囲、少ない人口で店が成立する立地。

　小商圏主義は、小型店でチェーン化を進める際にとられるが、そこには2つの意味がある。一つは文字通り狭い地域で店が成立すること。もう一つは人口が少なくても経営が成立することである。肝心なのは、この2点を常に満足させられる商品と立地戦略を理解していることである。

　立地戦略上は、人口密集地を選び、低投資で小型店で出店することになる。必然的に都心の旧来の住宅地や団地、マンション群を控えた場所になる。アーバンと呼ばれる地域である。

　誰もが知っている商品を、気軽に食べられるよう低価格で提供すれば、客層の幅は広がり、来店回数を多くできる。チェーンストアは、小商圏主義をメニュー構成と価格の両面から追求したものである。

仕様書発注 （しようしょはっちゅう）　specification order

　メーカーに対してわが社独自の味つけの加工方法を要請する取引条件のことで、スペックオーダーともいう。

　飲食業がスペックオーダーする場合、発注先は食品メーカーが主である。食品メーカーの設備と技術を活用し、わが社独自の個性を生む、いわゆる調理のアウトソーシングである。

　アウトソーシングで大切なことは、レシピと使用する食材の品質基準の明確化である。製造方法も一緒になって検討し、食材の量、調味も決めなければならない。

　できあがりをチェックしただけでは、商品のブレが発生した時に、その原因をつきとめることが難しくなる。

　商品担当者は、スペックオーダー後は定期的にその工場を訪問し、食材や加工工程をよくチェックして、品質に欠陥が生じないように注意する。

昇進 （しょうしん）　promotion

　職位が上がり、責任の度合いが増すこと。それに伴い、待遇がよくなること。

　仕事の内容が高度になるにつれ、管理技術や、スペシャリストとしてのより高い知識や経験が求められる。

　責任が重くなるので、その職務に応じて給与も上がる。給与は、仕事の質の変化や責任の重さに対して支給されるものである。年功序列人事では勤続年数が昇進に大きく影響したが、現代は能力と知識、実績によって昇進が決まる。

　昇進の際には、上司の公平な人事考課が必要となる。昇進はどういう成果や能力を具備した時に実施されるのか、その評価基準を示す必要がある。

商勢圏 （しょうせいけん）　operating area

　ある地域に集中出店して売上げを上げ、地域の占拠率を高めた広範囲のエリアのこと。自社なりにつくりあげた一つの経済圏であり、その中にチェーン店をつくることでマネジメントやマーケティングの成果が生まれやすい。

　チェーン展開は、個々の立地を考える前に、どの地域をわが社の商勢圏とするかを決めることが先決だ。5～7店を集中出店していくので、各店長を指導するエリアマネジャー（地域担当マネジャー）を1人置いて、配送や販促、採用などを効率よく行なう。その商勢圏の中で、複数の店の商圏が重なり合うように出店することが望ましい。チェーンは、この商勢圏をいくつも積み上げたもので、最小単位をローカルチェーンと呼ぶ。

　このように店同士の距離を縮め、商圏が重なり合うような出店のしかたを面作戦、あるいはドミナント出店という。

消費者の権利 （しょうひしゃのけんり）　consumer's right

　1962年に、アメリカの大統領ジョン・F・ケネディが唱えたもので、消費者の主権を認めたものである。

　ケネディ大統領は、チェーンストアをアメリカ人の生活の豊かさに貢献する経営形態として高く評価し、チェーンストア協会に出席したり、日本の初期のチェーンストアの経営者に勇気を与えたことでも知られている。

　「消費者の権利」として次の4点を認めた。
①安全性を求める権利
②中身を知る権利
③商品を選ぶ権利
④消費者の意見を聞いてもらう権利

　メーカーや小売業者の提供するものを受け入れるだけだった消費者の発言権を、大統領教書で認めたことは画期的であった。その後、消費者運動は活発になり、不正な商法の撲滅を目指して、消費者は一致団結して闘うようになっていった。

消費者優先主義 consumer oriented

　経済社会の主権者は消費者であるという考え方に基づいて消費者の主張や経営活動のあるべき姿勢を示したもの。

　消費者優先の思想は、マーケティングの根底となる。消費者は何を求めているのか、それを知ることからビジネスははじまる。そして、どのような商品やサービスで表現すれば、お客さまの心を捉えることができるかを考え、その実現に取り組んでいく。

　店が支持されるためには、まず商品の品質とサービスが価格に比してお値打ちかを検討することからスタートし、次に店の雰囲気をどうすれば受け入れられるかを考えていく。

　テーブルの大きさ、メニューの品数、食材の仕込み方法などについても、合理主義一辺倒になってお客さまの立場が無視されていないかを検討する必要がある。

　お客さまの立場で経営方針を決めていけば、店は必ず成功する。

消費税 consumption tax

　商品やサービスの代金支払い時に課せられる税金のこと。

　消費税は平成元年から導入された。当初の税率は3％であったが、5％に上がり、8％となり、近い将来には10％になる予定である。国の財政状態によって、その比率は常に変化することが予想される。

　収入に直接かかる税金を直接税といい、消費税のように商行為に伴って発生する税金を間接税という。国の税収入は、企業や個人所得に多く依存しているが、消費社会の進展に伴い、間接税は収入源として大きくクローズアップされてくる。先進国では、消費税をはじめ間接税の比率が高くなっている。

　外食の場合、高額消費には消費税のほかに特別地方消費税も加算されるので、消費者の負担は大きい。間接税は全員に負担を強いるので、税率が高くなると、収入の低い人ほど税の負担が大きくなる。

消費性向 — propensity of consumption

　可処分所得のうち消費に回る金額の比率。収入から税金などを差し引いた後、自由に使える収入が可処分所得である。可処分所得は、消費のほかに貯蓄や投資に振り向けられる。

　貯蓄性向というのは、可処分所得の中に占める貯蓄の比率のことで、消費性向が高くなると、貯蓄性向は低くなる。

　不況感が強くなると、消費者は心理的に現金を貯蓄に振り向けることになり、消費性向は下がって景気はますます悪くなる。

　不景気になると、政府は金利を下げて、企業の投資意欲を高めて景気上昇を促すとともに、資金を眠らせずに消費や株式市場などに回して景気を上向かせる方法をとる。

　消費の規模の大きい日本では、いかに消費性向が高まるかで経済の活況が決定するので、消費の活発化のための政府の政策と国民の意志が大切である。

商品回転率 — inventory turnover ratio

　在庫商品が何日でなくなるかを示す指標。
　商品回転率＝売上高÷平均在庫売価高

　商品回転率は、適正な在庫量であるかどうかを判断する物差しであり、上の計算式は一定期間に在庫が何回転しているかを示すものである。

　材料の回転をいかに早くしていくかが、資金繰りをよくするために欠かせない。

　一方、在庫が何日間かけて1回転したかを示す物差しが商品回転期間である。

　在庫の回転期間を短くして、支払いを遅らせて資金をつくりだし、急ピッチで出店を続けていく考え方もある。その余裕金のことを回転差資金という。

　飲食店の場合に大切なことは、まず品切れを起こさないこと。商品回転率を高くしすぎると、配送、搬入の経費が嵩んで逆に原価高になることもある。

商品開発 (しょうひんかいはつ) merchandising

　お客さまのニーズに合ったメニューを開発して、売上げを上げ、利益を出すこと。商品開発の基本は、お客さまのニーズに応えることである。

　客層を考えて、どんな商品をいくらで提供すれば売れるのか、そのニーズを発見して食材を探し、現場の調理技術を高めて、主力商品とその価格を決めていかなければならない。

　大切なのは、材料の品質と調理方法を進化させて、お客さまの好みに合わせた味を実現していくことだ。どんな形式でお客さまに提供すれば利用しやすいか、提供方法を工夫することも大切。さらに、必要な質と量の材料を安定した価格で継続して調達すること、その材料の入手ルートの開発が重要である。

　規模の拡大には、材料の入手方法が大きくクローズアップされる。日本は食材を輸入に依存するので、国際的な視野に立って、そのルートを開発する必要がある。

情報管理システム (じょうほうかんり) information management system

　意思決定をするために経営情報を集中管理すること。その道具として使われるのがコンピュータである。

　情報管理は、経営環境の変化に即応し、商品や店の変化を数値化していち早く対策を講じるために重要である。

　店舗データを処理することで、収支の変化やメニューの売れ行きがはっきりと掴める。毎日の売上げや経費の実態から予算や標準数値とのズレを発見し、すぐさま修正に着手できる。

　情報はすべて店で発生する。メニュー情報を重点的に分析すれば、食材の仕入れや工場の生産計画をどうすべきか、さらには収支までわかってくる。毎日の商品の出数を正しく把握して、食材の発注数量を決める資料とするなど、店長のマネジメントを円滑に行なうための情報としても活用できる。

　長期あるいは中期の経営計画や、年間予算の作成上の戦略ポイントを決めるために、こうした情報を生かすことも大切だ。

ショートニング
shortening

　油脂を精製加工してつくった硬化油。原料は牛、豚、鯨などの動物性油脂と、大豆、綿花、ヤシなどの植物性油脂とがある。

　ショートニングはパンや菓子をつくる時に多く使われるが、ファストフードやレストランなどでも使われている。

　マーガリンは15％の水分を含み、バターは16.3％の水分を含んでいるが、ショートニングは水分がまったくないほぼ100％脂質である。パン、菓子など微妙な風味を大切にする商品には、植物性の無色、無臭、無水の油脂が素材の特色を引き出すという理由で使用されている。

　ファストフードでは、フライドポテトには動物性のショートニングを利用し、クセの少ない食材にコクを出すようにしている。ドーナツには植物性のコーン油を使い、素材の小麦粉を生かすようにしている。

初期投資
しょきとうし
initial cost

　店をオープンするまでに使った費用で、土地購入、建築設備、内装家具、空調、什器備品など開店のために投資したすべての金額である。オープン前の採用費、訓練費、食材費などを含む場合もある。

　初期投資額の大小によって、投下資金の回収速度（総資本利益率）が決まる。急ピッチな店舗展開を進める場合には、どうしても初期投資を低く抑える必要がある。

　初期投資額の目安は、年間売上高と同額が最低条件とされる。成長する会社は、初期投資額の1.5倍から2倍の年間売上高を目標としている。大切なことは、初期投資と売上高のバランスをとることである。

　初期投資をできるだけ抑えるために、土地を借りる方式や、リース会社から建物や設備のリースを受ける方法が採られている。しかし、リース方式は、初期投資が抑えられる一方、そのリース費用が高くつく。

食育 (しょくいく) food education

食に関する知識の向上を図ること。

食育のテーマは、健康の維持が主となるが、そのほかに食習慣やマナー、食文化なども含まれる。

特に伝統的な食文化が継承されなくなる中で、学校だけではなく、地域の文化活動として、行政と家庭が一緒になって食生活を豊かにしようという動きが活発化している。

少子化、核家族化によって食事のマナーなども大きく崩れてきていることから、子供を中心とした食事マナー教室、伝統料理教室も開催されている。

食育の目的は、健康で安全な食生活をおくることである。田畑の作業や食品メーカーの視察を通じて食品に対する知識を深め、安心できる食生活の確立を目指す。

レストラン施設を利用して働く体験をしたり食事会を開催するなど、地域とのつながりを持つ活動も大切である。

職階 (しょくかい) job classes

組織の縦の関係を地位で表現したもの。職階の違いは仕事の質と責任の違いであり、当然給与も上位者と下位者では違うことになる。仕事の種類を表したものが職能であり、責任と権限の違いを示したものが職階である。職能は組織では左右の関係を、職階は上下の関係を表したものである。

階層はトップマネジメント、ミドル、ワーカーと組織を大まかに分類したものであるのに対し、職階はさらに細かい段階に分け、賃金格差をつけたものである。

職階を明確にするためには、各々の仕事の難易度を分析すると同時に、職階ごとに要求される知識や経験もはっきりさせておく必要がある。それぞれの職階に求められる知識や経験がはっきりして初めて昇進や昇格の条件が見えてくる。

資格認定制度の実施は、職階に応じた能力の持ち主であるかを判定するものである。

食材料費 （しょくざいりょうひ） food cost

商品をつくるために消費した食材の費用のこと。原価と呼ぶこともある。購入した材料を加工し、人件費やその他の経費と利益分を上乗せしたものが売価となる。一般に売上高から食材料費を引いたものを荒利益高という。

売上高 − （期首在庫量＋期中仕入高 − 期末在庫量）
　＝荒利益高

（　）内がその期間に使用された食材料費（原価）である。材料費を売上高対比で示したのが材料費率（原価率）である。国際的には、適正な経費率かどうかを判断するための指標として人件費＋材料費を用いることが多い。これをＦＬコストというが、売上高対比で60〜65％を適正としている。

人手がかかる商売、熟練者を多く採用しなければならない商売は、必然的に材料費率を抑えられる。荒利益率の低い商売は、人件費をかけないような仕組みが必要である。

食中毒 （しょくちゅうどく） food poisoning

食品が原因で発生する中毒のこと。飲食業で最も大切なことは、衛生的で健康的で安心して食事のできる環境づくりだ。
病原菌としては、次のものが挙げられる。

・好塩菌……別名を腸炎ビブリオ菌という。名称の示す通り、食塩濃度の濃いところほど繁殖しやすい。
・サルモネラ菌……食中毒の元凶で家畜、家禽などの病原菌で、特にネズミに多いとされる。死亡に至ることもある。
・ブドウ球菌……球状の菌がブドウの房のようになっているところからきた名称。ブドウ球菌は、おでき、とびひなどの化膿時が病原となる。働く者の健康管理が重要。
・ボツリヌス菌……別名を腸詰め中毒といって、ソーセージ、ハム、肉類の缶詰内で増殖し、そこで発する毒素は最も強く、強い中毒症状を起こす。

その他、家畜類の大腸菌のＯ157は死に至ることがある。

職能給
しょくのうきゅう
wage on job evaluation

　職務の遂行能力に対して支給される賃金のこと。

　この賃金は職務、責任に対する賃金よりも、むしろ個人の能力に対する格付け賃金として支払われる。職務給は現在従事している仕事に対して支給されるのに対して、職能給はあくまでも本人の能力に対して支払われるもの。

　職能給は現在の仕事だけへの対価ではなく、その人の能力に対して支払われるから、部署が替わっても賃金に変化はない。

　日本の場合は、終身雇用を前提とした賃金体系が主であり、教育を考慮して部署替え、配置換えが頻繁に行なわれるので、職能給が導入しやすい。職務給の場合は、異動のたびに賃金が変わることから、働く側からは異動に対する反発が強い。その点、職能給は当人の仕事遂行能力によるものであるため計画的な配置換えもできる。

職務給
しょくむきゅう
wage on job

　現在の責任の度合、仕事の質に対して支払われる賃金のこと。

　この賃金体系の特徴は、賃金はあくまで仕事本位で決定することにある。一般に賃金は、年齢や勤続年数によって決められるが、職務給はそれとは無関係である。仕事の質、責任に対して支給されるものである。

　職務給を採用するためには、仕事の内容およびその仕事の遂行に必要な知識や経験を定め、各々の職務の相対評価を行なう必要がある。職務給は、仕事にふさわしい賃金が支給されるが、与えられた仕事を100％成し遂げなければならないという責任が伴う。

　終身雇用を前提とした伝統的な日本の年功序列賃金の場合は、職務給の採用は難しいとされたが、今日では職務給の要素を取り入れる企業が増えている。飲食業では、調理、接客など仕事の区別があるため、職務給は比較的導入しやすい。

ショットバー　　shot bar

　気軽に飲めるバーのことで、価格が安く、1杯のウイスキーからでも注文できる、飾り気のない店である。

　ショットバーの形式はバーカウンターが主で、アルコールにごく簡単なおつまみだけで、1人客でも気軽に利用できることが特徴である。

　女性によるサービスは一切なく、あくまでもカウンターで働くバーテンダーとお客さまとの対話が主となる。したがって、バーテンダーには酒に関する豊富な知識と、気軽に対話を楽しませる話術も要求される。酒のファンに利用される粋な店となることが、長続きするポイントである。店の雰囲気のよさと酒の個性と話術が必要である。

　ショットバーと対照的に、装飾などにお金をかけて重厚な雰囲気を出し、豪華さを売り物にするバーもある。また、葉巻が楽しめることを売りにしたシガーバーなどもある。

ショッピングセンター　　shopping center

　計画的につくられた商店の集合体で、主に郊外で展開されている。デベロッパーといわれる開発会社が、国内、海外の魅力のある商店の集合体を計画して、建物を造り、テナントを募り、全体を一つの政策によって動かしていく。

　アメリカで郊外のショッピングセンター(SC)が誕生したのは、1950年代。主に新興住宅地に広い駐車場を持ち、旧市街地に代わる商店街をつくって圧倒的な集客力を持っていた。アメリカでは、小売業の総販売高の半分以上をSCが占めている。

　飲食業にとっては、SCの出現は新たな立地を生んできた。SC周辺への出店と、施設の中への出店という2つの方法がある。

　SCへ出店する場合、キーテナントがスーパーマーケットだと、売価の低い飲食店でなければ成立しない。百貨店がキーテナントで、滞留時間が長く、家族ぐるみの購買が盛んなSCではファミリー客を狙うことができ、高級な店の出店も可能である。

シルバーマーケット　silver market

シルバーマーケットは、一般に定年以上（60歳以上）の高齢者による消費を指す。高齢化社会を象徴するマーケットで、その人口は日本の総人口の25%に迫り、大きな市場となっている。

日本のシルバーマーケットは、人口の高齢化とともに、その消費規模も年々大きくなり、メーカーや流通をはじめ、サービス業にとっても見逃せない市場になってきた。

消費の時間と購買力を十分持っているのが魅力である。アメリカのレストランチェーンには、高齢者向けの特別メニュー、特別価格を設けて、その来店頻度の向上に努める店が多い。

消費力のある豊かなシルバーエイジが増えているが、一方で一人暮らしで孤独な生活をおくる高齢者も少なくない。その点で、コミュニティの場としてのレストランの役割は大きい。今後、シルバーエイジを意識したメニューや店づくりが必要である。

シンク　sink

キッチンの中に設けられた設備で流しのこと。調理場では、シンクは調理作業を円滑に進めるために重要な役目を担っている。

シンクは、野菜などの下処理をする場所として必要である。調理を終えたフライパンを洗うためにも使われる。また、汚れた食器を一時的にためておいたり、食器の洗場としても使用される。

キッチンのレイアウトを考える時、レンジ、フライヤー、オーブンなどとともに、どこにどのくらいのサイズのシンクを配置するかは、重要なテーマである。

メニュー内容やキッチン内の加工作業、あるいは洗浄方法によって設置方法も変わってくるので、キッチンのレイアウトを依頼する際には、レストランの実務者が使いやすいよう、どこにシンクを設置するべきか提案させなければならない。

シングル市場(しじょう)　　　single market

　一人暮らしをしている大人の消費によって生まれるマーケット。一人暮らしには、独身者と、家族と離れて暮らす単身者の2種類があるが、マーケット用語としては、主に独身者を指す。

　シングル市場の大部分は大人の学生であり、未婚の男女である。

　外食産業にとってシングル市場は外食回数、エンゲル係数も高く大きい。家庭で食事をつくる機会が少なく、3食すべてを外食に依存することが多いからである。

　学生の外食費は、全国で年間1兆円を超えると見られている。外食産業にとって学生は大きなマーケットなのである。価格は低いが、飲食店だけではなく、コンビニエンスストアやスーパーマーケット、惣菜店にとっても大切な顧客となる。

　惣菜店でおかずやご飯がよく売れているのは、シングル市場が膨らんでいることの証左ともいえる。

人件費(じんけんひ)　　　labour cost

　経営に参加したすべての人々に支払われる給与および福利厚生費を指す。人件費は原材料費とともに店の純利益を左右する大きな変動経費である。人件費の中に含まれるものは、毎月支払われる給与とボーナス、食費、賄い費などである。

　人件費は、原材料費と同じように売上高対比でコントロールする。単に人件費率だけで経営の安定度を測定するのは危険である。経営の目安になる数字は、人件費と材料費が売上高の65％以内に収まるのが理想とされている。それを超えると赤字になるので危険信号とされる。

　人件費をコントロールするのは、店長の任務である。

　特に人件費の高騰、人手不足によって固定費化されていた人件費を、適正な経費にするためのワークスケジュール技術が重要である。そのためには、店の来客数（売上高）に合わせて、働く人数を決める定員管理の技術が必要である。

人材カード　　　　　　　　　　　　　　　human inventory card
（じんざい）

　社員1人1人の職務歴や能力、特性について詳細に記録したもの。人材活用する組織づくりに欠かせない重要な資料だが、多くは生年月日、学歴、職歴、家族構成などを記したものにすぎない。

　大切なことは、当人の希望と特性、仕事の向き不向き、リーダーシップの記録である。ライン向きか、スタッフ向きかは必ず記入されていなくてはならない。さらに、社内における職種経験とその評価を詳細に記載している必要がある。

　各人の適性、能力がよくわかって、将来の人事に参考となる。個人の希望と能力を伸ばして計画的に教育していく材料となる。人材カードは適材適所の原則を守る有効な方法だ。

　人事部の資料としてよりも、教育担当部署にとって重要な資料である。

人事考課　　　　　　　　　　　　　　　　　merit rating
（じんじこうか）

　社員の職務遂行に対する評価と勤務態度、能力などを一定の期間に区切って評定すること。

　考課とは優劣を見極めることであり、不足している知識や経験、充足すべき点を発見することでもある。

　人事考課の目的は次の5つである。

　①給与の決定、②賞与の配分、③昇進、昇格、④適性に合わせた人事異動、⑤能力開発に関する資料

　一般には、定期昇給時や年2回支給されるボーナスの配分の基礎資料とするために人事考課は行なわれる。

　考課表は、被考課者にはっきりその内容を示しておくことが重要。考課の結果を伝えて学ぶものを明確にし、自主的に学ぼうとする姿勢をつくること。

　また、考課にあたっては調整役が必要になる。他部署とのバランスがとれているか、常に公平を求めることが大切だ。

新メニューテストラン　test running of new menu

　新しく加えるメニューを全店で実施する前に何店かの店で実験すること。新メニューのテストランは、いろいろな改善とマネジメントに関する情報収集を目的としている。

　本部で決めたマニュアル通りに、現場で実践することが実際に可能かどうかを実験する。一つの調理機器に作業が集中しすぎて料理が早く出せないとか、店によってはキッチンの設備が異なるので、マニュアルを変更しなければならないことなど、オペレーション上の混乱を避けるために、何店かで実験をしたうえでマニュアルを修正する。

　次に発注や仕込みなど食材管理に関する情報の収集である。メニューの出数傾向の情報を得て、スタンバイ（仕込み）量と発注量のモデルを全店に通知する。フランチャイズ本部は、テストランの結果を分析して加盟店の混乱を未然に防ぐことが、本部としての信頼を増すことになる。

推奨販売　suggestive sales

　店が売りたいと考える商品を積極的に売ること。

　推奨販売の担い手は接客係、ホール担当者である。推奨販売は、度が過ぎると押しつけ販売になるので、訓練とキャリアが必要となる。

　推奨販売には通常、3回チャンスがある。メニューを渡す時におすすめ品としてお客さまに伝える。次に、オーダーを受ける時の対話の中で、お客さまの好みを察知して上手に商品をすすめる。最後は、デザートやテイクアウト（持ち帰り）を、食器を下げる時や支払い段階で推奨していく。

　接客担当者の商品知識の豊富なことが大切である。滞在時間の長い店あるいは季節メニューやデザートを持つ店では、接客係の能力で売上高は大きく違ってくる。

　担当者がお客さまに接客する回数が多いと商品の情報を伝えやすくなり、大きな成果を生む。

水道光熱費 (すいどうこうねつひ)　　　　　　　　　　　utilities

　使用した水道、電気、ガス代などの公共料金の支払い額のこと。エネルギー資源の高騰から省エネルギーの必要性がクローズアップされて、水道光熱費の節約が叫ばれている。

　飲食業では、まだ水道光熱費がさほど問題にされていないが、資源不足を考えると、今後大きな経営テーマになる。水道、電気、ガスの大幅値上げは経営を圧迫する。

　かつて水道光熱費は売上高の5％以内とされていたが、現在では多くの店がそれを大きく上回っている。

　アメリカのチェーンでは、売上高の3〜4％が水道光熱費の適正使用料とされている。

　水道、電気、ガスを無駄なく使用していくためには、機器の開発とともに、現場訓練（OJT）が大切になる。アメリカのレストラン協会などではエネルギー節約委員会を設置し、いかに水道、電気、ガスを節約するかが真剣に検討、研究されている。

数値責任制 (すうちせきにんせい)　　　　　　　executive evaluation systems

　約束した数値を達成したか否かで評価する経営方法。数値責任制はラインのマネジャーの評価に多く採用されている。その前提として、企業としての教育や経営の仕組みが整っていなければならない。店長の数値責任は店舗貢献利益高が用いられる。

　ただし、利益高のみをマネジャーに要求するのは危険である。材料費を減らしたり、サービスの手抜きをすることで利益は出るからである。商品、サービスの質を維持できるだけの人の配置と使用食材の質と量が決められている必要がある。

　したがって、店長に対しては客数増と、経費率の適正な使用が評価対象である。

　数値は、職務に対する要求を明確にしたものであり、働く側にとっては自らの評価を上げるための努力目標にもなる。

スーパーインテンデント superintendent

　店を数店管理する責任者のこと。

　元来の意味は、管理者、監督者、幹部などの高位の人を指したが、外食や小売業におけるスーパーインテンデントは、1人で小型店をいくつか管理するマネジャーを指す。

　各店の規模は小さく、標準化され、店長職の人を置いていない惣菜店など単純なオペレーションの店に導入される。各店の責任者には単純な調理と接客と現金管理を要求する。

　この制度の必要条件は、①店の規模が小さいこと、②メニューの品目が少なく、運営がシンプルであること、③未熟練者でもこなせるシステムの店であること、④営業所間の距離が短く、移動が容易なこと。

　スーパーバイザー（店長の指導役）と店長を兼ねた職務である。組織上は、スーパーインテンデントの下に店舗のチーフ（主任）がおり、上司には地区マネジャーがいることもある。

スーパーバイザー supervisor

　店舗のオペレーションが会社のスタンダード通り行なえるように、店長を指導、育成する役割の人。通常、7〜10店を1人で担当する。

　スーパーバイザーは、オペレーションとマネジメントの両方を指導するので、店長経験が要る。現場の状態の良し悪しの判断が下せて、トップに代わって店長を指導する能力が要求される。店数が増えても、オペレーションの水準を維持するためには、スーパーバイザーの能力の高さが必要になる。

　フランチャイズチェーンでは、各加盟者を指導するためのスーパーバイザーの能力の高さが大切である。

　スーパーバイザーを店長が兼ねていることもあるが、責任が不明確になるので避けたほうがよい。スーパーバイザーには、訓練の技術も問われる。フランチャイズチェーンで加盟店の店長の能力を伸ばすためのOJT訓練の一端も担っている。

スーパーバイジング　　supervising

　店のオペレーションで求めるクレンリネス、商品の質、サービスが基準通りに保たれているかどうかをチェックし、指導をすること。その役割を担う人がスーパーバイザーである。

　スーパーバイジングのポイントは、会社としてお客さまに約束した料理の品質、店舗の雰囲気、サービスがスタンダード通りに保れているかどうかの確認である。

　したがって、スーパーバイジングは店舗で行なう。店長が、お客さまに満足していただけるように、きちんと人と食材の準備をしているか、あるいは原価のコントロールを確実に行ない、利益をあげるように仕事を進めているかを見極める。

　さらに、店舗のオペレーションとマネジメントの両面で店長に不足な点を発見した場合には、その場ですぐに教育を行なう。

　スーパーバイザーにはトップに代わる厳しい目と、部下を育てる温かい指導者としての行動が求められる。

スクラッチ　　scratch

　売場で素材から調理することによって鮮度の高い料理を提供すること。

　経営の効率化を進めていくと、調理はだんだん工場で集中加工されるようになる。素材そのものの味のよさが失われ小売業に近づくようになり、現場の調理力がなくなってしまう。スクラッチは店舗調理の重視化でもある。

　素材のよさを引き出すために調理人は技術を高めていかなければならない。セントラルキッチンへの依存度が高くなりすぎると、味は画一化され、食材の持つ独自の風味が損なわれてしまう。スクラッチはつくりたてを売り物にしているので、調理済みの商品の賞味期限を長くすることは避けなければならない。つくりたての商品を味わってもらうことが生命線である。

　つくりたてを提供するためには、店の調理技術の高さと、店長による来客数予測の正確さが問われる。

スクラップ＆ビルド　　　scrap and build

　店舗を取り壊して新たにつくりかえること。店の競争力を持ち、時流に乗るための大切な戦略である。

　スクラップ＆ビルドの第一の目的は店舗の老朽化対策。第二は立地の変化に対応するために行なわれる。

　飲食業は立地産業と言われるほどで、売上高を決定する大きな要因の一つが立地である。都市や交通環境に変化があった場合は、店舗の立地も変えていく必要がある。車利用客を対象とする店では、道路状況の変化に敏感に対応していかねばならない。バイパスや高速道路の開通などは重要なポイントになる。

　また、大手小売業の出退店によって商店街の盛衰が必ず起こる。それにも対応しなければならない。

　さらに店舗イメージを時代感覚にマッチさせるためにも、店のリニューアルは必要である。

スケールメリット　　　scale merit

　経営規模が大きくなるにつれて、どんどん効率が上がっていくこと。規模が大きくなると、人、物、金のすべての面で小規模経営に比べて有利でなければならない。

　まず、仕入数量が増して食材の仕入単価と物流コストが下がる。また、調理作業の分業化が可能となり、作業効率が高くなる。その代表格が、仕込み作業を行なうセントラルキッチンである。腕利きのコックや板前を味の中枢部であるセントラルキッチンに置いて製造させ、全店においしい一次加工品を配送することになる。

　店舗では時間のかかる調理作業を1ヵ所に集中することで、作業効率は高くなる。

　教育・訓練の仕組みをつくって、店長以下オペレーションを担当する人材を、トレーニングセンターで集中的に育成できることも大きなスケールメリットである。

スタンダード　　　　　　　　　　　　　standard

　トップが決めた店舗の料理、サービス、雰囲気などの基準になるもの。店でお客さまに提供する商品の状態に対するトップの考え方を具体的に表現したものである。スタンダードをどこに設定するかで店のレベルが決まり、競争力も決定される。

　調理や接客作業のすべて目標は、スタンダードを表現することである。スタンダードがあいまいだと、商品やサービスの質は作業を担当する各人のレベルに依存することになり、店のイメージは人が変わるたびに変わってしまう。チェーンでは、スタンダードの低下を阻止することと、店舗間の不統一をなくすことが大切である。

　トレーナーと新人はまずスタンダードを確認する。次に、作業を正しく行なえるように動作の基本を身につける。マニュアルを教える前に、わが店の料理やサービス、店の雰囲気のあるべき姿をはっきりと認識させることで、教育・訓練の効果が上がる。

スタンバイ表（ひょう）　　　　　　　　　stand by sheet

　料理を無駄なく早く出せるように、時間帯ごとに仕込数量を示したもの。スタンバイ（仕込み）は、キッチンで行なう事前調理であり、料理をできるだけ早く出すための作業だ。調理作業の効率を上げつつ、お客さまを待たせないようにするために、やむをえず行なう調理である。

　スタンバイ表は来客数と出数予測が前提となる。しかも、仕込みはランチやディナーのピークタイム直前に終える必要があり、品質を劣化させないためには1日に2〜3回のスタンバイが必要となる。

　スタンバイの作業割当ては、仕込みを行なう人に対して作業量を、スタンバイ表を使って指示をすることである。よく作業指示だけを出して、数量指示をしなかった結果、つくりすぎてロスを発生させる場合がある。仕込担当者にとって、調理作業技術とともに大切なことはスタンバイ表の数量確認である。

ストアイメージ　　　　　　　　store image

　店に対して多くのお客さまや人たち、あるいは従業員の抱いている商品やサービスのイメージのこと。

　ストアイメージは、目から直接入ってくるもの、活字を中心としたマスコミ情報から受けるもの、あるいは口コミによるものと種々雑多である。ストアイメージはそれぞれにつくりだされ、演出されるものだが、テレビ、新聞、雑誌に多く登場する会社は、その視覚から受ける印象で、店のイメージができあがる。

　しかし、ストアイメージが決定づけられるのは現場の店の状態である。よい印象の第一は、店舗内外の見えるところが光り輝いていることである。さらに働いている人の服装、表情、表現も大きく影響する。店のクレンリネス、清潔感に満ちたユニフォーム、整髪などは基本的なものである。

　店の評価は、商品の味以前に、そうした目に見える要素によって良し悪しの判断を下されることが多い。

ストアオペレーション　　　　　store's operation

　お客さまの満足を得るための店舗運営技術のことで、調理と接客のレベルとともに、店長のリーダーシップが鍵となる。

　ストアオペレーションでは、おいしさと感じのよいサービス、気持ちのよい店の雰囲気を実現することが必要である。

　オペレーションは主に調理と接客で成り立っているので、正確な調理技術と接客技術を身につけることが基本となる。それがマニュアルであり、トレーニングの目標となるスタンダード（基準）である。

　正確性が身につくと、次には作業のスピードと働く者同士が助け合うチームワークが重要である。それが仕事の質を決める。さらにはキッチンとホールのリーダーが、各部署でお客さまの状況に応じて部下を指揮する能力が要る。

　店長は常にお客さまの満足度をチェックしながら、部下の仕事をフォローできる臨機応変な動きをすることが大切である。

ストアブランド　　　　　　　　　　　store brand

　自社用に開発した独自性のある商品で、自社の商号が目立つように販売される目玉商品である。
　ストアブランド品は、知名度の高いメーカーブランドよりも、品質の面ではるかに価値があると自信を持ってお客さまにすすめられるものでなければならない。
　ストアブランドは、プライベートブランドと同じ意味で使用されている。
　ストアブランドとして売り出すためには、店の信頼度の高さが求められる。
　「あの会社のものであれば、味、品質も間違いない」と世間一般から評価されるようでなければならない。
　飲食業では、ソース、ドレッシングやデザートなどがストアブランドとして伸びる可能性が高い。

ストアロイヤルティ　　　　　　　　　　store loyalty

　消費者が店を支持する姿勢の強さを示したもの。
　ストアロイヤルティの高い店とは信用度の高い店のことで、永年にわたって繁盛している老舗は、その典型的な存在である。
　ストアイメージの高い店イコール高価な店、という意味ではない。
　老舗などの信用がある店の第一条件は、品質が常に安定していることであり、固定客の好みに応じた商品を提供できる、腕利きの調理人や主人がいることである。
　たとえば、オフィス街のレストランでは、お客さまのロイヤルティは値頃な価格とスピーディなサービスから生まれる。
　わが店のお客さまは誰なのか、そのお客さまの満足は何で得られるかを明確にして、それに応える努力を永年にわたって続けている店が、ストアロイヤルティを確立していくことになる。

ストレージ　　　　　　　　　　　　　　　　storage

　食材や消耗品を貯蔵する場所のこと。一般には、貯蔵所、保管所、倉庫のことをいう。
　レストランでは、ストレージはキッチンに隣接しており、バック部門の大切な場所である。冷凍庫、冷蔵庫とは区別して、常温で貯蔵する場所をストレージと呼んでいる。
　必要な数量の貯蔵品が、常に店長の責任において発注され、補充され続けていなければならないが、過剰数量にならないように気をつけなければならない。
　さらに品質をよくするためには、資材の回転率をよくすること、先に納品された品物から使用するように商品ごとに配置を決めておくことが大切である。
　物を探す時間をなくすとともに、棚卸しの時間を節約することにもつながる。

スパン・オブ・コントロール　　　span of control

　管理監督者が部下を直接統率できる範囲のことをいう。これは経験則であって統制範囲あるいは管理限界というが、仕事の質、移動距離などによってもその限界は変わる。
　組織が膨らむと、階層の数が増える。経営規模が大きくなるたびに階層が増え、風通しが悪くなる。少ない人手で作業を効率的に進めるためには、マネジャーのスパン（範囲）を拡大していくことが課題となる。チェーンの物差しでは、ストアマネジャー（店長）は20～30人の従業員、エリアマネジャーは7人の店長、ディストリクト（地区）マネジャーは10人のエリア（地域）マネジャーを統率する、というのが一般的である。
　従業員を管理する店長のスパンは大きく拡大されているが、仕事の複雑な管理職のスパンはなかなか拡大しにくい。リザルトマネジメントの考え方を導入し、部下に目標を与えて結果を追求していけば、上司のスパンは拡大できる可能性が広がる。

スピンアウト　　　spin out

既存の組織に物足りなさを感じて退職し、別の道を歩きだすこと。

一つの会社が新しい仕事を多角的にはじめようとしても、過去の慣習、組織の拘束を受けて、自由な発想が生まれにくい。

そこで、優秀な頭脳を持った集団を独立させて、自由に仕事をさせるために別組織をつくる。それがスピンアウトであり、ベンチャービジネスとも言い換えられる。そのベンチャービジネスに資金を投入して、投資効果を期待しているのが、ベンチャーキャピタルという投資集団である。スピンアウトは、新しいビジネスチャンスが多い時に有効である。若い頭脳とやる気を引き出すのに最も優れたやり方とされている。

飲食業はもともと、ベンチャービジネスの性格を強く持っている。組織を離れて独立し店を持つのも、スピンアウトの一つである。

スペシャリティストア　　　speciality store

特定の品種、品目に絞ったメニューを持つ個性のある専門店。高価な商品に限定した店ばかりではない。

競争が激しくなると、店の顔を商品ではっきり示していくことが必要である。商品を選ぶ楽しさを出すためには、同一品種でメニュー数を増やすようにする。

サンドイッチ、ピザの専門店などは、ドゥの種類やサイズを増やすと同時に、具の種類でバラエティを出して、同一品種の品揃えを楽しんでもらう。

本来のスペシャリティストアは単品メニューが前提で、その場合、来店頻度が高まらなくてもよい。その代わりに商圏を広くとる。それを高価なスペシャリティレストランと呼んでいる。

レストラン経営では、同一品種でメニューにバラエティを持たせた店が有望視される。小規模店が生き残るための大切なメニューの考え方である。

スペシャリティディナーハウス　speciality dinner house

　ディナーの時間帯に絞った高級、準高級レストランのこと。はっきりとその店の売り物が、スペシャル（特別）なものとして打ち出されている店のことである。

　スペシャリティディナーハウスは、デザインや内装に特徴がある場合が多く、テーマレストランと呼ばれることもある。夕食に重点が置かれるから、ステーキやロブスターなど高級イメージを持ち、かつ人気の高い商品に絞ったメニュー構成になる。

　経営のポイントは、メニューを限定することによって、徹底して品質を高くすることである。

　競争に打ち勝つためにも、食材料費率は一般レストランよりも高い。どこで利益を出すかというと、アルコール類だ。カクテルの原価率は20％以下が常識とされている。そのアルコールの売上高構成比率を25〜30％とすることで利益を確保する。

スローフード　slowfood

　もともとはファストフードなど現代社会にマッチした早い食事に対する反動として、「食事はゆっくりしよう」をスローガンにイタリアではじまった運動。

　早すぎる食事に対する反動とともに、地域性や個性をなくしていく各国料理やローカル食を取り戻す運動として世界中に広がった。日本でもスローフードジャパンという全国組織が平成16年に発足している。

　スローフードの運動は、消えてゆく伝統料理や地域の特徴のある料理、家庭料理を再発見しようとするものである。画一化や効率化を重視するあまり貧弱になっていく食生活を、もう一度考え直そうとしている。

　その土地の農産地や自然の恵みを食材として活用し、食事を豊かにして産業を興し、健康な生活を維持していこうとする運動も進んでいる。

成果主義 principle of result management

目標や予算を達成できたかどうかの結果を人事評価の重点とする経営方法。

成果主義の経営は、目標管理の進め方の手法の一つである。その期の目標となる予算を決定し、その期は担当者に任せて、それを実現させていこうという考え方である。

成果主義のよさは、部門、個人の目標が明確になることである。数字を重視した経営手法だが、これを徹底するには、現場とトップを結ぶスタッフ部門の強化が必要である。現場から出てくる（現場が請け負える）数字と、会社の要求していく数字の調整役である。それが経営管理室とか、コントローラーと呼ばれる部署である。

成果主義は、情状酌量のない冷たい経営になりがちだが、社員の力がつけば、最も安定した経営のやり方となる。

成果配分 sharing of result

業績によって従業員の給与が変わる給与制度における、支給額の決定方法である。

一般に成果主義には、売上高主義と荒利益高主義、貢献利益主義がある。飲食店で多く採用されているのが売上高主義だが、徐々に利益主義が増えている。一定の売上高を超えた場合には、特別手当として毎月の給与に加算され、年2回のボーナス時に貢献度にスライドして加算支給されることもある。

妥当性があるのが、荒利益高に応じて算出される方法である。会社を存続させ、あるいは成長させていくために必要な適正利益を設定し、荒利益の何％を人件費として支給するかを約束したうえで、個人ごとの支給額を決める。

会社としては、社員のモラールを高めながら、適正な利益を得るために人件費の支給に枠を設け、労働生産性の向上に努めることが望ましい。

生業 (せいぎょう)
family business

　家族の生計を立てることを目的にした個人経営のことで、パートタイマー以外は雇わないことを前提とする。

　中途半端な店をつくると、潰れていくのが生業である。少し繁盛すると、企業になったような錯覚を抱いて店を拡大したり店数を増やすのは危険である。生業店のスタートは、正社員はもちろん、パートタイマーもゼロのほうがよい。人件費の費目が帳簿上から消えてしまうのが、生業の特徴である。夫婦二人で運営する店という意味で、パパママ店とも呼ばれる。

　チェーンの成長が高まれば高まるほど、個性のあるパパママ店は価値が生まれてくる。お客さまにとっての価値は、チェーンストアと比較して料理の質もサービスも違っていることだ。それは、つくりたての手づくり料理と店主の人間性である。

　とりわけ調理技能は、材料の吟味と味つけを含めて研究し尽くされていなければならない。

セーフガード
safeguard

　農産物に対する緊急輸入制限措置のこと。輸入される海外の農産物に関税をかけ、日本経済や国民生活に悪い影響を及ぼさないように政府がコントロールしている。

　セーフガードは、日本の農業を保護することが大きな狙いとされるが、生活者と生産者の立場の違いが出て問題解決が難しい。21世紀に入ってから問題になったのは、価格の安い中国産のネギや生シイタケが多量に輸入され、日本の農業に多大な損害をもたらしたことを受けて輸入量を制限した時である。

　生産コストの違いから、日本の農産物は価格面で輸入品にまったく歯が立たない。牛肉や豚肉については、輸入量があまりにも急に増えると関税を引き上げ、それぞれの輸入量を抑えて、日本の農業を守るようにしている。

　食料自給率の低い日本では、セーフガードを用いて、生産者と生活者ニーズの均衡をとるようにしている。

セールスキャンペーン　　　　　sales campaign

　特定のテーマを設けて期間限定で販売促進を行ない、大幅な売上高増を目指す企画。セールスキャンペーンは店を活性化して、必ず売上高を増加させ人気を高めることにつながるものでなければならない。

　ホテルやレストランではフェアと銘打ち、各地の料理を売り物にして成功しているケースが多い。各国料理を企画することによって、海外の食材の調達ルートも開かれ、商品開発にもプラスになる。向上した商品の味をお客さまに知っていただくためには、品種を絞ったキャンペーンも可能である。この種のキャンペーンを通じて、自社の調理技術や食材ルートの開発が進み、調理のノウハウが蓄積されて利益を生むことになる。

　開店記念と銘打ったキャンペーンも効果は大きい。歴史は店の信頼の結晶である。同時に、店の歴史や個性、商いの原点を見直す機会を与えてくれる。

設定温度（せっていおんど）　　　　　fixed temperature

　調理や客席の温度を最適にするために固定された温度。特に調理は温度を大切にするので、調理マニュアルを利用する際には、温度と時間の設定が前提となる。

　調理温度と、何分何秒間調理するかがポイント。設定温度が一定でないと、料理人はいつも焼き加減や食材の状態を見ながら調理しなければならない。ベテランの職人の世界に入ってしまう。

　設定温度が決まると、次に大切なことは調理機器の温度回復の速度である。いつも1人前ずつつくっているわけではなく、冷凍庫から複数人数分の食材を取り出して大量に調理することが多いが、その場合はフライヤーもグリドルも一挙に温度が下がる。その下がった油や鉄板の温度が早く回復したことを目でわかるようにする必要がある。設定温度の見える化は、デジタル化をぜひ導入しなければならない。

ZD運動
ぜっとでぃーうんどう

zero defect

　従業員1人ごとに作業上の目標を与え、作業能率を高めて仕事の欠陥を完全に解消する運動。元来はメーカーで作業者の参画意識を高め、作業レベルを上げることを目的にしたものである。現場の一人ひとりの創意と工夫によって製品やサービスの欠陥を是正し、最良のサービスを提供することを目指している。

　これまでも低いコストで信頼が得られる最良の商品とサービスを提供する努力が多くの企業で続けられてきたが、ZD運動は従業員それぞれに目標をはっきりと示して、各人がその推進役であることを認識させた自主性の導入に特徴がある。

　ZD運動は、参画意識が高いと、人間の誤りはゼロになるという前提に立つ。動機を大切にして、目標は上から命令として与えられるものではなく、作業者全員の高い意識に委ねられる。目標の達成者は、必ず表彰することを忘れてはならない。

セットメニュー

set menu

　何品かを組み合わせて1人前にしたメニューのこと。セットメニューは、コースメニューを簡略にしたものである。コースは本来、アペタイザー（前菜）にはじまってデザートに終わるものであるが、セットメニューの場合は時間帯や食事の利用目的に合わせて安く楽しめるように考える。

　セットメニューは、時間帯の動機に合わせた価格と品目にし、セットで注文すると割安であると訴求することが大切である。朝食と昼食時には低価格であることがポイントになるが、夕食は若干幅のある価格帯になる。夕食は時間的にも余裕のある場合が多いので、内容の充実感に重点を置き、単品で注文した時よりも充実感を味わえるようにする。

　セットメニューは、店の人気メニューを必ず入れて質を高めるように努力する。それによって人気メニューはさらに競争力がつき、固定客を増やすことにつながる。

専門店
せんもんてん
speciality restaurant

同一品種のメニューに品揃えを集中して、飛び抜けて売れる1品を持っている店のこと。

商品面で、他店が簡単に真似ることができない技術を持っていることが必要だ。メニューを徹底して絞り込み、高い調理技術を身につけることで、同業者とは明確に差別化できるようになる。そのためには、主要材料の入手ルート、特殊な調味料、調理機器の開発が要る。さらに接客技術の面でも商品の専門知識が要求される。

たとえば、牛肉料理（ステーキ）の専門店化を推進する場合、食肉の入手ルートや肉のエイジングの技術が必要になる。次には、その肉を一次加工する技術と、店で調理する技術が必要だ。

専門店は、経営者が自らマーチャンダイジングを行なう。同業者が簡単に真似のできない優れた商品の開発技術が生命線だからである。

洗浄機
せんじょうき
dish washer

汚れた食器、備品類を洗い、同時に殺菌も行なう機械のこと。大切な役目は汚れを落として食器類をきれいにすることで、きれいにした後に高温で殺菌効果と乾燥を早める機能が備わっている。

洗浄機を設置する際は、客席から食器類が運びやすい場所を選ぶ必要がある。また水を多く使用するので、その水がキッチンに流れないように注意する。できるだけ1人でも作業ができるように、洗浄機のサイズとレイアウトを決める必要もある。

昼食時のように短時間に作業が集中する時には、洗浄はピークタイムよりも遅れて行なうようにする。

洗浄機に関して注意を要するのは、水の温度を高めるためのブースターの設定温度とリンス液の使用量である。ブースターは60〜80℃に設定し、殺菌効果と乾燥機能を持たせることが大切である。

選択食 (せんたくしょく)

selection menu

いくつかの料理の中から好みの品目を選べるように、メニューの組合せをすること。

かつて給食業は1品目主義、定食方式がとられ、利用者にはメニューの選択の余地がまったくなかった。そこで、少しでも食事を楽しんでもらおうとする考えから、4〜7品のアントレを揃えて、その中から好きなものを選んでもらう形式が普及した。

アメリカと同様、日本でも給食はカフェテリア方式が多くなっており、そこでは選択食が導入されている。

病院給食、特に治療食の場合にも、いくつかの中から選択できるケースが増えている。たとえばハワイの病院では、日系人、中国系、西洋人など人種が混然としているために、西洋人を意識した献立を標準としながら、米食を中心とした東洋人向きの食事も用意され、事前に患者に献立を見せて、本人の好みに合った食事を提供するように努めている。

セントラルキッチン

central kitchen

食材の一次加工を集中して行なう調理工場。

セントラルキッチンは、味の均質化と店舗での調理加工量をできるだけ削減することを目指してつくられる。経営規模が大きくなるにしたがって、店舗の仕込作業や調理作業を少なくし、一つの施設で集中して行なう。それによって店舗での作業時間が短縮され、働く人の数や労働時間も縮小される。

一次加工は機械によって行なわれるので、作業能力が大幅にアップする。店ではスタンバイ（仕込み）のスペースが減って、店舗への投資を抑えられる。最も大きな成果は、ソースやスープなどを1人の優秀なコックがセントラルキッチンでつくることで、その味を全店で出せることである。

もっとも、セントラルキッチンでどんなに美味なソースができても、店舗でそれを再生する調理技術が必要である。味はあくまでも人によってつくりだされることを忘れてはならない。

総労働時間 (そうろうどうじかん)   total working hours

　店で働く社員とパートタイマーの1日の労働時間を集計したもの。パートタイマーの活用が盛んになってくると、頭数で人員をコントロールすることは無意味になるので、店長が人件費を管理する時は総労働時間で行なう。

　必要労働時間数は、あくまでも売上高、来客数との対比によって決定すべきものである。その前提となるのが、時間帯ごとの客数予測。適切な予測とそれに対応したキッチンと客席の必要人数が示されていることである。

　無駄のない人員配置を行ないながら、お客さまに不都合のないサービスができるかで売上高が決まり、それが店長の評価となる。労働時間は、料理とサービスのレベルを決定づけて来客数を決めるとともに、それをどう使うかが利益を決めることになるので、店長のマネジメント力を判断する物差しにする。

組織 (そしき)   organization

　目的達成のために個々人が明確な任務を持って働く集合体のこと。目的を達成するためには、一人ひとりが互いに自分の仕事の範囲を意識して行動することが必要だ。

　組織づくりのスタートは店だ。まず指揮者(店長)の責任と役割を明確にする。次いで調理、接客、バックアップ部門(洗浄、皿洗い、下処理係など)の仕事の範囲と作業方法を明確にする。

　店の組織ができると、次には店舗がスムーズに運営できるように、本部のサービス部門、開発部門、教育部門、営業部の指揮、命令系統をはっきりさせなければならない。

　チェーンストアを目指すには、店舗開発と採用と教育、そして数字をコントロールする役割が大切になる。規模拡大の際に落とし穴となるのはコントロールと立地開発の弱体化だ。QSC (Quality、Service、Contractors)の維持と計画数字を実現していく体質が問われる。計画数字が実現されるように、オペレーションラインのコントロールタワーが必要になる。

ソフトオープン　　　　　　　　soft opening

　新店の開店にあたって、特別な開店広告は行なわず、静かにオープンすること。

　新店オープン時には、通常新聞の折り込みチラシを配って大々的に告知するが、それが可能なのは、押し寄せるお客さまに、十分対応できるオペレーション力があると判断した時だけである。開店前に十分に教育・訓練ができていない時は、徐々に来客数を増やしながら、作業に慣れるようにする。これで来客数を多く迎えても大丈夫と判断した時、大々的にオープンの宣伝広告を打つ。それをグランドオープニングという。

　チェーン店では、オープニング技術は大切なノウハウである。周辺の店で訓練してから、グランドオープニングに備える方法が安全なやり方である。

ソムリエ　　　　　　　　sommelier

　ホテルや高級レストランなどでワインのサービスを担当するサービスマン。世界中のワインの知識を持ったプロフェッショナルであり、愛飲家のためにワイン選びのコンサルタントの役目を果たす。

　ソムリエは、お客さまが楽しめるように食事に合ったワインをおすすめするとともに、食事のアシスタント役を果たす。したがって、ワインに関して博識であると同時に、食事との組合せや、お客さまの好みに応じて特定の銘柄を選択することができなければならない。

　世界の代表的なワインの産地に関する知識とその利き酒ができることが最低の条件となる。

　ソムリエに要求されることの中で大切なのは、ワインの品質管理、在庫管理である。日本ソムリエ協会は、ワインの普及および職業の評価を高めるために、フランス、イタリアの国家資格にならって資格、経験、知識、技術評価を行ない資格を与えている。

損益分岐点 (そんえきぶんきてん)　　　break-even point

売上高と経費が同じになり損益が分かれる売上高。

経営を安定させるためには、できるだけ損益分岐点の売上高を低いほうに持っていく。

損益分岐点を検討する際は、まず経費を売上高に応じて変化する変動経費と、売上高に関係なくかかる固定費に分ける。

変動費の大きなものは材料費、人件費（一部は固定費）、水道光熱費、消耗品費等がある。固定費には人件費、金利、家賃、減価償却費などが含まれる。

損益分岐点売上高＝固定費÷（1－変動費÷売上高）

損益分岐点を低くするためには、まず固定費を減らす。大切なのは、人件費を売上高に応じて変えられる変動費にすることである。それには、店長のワークスケジュールが重要になる。

第3セクター (だいさん)　　　joint venture with goverment

国や地方公共団体と民間企業が共同出資した事業会社。会社の形態はとっているが、株主には国や地方公共団体が加わっていることが特徴である。

第3セクターは、公共的な色彩の強い事業を行なうが、民間の技術や人材を活用し、事業をより効率的に行なうところに狙いがある。

公共事業に民間の経営力を活用して、税金の無駄使いをなくすことが狙いである。地域経済の発展のために観光事業に取り組む際に、第一次産業や外食企業の力を借りて事業の成功を実現し、雇用の機会を増やすチャンスにするといったことだ。

第3セクターで脚光を浴びたのは、JRのローカル路線である。国鉄の民営化に伴い、赤字路線の廃線が続いたが、一部は第3セクター方式によって残った。地域開発やリゾート開発なども第3セクター方式が多く採用されている。

大衆消費社会 (たいしゅうしょうひしゃかい)　　mass consumption society

　国民の大多数が豊かになり、消費力が経済の成長を左右する高度な消費力を持つ社会のこと。経済の成長で、国民の大多数がほぼ同様の消費生活を送っている社会を指す。

　国全体の消費力が一部の特権階級の人に偏った封建的な社会を脱して、国民の大多数が消費力をつけた豊かな社会を実現していくことで、大量消費社会が生まれる。それには生産や流通の技術革新が必要である。

　技術革新によって生産や流通のコストが下がり、商品を安く提供できる仕組みが生まれる。そのためには教育の均等化や、より多くの人が参政権を持ったり、経営参加することなども必要だ。大衆消費社会の実現には、そうした大衆の変化も必要となる。

　外食の大衆化の第一歩は、誰もが知っている商品を気軽に外食できる価格の実現と、品質、サービスの内容向上にある。

大衆商品 (たいしゅうしょうひん)　　popular menu

　消費者の大部分の人たちが知って支持している商品のこと。安いだけでなく、商品の価値が高くなければならない。

　大衆商品を満たす条件は次の2点。一つは消費の頻度が高くて、いつでも、どこでも食べられる商品であること。もう一つは、何度でも食べられるような安い価格であることだ。

　どんなに知名度の高い商品でも、価格が高すぎると大多数の支持を得ることは困難である。大衆商品は国民の誰もが知っていてよく食べる商品で、なおかつ低い価格に抑えられている必要がある。代表的な食べ物は、すし、そば、うどん、ラーメン、カレーライス、ハンバーグなど。アメリカではハンバーガー、アイスクリーム、ピザ、ステーキ、パンケーキなどである。

　チェーンを目指す企業は、規模拡大を図るために大衆商品を扱うことが必要条件になる。誰もが知っている商品を提供しながら、個性とバリューを打ち出すことが勝負だ。

大衆ステーキハウス　　budget steak house

ビーフステーキを大衆価格で売る専門店のこと。

バジェット（budget）という意味は、あくまでも安さが強調された大衆価格であるということ。家計の負担にならないように低価格を売り物にしたステーキハウスである。

ステーキは外食の王様で、消費者の多くの人が食べたい商品だ。ところが、実際には価格が高く、気軽に食べることは難しい。それを部位の選定や熟成の工夫と、原価と人件費の削減方法を開発することによって大衆向けの価格帯にした。

トリミングの工夫やテンダーライザーを使用して、あまりレストランでは利用されていなかった部位の肉を、できるだけ軟らかく提供することに成功した。安さを実現するためにセルフサービスのスタイルを導入して人手を省き、人件費率を下げるなどの努力も行なっている。

退職率　　ratio of retire

会社や店を辞めていった従業員の比率のこと。

退職率は、低ければ低いほどその職場の労働環境がよく、社員のモラールが高いことを示している。もっとも調理職については、働く店を変えることによって技術が身につくという考えから、「転職は当たり前」とされていた面がある。

退職率の高い店に共通しているのは次の9点である。

①将来に夢が抱けない、②労働環境が整っていない、③賃金が低い、④労働時間が長い、⑤上司の指導やリーダーシップの欠如、⑥技術が身につかない、⑦休暇が少ない、⑧就業規則が守られない、⑨上司の教育やコミュニケーションの不足。

若い従業員が多い職場では、経営者や幹部とのコミュニケーション不足のために去っていく者が多い。

退職はオペレーションやマネジメントの弱体化につながる。繁盛店はどこも退職率が低い。

ダイナミックマネジメント　　dynamic management

環境の変化に経営体質を適応させていくこと。

チェーン企業は常に規模の拡大を目指しているが、規模の拡大は組織の機能のレベルアップが必要であるため、そこで求められる人材の質は変化する。したがって、人材のスカウトや配置転換は日常茶飯事に行なわれる。

マネジメントとオペレーションの変化とともに、社内の制度、仕組みも質的に向上させなければならない。

それに伴い人材にも、変化に対応できるフレキシブルな人と、常に変化こそ前進であると信じて新たな知識と技術の導入に挑戦する人が求められる。

規模を拡大する時の前提は、あるべき姿や必要な技術を事前に教育していることである。なぜ戦略変更が行なわれたか、なぜ制度が変わったのか、その変化が理想に近づく方法であることを理解させる必要がある。

多角化（たかくか）　　diversilication

新しい業種、業態に進出して規模拡大を図ること。

多角化の多くは、まったく異なる業種に進出することを指すが、同じ業種の中で異業態に進出する場合もある。大企業の多角化は、製造業、小売業、飲食業、ホテル業といった具合に異業種に手を出す場合が多い。経済状態が成熟し、規模の拡大が難しくなると、成長のために買収による多角化を進める。

1社1業種の徹底は効率がよいが、売り物の商品に寿命が来た時、会社は一気に衰退していく。

飲食業の多角化は、経営の規模や出店している都市の人口によって異なる。小さな都市で複数店の経営を目指す場合には、必然的に多角化せざるを得ない。

ただし、その場合、ナショナルチェーンと競合する業態は避けたほうが安全である。競争力を持った強いチェーンづくりには、集中した単一業態での拡大が望ましい。

タスクフォース　　　　　　　　　　　　　　　　　　task force

　特別任務を遂行するために編成された臨時の組織。短期か、長期かがはっきりしていて、テーマを持った特別編成部隊である。任務が終了すると解散して、元の仕事に戻る。

　タスクフォースは、よくプロジェクトチームと混同されるが、組織的な任務は異なる。タスクフォースのスタッフは専任である。常に上司の命令の下に、目的に向かって経営行動を行なう。他方、プロジェクトチームは、本来の組織的責任を持ちながら兼任するケースが多い。

　タスクフォースは、組織が硬直化しはじめたり、経営環境が急激に変化した時、それに対応するために有効である。外食企業が新しい事業に取り組んだり、改善計画を実施する際に、各部署から人材を選抜して一時的に一つの仕事に集中することは、人材の育成にもプラスになる。

棚卸し（たなおろし）　　　　　　　　　　　　　　　　　inventory

　食材料、商品、半加工品など主に調理場の食材を実地に調べ、在庫高を確認する作業のこと。正確な原価を出すためには、実地棚卸しを正しく行なわなければならない。

　棚卸しは、月次損益を出すために最低月1回行なう。発注を行なう時にも、食材の棚卸しが必要である。高価な牛肉、魚を売り物にする店など扱い品目が少ないところは、毎日の棚卸しが必要になる。

　棚卸しの責任者はストアマネジャー（店長）である。実際に棚卸し作業をするのは調理関係者であっても、最終責任者は店長である。利益責任は店長にあるからだ。

　棚卸し作業をスムーズに進めるには、食材の配置場所が決められ、棚卸表に書かれた順序に食材が並んでいることが望ましい。毎日、主要食材の棚卸しをすれば、適正在庫になり、食材の鮮度が保て、美味な料理が出せて食材ロスも解消できる。

棚卸表 inventory sheet

棚卸しの品目名、数量、金額を記入した一覧表。

店の食材の在庫高を品目ごとに書き込み、総額を出して、当月の原価を算出する基礎データにする。

棚卸表は、実地棚卸しがしやすいように作成しておく。

棚卸表に書き込まれた商品名を、キッチン、冷蔵庫、冷凍庫と場所ごとに分けておく。キッチンでは、同一食材であっても、凍結中のもの、冷蔵庫で解凍中のもの、あるいはキッチンですぐ調理できるように引き出し（ドロアー）に置かれているもの……という具合に何ヵ所にも分けて置かれていることが多い。

キッチンに置かれた商品の配置順に、棚卸表に品目名が書かれていれば、商品を探す手間も省ける。

棚卸表に示された食材の単位と店で管理する食材の単位が同一であることも大切。棚卸表はkg単位なのに、店ではパック単位だと、いちいち換算する作業をするのでミスも発生する。

地域一番店 best selling in the area

地域で最も客数が多く高い支持を得ている店のこと。地域一番店とは、同一業態で売上高が最も高く、人気度を示すバロメータである客数が多いことが資格条件である。

地域一番店は、同業態の中で比較される。飲食業では、客数の多いことが地域密着度の高さを示す。客数の多さは最も誇れる物差しとなる。地域一番の客数とは、それだけお客さまのニーズに応えている証拠でもある。

専門店の場合は、あくまでも同一業態の中で一番人気のある店を指す。トンカツならあの店……といわれる代表店が地域一番店である。

チェーンの場合には、業種・業態によって競争相手が明確だから、たとえ店舗数が少なくても、1店ごとの客数が多ければ、いつか必ず店舗数の多いチェーンに勝てる時が来る。チェーンといえども、勝負は1店ごとの客数である。

チーズ　　　　　　　　　　　　　　　　　　　cheese

牛、ヤギ、羊等の乳を発酵させて固形にしたもの。

チーズは、脂肪、たんぱく質、カルシウム、ビタミンA1、B2を多く含む上質の食品。生産地区の気候風土により、味は千差万別で、地域ごとに独特な味が楽しめる。

チーズには、ナチュラルチーズとプロセスチーズの2種類がある。

ナチュラルチーズは、純粋な乳を自然の下で発酵させたもので、保存性には乏しいが、乳酸菌や酵素が生きているので風味に富む。食後のチーズとして高級レストランでは欠かせない重要な商品。多くは輸入されている。

プロセスチーズは、加工チーズの一種で、加熱溶解して再形成したもので、保存性が高く、癖のない味に仕立ててある。国産チーズの多くはプロセスチーズである。

ピザ、ケーキ、料理などに使用されるチーズはナチュラルチーズが多い。

チームプレー　　　　　　　　　　　　　　　team play

複数の人で目的を達成する時に、一人ひとりが他人の力を借りずに自分の役目を十分に果たせる技術を持つこと。

自己の役割を意識し、所期の目的を達成できたグループの活動を、チームワークがよくとれているという。

チームプレーをスムーズに行なうためには、自分の仕事の範囲（作業割当て）と要求される仕事の質（品質基準、サービス基準）がわかっていなければならない。

たとえば、バッシングの作業が定全にできない人がいると、常にテーブル上は汚れたままの状態で、次のお客さまを客席に案内できないということが起こる。

接客担当者が接客に専念できていることがよい状態であり、会計を助ける作業を優先しているようでは困る。

チームプレーの原則は、他人の助けを求めないよう、完全に分業を実施できていることである。

チームワーク　　　　　　　　　　　　　　　　team work

　目的実現のために、全員が一丸となって組織的に行動すること。決して慣れ合いを意味するものではない。
　チームワークの原則は、個人の仕事と仲間の仕事をよく理解していることである。自分の役割がきちんと果たせるように、知識や技術を各自が持ち合わせていることが必要だ。他人の手を借りないで自分の仕事が完璧にできることが必要である。
　チームワークは、技術の確立とともに、相互のコミュニケーションを図ることも大切である。
　ポイントは、①相手の仕事をよく理解する、②長所を認め合う、③相互扶助の気持ちを持つ、③正しい評価をする、など。
　チームワークのポイントは、必ず自分の役割を果たしながら周りの仲間を意識し、助け（フォロー）を実行することである。
　共通の目的意識とスタンダードを持っていて初めてチームワークは生まれる。

チャーブロイラー　　　　　　　　　　　　　　charbroiler

　ステーキ、魚などを焼く網目のついたグリラーのことで、チャコール（炭火）を利用することが多いため、その名称がついた。
　実際に炭火を使用することもあるが、多くはガスを使う。直火で焼くため、牛肉や魚の香ばしさが出てくる調理方法である。
　肉や魚から出た脂がチャコールやガスに直接当たって、より香りが出るので、食欲をそそるシズル効果も生まれる。網目になった棒のことをロストルと呼ぶが、よりおいしく焼くためには、そのロストルが常に清掃されていなければならない。熱効率をよくし、苦みや異臭を出さないために機器の手入れが大切である。
　チャーブロイラーは、ガスの場合には表面温度が場所によって大きく異なるので、料理をムラなく調理するためには、温度表示計があると便利である。

チェーンストア　　　　　　　　　　　　　　chain store

　標準化された同一店舗を11店以上所有する会社のこと。
　チェーンストアは、集中化された頭脳（本部）の方針の下、分散した各店舗が同一の価値をお客さまに提供する経営形態をとる。一般的に、同一資本が所有するレギュラーチェーンを指す。小売業や飲食業が成長拡大を図るためには効率のよい経営形態である。各店の運営方法や管理システムについては、本部で集中的に取り決めるが、あまりにも中央集権化を進めると必ず弊害が出る。地域性がなくなったり、店長の能力がサービスや商品に反映されなくなるからである。
　商品開発や立地開発などのマーケティングは店長の力を活用しても、教育や情報、物流システムは、本部が力を注がなければならない。また、チェーンストアは標準化、単純化、専門化という思想をベースにして、いかにホスピタリティ（もてなし）の心を加味していくかも課題だ。

チェッカー　　　　　　　　　　　　　　　　checker

　店で会計を担当する人のこと。外食業では専任のチェッカーを置く店は少ないが、大型店になると金銭管理が重要になるので専任者を置くこともある。一般的には店長の部下だが、大型店舗では本部の経理部に所属するケースもある。
　チェッカーは、店にとっては金銭の取扱者だが、お客さまに対しては最後のサービス係である。最後の笑顔が再来店につながるので大切な役割だ。ファストフードでは、カウンターの応対者がチェッカーの役目を果たす。テーブルサービスの店でも、接客員全員が会計を担当することが多いので、店に立つ前には会計処理と最終サービスの教育・訓練が必須である。
　専任者を置く店では、チェッカーが交代するたびにレジの仮締めを行なったほうがよい。金銭管理上のミスをなくすことができる。チェッカー係をやっている店長を見かけるが、店全体が見えなくなるので避けたほうがよい。

チェックリスト　　　　　　　　　　　check list

　商品の品質やサービス、あるいは設備や服装などが会社の決めた通りになっているかを確認する用紙のこと。基準が示され、それを実現するよう現場の訓練が行なわれ実現が命じられる。チェックリストは、お客さまに提供するQSCや身だしなみのレベルを検討するためにある。次のような項目が挙げられる。
　①店舗の外観……外部、看板、ゴミ箱、植栽
　②内部の客席……空調、テーブル、椅子、メニュー
　③キッチン内部……キッチン器具、什器・備品
　④食材・飲料の管理……冷凍・冷蔵庫の設定温度、在庫量、
　　　　　　　　　　　　品質管理
　⑤人事関係……服装、出退勤、接客、サービス内容
　これらを確認する人のことをインスペクターという。インスペクションは定期的に店長の上司が行なう。

中央仕入れ（ちゅうおうしいれ）　　　　　central buying

　設備、家具や食材などを本部が一括して仕入れること。
　中央仕入れのメリットは、大量一括仕入れなので仕入れ単価が下がることと、品質が安定することである。
　中央仕入れを行なうため、本部には仕入れ専門のバイヤーが必要になる。食材のバイヤーは、商品知識が豊富で、メニュー開発経験者であることが望ましい。
　生鮮品の依存度が高い店では、経験豊富な人が料理長にいれば、中央仕入れよりも店仕入れのほうがメニューの品質、原価の面で有利になる場合が多い。
　ただし、仕入先が大手メーカーや団体になってくると、中央による一括仕入れが必要である。
　中央仕入れになると、配送方法とその経費が問題になるが、チェーンは全国ネットを持った会社から仕入れることで、相手方の配送機能や倉庫能力を利用するというメリットを活用できる。

駐車場　parking space

　来店されるお客さまのために設けられた駐車スペースのこと。
　郊外店を経営する場合、駐車場に停められる車の台数は売上高を決定する大きな要素となる。最低テーブル数と同じだけの駐車台数が要るが、ピークタイム時や1人1台という車客の場合もあるので、テーブル数よりも30～50％ほど余分に駐車できる能力が必要である。
　特に競合状態が激しくなると、駐車台数と駐車のしやすさは、店を選択するポイントになる。
　駐車場は、道路からよく見えることが大切だ。店舗の後ろや店から離れた所に設けるのは不親切だし、場所がわかりにくい。また、出入口は、できれば2ヵ所に設けること。
　入る車と出る車が交差しないことが望ましい。その点、角地に店を構えるのは、商圏が広くなるとともに、車の出入りが容易になるメリットがある。

厨房機具　kitchen equipment

　キッチンで使われる調理用の機械や器具のこと。具体的にはフライパン、オーブン、電子レンジ、フライヤー、レンジなどを指す。飲食業のキッチンは、食材の状態の変化や人の効率を考えて、その内容を大きく変えてきた。
　0℃以下で食材および加工食品を貯蔵する冷凍庫や、冷蔵の器具は、品質管理、コストの削減のために欠かせない。フライヤーや、フライパンに代わるグリドル(鉄板)の重要性も高まっている。グリドルとフライヤーには自動制御装置が設けられたり、温度センサーを設置して作業効率を高めるとともに、調理温度が表示されて料理の水準維持に役立っている。
　調理マニュアルには、調理温度と調理時間が表示されているが、機器の温度にムラがあると、マニュアル通りに調理してもスタンダード通りの料理が提供できなくなる。

調理済み食品   prepared foods

完全に調理された食品のこと。保存期間を長くするために冷凍食品、あるいは缶詰である場合が多い。

調理済み食品は、コストが高いこともあって普及にかなりの時間を要したが、料理人を必要としないことやすぐに食べられるという利点から、観光地の店などではその利用度は年々高まっている。特に家庭用は、女性の職場進出や独身者が増えたのに伴い、調理済み食品はますます増える傾向にある。

業務用も人手不足、人件費高騰などに対処するために使用頻度が高まっている。自社ブランドの味つけをした調理済み食品を、小売店を通して売るケースも多くなっている。

消費者にとっては、プロの調理人がつくりだしたレストランの味を、そっくりそのまま家庭でいただけるという魅力がある。ドレッシングやシチューなどがあり、都市ホテルやリゾートホテルがブランド名を活かして販売している。

調理ロス   cooking loss

調理段階で発生するロスのこと。飲食店は、メーカー機能と販売機能を同時に有しているが、経営管理としてその2つを分離していない場合が多い。

調理ロス退治は正確な材料費の数字の把握からはじめる。

第1段階は納品である。発注した通りの数量と指定通りの品質の材料が納入されたかどうかを確認すること。

第2段階は加工。ここでは分量管理が重要で、レシピ通りの分量で調理されていることが大切である。

第3段階は材料および製品の保存である。材料の冷凍・冷蔵庫内の保管状況が悪いとロスは大きくなる。

第4段階は正確な棚卸し。

調理ロスは仕込み過多と、分量（1人前）の過不足によることが多いが、常に標準原価率に照らして、実際原価率を近づけるようにしなければならない。

チルド輸送(ゆそう)　　chilled distribution

　冷蔵状態の食材、食品を冷蔵のまま輸送すること。冷凍食品は解凍時に商品の劣化が進むため、チルド輸送が増えた。

　飲食業では、衛生問題と食品の劣化を防止するため、冷凍化が進められてきた。しかし、食品は冷凍する時に、質に変化が起こり、解凍する時には、凍結時よりさらに品質が劣化することが多い。また、凍結、冷凍輸送、解凍にはエネルギーを多く必要とするので、コスト高になる。

　チルド輸送の代表はビーフである。オーストラリアとアメリカ産の輸入牛肉にはチルドが多い。冷凍品よりも肉質を維持しやすいからである。

　飲食店では、チルド輸送が増え、料理をよりおいしく、より安く提供する方向へと考え直す店が増えている。輸送技術やパッキング技術の進歩は、チルド食品の活用範囲をどんどん増やしている。

賃金(ちんぎん)　　wage

　労働の対価として労働者に支払われる金銭。

　一般には賃金、給料、俸給、月給などの名称で呼ばれているが、労働の対価として支給される金額は、すべて法律上は賃金といわれる。賃金には、特別手当、残業手当、ボーナスなども含まれる。

　日本では終身雇用を前提とした年功序列賃金の会社が多かったが、性別、年齢や経験とは関係なく、能力、責任に応じて仕事に対して支払われる賃金体系が取り入れられるようになった。

　個人の能力に対して支給される職能給も普及してきた。職能給はどの仕事に従事しているかよりも、本人の仕事の能力がどれほどあるかという評価で決まる。

　飲食業では、管理者を除いて職種別に賃金の基準を設け、それに労働時間数や成果を加味する方法が多くとられている。

<ruby>賃借料<rt>ちんしゃくりょう</rt></ruby>

rental fee

　土地や施設を借りた場合に支払う費用のこと。チェーンにとって、すべての土地や建物、設備を所有することは資金的に難しく、立地も限定される。

　そこで郊外のショッピングセンターや都心のビルにテナントとして出店するが、そこで必ず発生するのが賃借料である。賃借料は、人件費に次ぐ大きな経費となり、利益を左右する。賃借料は売上高の8〜10％が目安とされている。

　固定家賃が多いが、売上げを管理する商業ビルやショッピングセンターでは売上げ歩合制が多い。

　家賃は、常に権利金や保証金などの入居費用との兼ね合いで決まるが、テナントにとっては確実に売上げを確保できる場所であれば、固定家賃のほうが得策である。入居費用が安くても、賃借料が売上高の15〜20％になると、「労多くして益なし」となる。

<ruby>付<rt>つ</rt></ruby>け<ruby>合<rt>あ</rt></ruby>わせ

garnish

　料理の添え物として出されるもので、フランス料理ではガルニという。メインディッシュとなる牛、鶏、豚、魚などをおいしく、かつ楽しく味わうために皿を飾るのが、付け合わせである。

　付け合わせには、メインの料理の味や見栄えを引き立てる役割もある。油の多いものに鮮度の高い緑の野菜を添えるのは、そのためだ。楽しく食事を味わってもらえるように、付け合わせの色彩を考えて食材を選択する。

　付け合わせがすべての皿で同じ種類になると、お客さまの目と舌を楽しませることができない。

　ただし、付け合わせに手間がかかりすぎると、主力商品のできあがりのスピードについていけず、料理の提供が遅れる。付け合わせはあくまで引き立て役だから、その調理方法や素材の選択を間違えると、人気商品の価値をなくすことにもなる。

提案制度 (ていあんせいど)   suggestion system

従業員の経営参画意欲を高め、会社の経営状態の改善や労務管理の向上を目指すためのもの。働くすべての人々の働く意欲と学習意欲を高める制度である。

もし提案が実際に採用された場合には、当人には何らかの報奨が与えられる。単に下からの意見を吸い上げるだけではなく、従業員の会社に対する問題意識を高め、強い組織をつくるためのものである。

提案制度を活かすためには、常に企画案や改善案を出しやすいように問題を投げかけ、自己学習のチャンスを与えておく必要がある。提案の結果は必ず全従業員に発表し、その提案を積極的に活用していく姿勢を示すことが大切である。全従業員に問いかけ、自分の部署とは直接に関係のないことでも、会社の問題解決のために全従業員から改善策を出させるのは、モラールの向上につながる。

定期昇給 (ていきしょうきゅう)   regular raising salary

毎年定期的に実施する賃金アップのこと。通常、定期昇給は4月に実施される。本人の査定によって昇給の差が出る。

ベースアップはあくまでも物価の上昇、経済状態に応じた賃金の変更である。インフレでなければ、ベースアップは必要とされないので、最近はベースアップを採用しない会社もある。

しかし、定期昇給は当人の能力査定に基づいて実施されるので、実質の賃金アップは毎年行なわれている。

終身雇用制を前提とした賃金制度の場合は、定期昇給は能力の向上に関係なく実行されていた。

もし完全なる職務給を実施していれば、一律の昇給があるとすればベースアップのみであり、あとは当人の負う責任の度合いに応じて賃金は決められる。昇給は職務や職位が変化した時に生まれるものである。賃金のアップ率は、ベースアップと定期昇給の両方を考慮して決定される。

定期補充制 (ていきほじゅうせい)　periodical reordering system

　定期的に売上高予測と出数に応じて食材を発注すること。在庫管理上欠かせない大切な技術。使用食材の欠品によって売上げの機会損失を起こさないことが第一の目的である。

　品切れを恐れて在庫を持ちすぎると、品質の劣化を招き、原価を引き上げる原因になる。また在庫を増やすことは、資金のムダが発生することを意味する。

在庫管理で肝心なことは、次の3点である。
①標準在庫数量の決定（品目ごとに設定する）
②売上高予測とメニューの出数傾向から必要量を決める
③食材の標準配置の決定（どこに何を置くか明確にする）

　各食材の標準数量を設定し、現状の棚卸しから不足する数量分を補う発注をする。そこで実地棚卸しを行ないやすいこと、ストレージ、冷凍庫、冷蔵庫の食材の配置方法を定めておく必要がある。そのことを標準配置という。

テイクアウト　take-out

　持ち帰りの販売形式。包装した商品を手渡し、お客さまは店舗の外、車の中や家庭で食事をすることになる。アメリカのファストフードチェーンは、初期にはテイクアウトビジネスと呼ばれた。

　テイクアウトの特徴は、客席がないので設備投資が抑えられ、さらに接客係が少なくてすむので人件費も低く抑えることができる。投資のかからない店舗ができて、短時間に集中販売できることによって効率はよくなり、商品をより安く提供することができる。

　女性の職場進出によって、家庭で料理をする主婦が少なくなった。それに応じて、家庭ですぐに食べられるテイクアウトビジネスは年々大きく成長している。

　テイクアウトの注意点は、時間をおくことによる味の低下と衛生面である。

ディシャップ　　　　　　　　　　　　　　　　　　dish up

　調理と盛りつけを終えた料理を、接客担当者に渡す場所のこと。

　ディシャップのコントロールは、料理の品質チェックと提供時間を守ることが主となる。ディシャップでは注文を受けた調理担当者の料理が1ヵ所にほぼ同時に集結する。

　商品の提供方法は、キッチンでできあがった順にお客さまに届けるサービス方法と、同一伝票の料理を同時に仕上げ、すべての商品を同時に客席に届ける方法とがある。後者の場合には、ディシャップに立ってキッチンをコントロールするリーダーが必要だ。

　ディシャップ担当者は、料理の提供時間を守ると同時に、料理のスタンダードを守る役であり、店の人気を決定づける大切な役割を担っている。

ディシャップコール　　　　　　　　　　　　　dish up call

　キッチン担当者が、接客担当者に対して料理ができたことを伝えること。小さな店では、声を出して伝えるが、大型の店になると、音で知らせたり、客席に接客担当者の番号を点灯させて知らせる方法がとられる。

　ディシャップコールは、熱いものを熱いうちに、いち早くお客さまに料理を届けるために欠かせない方法だ。キッチンと客席とのコミュニケーション方法の仕組みがないと、接客担当者のサービス向上や、スムーズな動きができなくなる。

　ディシャップコールで大切なのは、できあがった料理を運ぶ人が決まっていることである。注文を受けた担当者が料理を運ぶサービス方法を決めておく必要がある。

　もし担当者がすぐに動けない場合には、誰がヘルプに回るのか、その方法も決めておかなければならない。

ディスカウントストア　　　　　　　　discount store

　1960年代からはじまったアメリカの小売業の大チェーン業態。国民の生活に欠かせない。衣料、食品、家具、家電、日用雑貨を世界規模のマーチャンダイジングと仕入れルートの開発で、最も安く提供する店舗である。

　アメリカのNo.1小売業チェーン、ウォルマート（WAL-MART）が、その代表的な企業である。販売する商品の大部分は、海外からの輸入に依存する。人件費をはじめ生産コストの低さが、価格を低く抑える結果となっている。

　ディスカウントストアがより大規模店となり、集客力を高めたのがスーパーストアである。スーパーストアは、衣料、家電、日用雑貨に加えて、小売業の主力品種である食品を取り入れた業態である。かつてのディスカウントストア＋スーパーマーケットの業態を合体した超巨大店を展開して、大きく売上高を伸ばした。かつては安売り主義であったが、最近は食品に有機栽培のものを揃えるようになり、サービスの強化を図っている。

ディスクロージャー　　　　　　　　　　disclosure

　投資家保護のために企業の経営内容を公開すること。財務はもちろん、利益や将来経営に影響を及ぼすいろいろな変化がある場合は、すべての投資家に判断できるように情報を公開していく義務がある。

　ディスクロージャーがより厳しく求められるようになったのは、粉飾決算が行なわれたり、株価が変化するような意志決定や不利な経済状況が知らされないことによって、投資家に迷惑をかけるからである。届出書や目論見書は、一般の投資家にもわかりやすいように内容が統一され、簡素化されている。倒産や粉飾の大きな原因になった子会社の財務や取引内容についても、投資家にわかりやすく発表しなければならない。

　ディスクロージャーは投資家の利益を守ることに重点がおかれているが、企業の存続性と収益を維持するためにも重要だ。

抵当権 mortgage

借入金に対する保証として不動産に設定される担保のこと。抵当権は貸主側が要求する安全弁である。

金融業者から借入れする場合には通常、金融業者は抵当権の設定を主張する。取引先に手形で支払う場合に会社の信用度が低いと、抵当権の設定が要求される。貸す側は、債務者の支払いが不可能な場合、担保を換金することによって債権を保全する。換金は競売の申し立てによって強制的に行なわれる。設定手続きは、貸付金の場合には金銭消費貸借契約ならびに抵当権設定契約証書に、債権額をはじめ貸付内容、設定順位、担保物件の明細を記すことになっている。

根抵当権と抵当権との違いは、負債額を確定せず、予定の債権額の極限を決めておき、将来生じ得る債権を自動的に担保する方法である。

ディナーハウス dinner house

夕食時間帯に重点を置いた店のこと。限定メニューで単価の高いレストランが多い。ディナーハウスが、一般のレストランやファミリーダイニングなどと違うのは、店のコンセプトがメニュー構成と営業時間帯に明確に打ち出されていることである。

高級なフレンチレストランはフルメニューを前提としている。ところが、ディナーハウスはメニューの品種と品目を限定している点に違いがある。店の雰囲気や価格は違うが、ファストフードの限定メニューの考え方が導入されている。

より経営効率を高めるために、コックの数を少なくしている点でも、伝統的なフレンチ、イタリアンとは違う。

ディナーハウスは、アルコールの売上げが高いことも特徴だ。一般には、総売上高の20～30%をアルコールが占めている。アルコールは大きな利益源でもある。

客単価が高くなるようにメニューが設定されているので、短時間営業でも十分に売上げが上がり、利益も得られる。

定量補充制 fixed quantity reordering system

在庫がある一定の数量まで減ると定量補充されるシステム。

誰にでもわかりやすいシステムなので、現場では歓迎される発注方法である。ただし、品質維持を考えて最高在庫量（発注時点の在庫量＋発注数量）を決めておくことが大切だ。それを標準在庫量という。

季節ごとに売上高に高低のある店は、常に最高在庫量を見直して微調整しておく必要がある。

定量補充制を導入するのは難しい。配送日が一定していないことが第一の原因である。納入業者がすぐ近くで小回りのきく小規模な店ならば、それも可能だが、取り扱う品目が少ない場合には、配送コストが高くなり経費倒れになる。

適用できる店は、年間を通じて一定の売上高を維持できる店で、取引先との力関係において、有利な場合のみ可能である。

テーブルサービス table service

客席で注文を受け、料理を運ぶサービススタイルの店。

テーブルサービス店とは、ウエイターやウエイトレスがいて、ホスピタリティに溢れた人的サービスのあるレストランのこと。

それに対して、人的サービスのないスタイルの店をセルフサービス店という。

テーブルサービスは、人を介するために人件費が嵩み、それが売価に転嫁される。従って、商品を安く提供するチェーンは、サービスコストを下げなければならないので、テーブルサービスは敬遠されがちである。

それでもテーブルサービスを行なうためには、サービスコストを売上高や客数に応じて変えていく技術が必要である。パートタイマーの訓練と評価制度とワークスケジュールの組み方の技術が店長に必要である。

テーブルセッティング　　　　　　　　　table setting

　新しく迎えるお客さまのために、ナイフやフォークなどをきちんとテーブルに準備すること。

　テーブルセッティングは、汚れた什器を下げるバッシング（片づけ）とともに、テーブルサービスの質と効率を上げるために大切な作業である。ピークタイムに来客者をイライラさせるのは、バッシングが遅れているか、テーブルセットができていないために案内が遅れる場合である。

　接客係が余裕のある仕事をきちんとできるためには、バッシングとセッティングが特に重要である。それを専門に担当する係のことを、バスボーイとか、ホールヘルパーと呼ぶ。

　オーダーを取ったり、食事の提供後に、食事を終えた皿を下げたり、空いたテーブルのセッテイングを行なうように接客係の習慣づけができると、店の運営はスムーズになりサービス力も高くなる。

テーマレストラン　　　　　　　　　theme restaurant

　何を売り物にした店かを店舗デザインで表現した店のこと。店舗のデザインを見れば、その店のテーマが想像できるレストランである。たとえば、イタリア風とかアーリーアメリカン風、ポリネシアン風というように、その店のテーマとなるデザインがはっきり出た店をいう。

　ほかにも、小説に出てくる場所や人物、場面がレストランのテーマになる場合もある。

　ファストフードやファミリータイプの店では、店舗デザインが成功の大きな要因としては認められていないが、ディナーハウスでは店舗デザインが成功の主因とされる時もある。テーマは、あくまでも販売されるメニューの内容と似つかわしいものでなければならない。たとえば、ポリネシアンムードの場合には、売り物の商品がそれにふさわしいハワイやインドネシアに関連したメニュー内容であることが望ましい。

適正規模 (てきせいきぼ)　　　　　　　　　effective store size

　経営効率が最もよい店の面積や客席較のこと。
　適正規模は2つの点から追求されなければならない。一つはお客さまにとって利用しやすい規模であること。もう一つは経営効率をよりよくする広さである。同業者との競争関係の有利性を規模におくこともある。
　生業なのか、それとも事業にするのかによっても、適正規模は違ってくる。パパママ店はできるだけ小型店が望ましいし、企業経営ではマネジメント力を要求してやや大きくなる。
　店長の仕事の範囲が狭く売上高が低いと、直営で多店化する場合は問題が多い。店長の動機づけや技術修得が難しいので育成しにくくなる。給与支払能力が低いからである。
　店舗面積は、お客さまにとって楽しい店となるための条件であり、その弱点を突かれると競争に弱い。労働生産性を高く設定するためにも規模は大切なポイントである。

適性検査 (てきせいけんさ)　　　　　　　　　aptitude test

　従事する仕事や会社に体力、知力、精神面等で合う人材かどうかを確かめる検査。過去の人材データを基に、合理的な採用と人事配置をし、教育・訓練を進めるために行なわれる。
　適性検査は、主に次の4つの角度から行なわれる。
　①体格検査……発育、栄養、身長、体重等のチェック。
　②体力検査……筋力、呼吸、神経等の機能チェック。
　③臨床検査……疾病等の現在の身体の状況チェック。
　④精神検査……知能、思想、学力等の個人面接チェック。
　適性検査をする前に、会社の各部署においてどんな力量や精神の持ち主がふさわしいか、そのモデルを決めておく必要がある。そのことが定着率を高めたり、教育の成果を上げるためである。
　適性検査によって採用者の資質が判明していてこそ、各部署においてそれにふさわしい教育・訓練ができる。

適正在庫 てきせいざいこ　　　　　　　suitable inventory

　無駄の出ない、効率のよい在庫量のこと。品切れによる売上げ損失を防ぎ、過大でない在庫量のことである。

　在庫が多すぎると、品質が劣化して、廃棄ロスが発生するので、まずそのロスを防がなければならない。在庫量が少ないと、欠品が生じて、売上げの機会損失をもたらす。欠品は売上げを失うとともに、信用も落としてしまい、将来の売上げまで逃してしまう。よく在庫量が少ないことを自慢にする店があるが、在庫ゼロは売上げのチャンスを十分に捉えていないことがある。

　生鮮食品や冷蔵品、冷凍食品を適正在庫に保つと、原価は必ず安定し、原価率を改善できる。適正在庫量とは、材料ごとのあるべき在庫量であり、その数量を満たすように発注を行なう。発注には、必ず棚卸しを実施しなければならない。

テストマーケティング　　　　　　　test marketing

　本格的に商品を売る前に、お客さまの商品への反応を見るために行なう実験のこと。店舗数が多いチェーンレストランでは、新商品の導入価格や提供方法を変更する時に必ず行なう必要がある。テストは、期限つきにして複数の店で行なう。

　その目的は、お客さまにどのくらい受け入れられる商品であるかを見極めることである。既存商品にどんな影響力を及ぼすのか、収益も合わせて検討する。

　テストにおいては、お客さまの反応を見るだけではなく、店内部のオペレーション、キッチンの作業、接客にどんな影響を及ぼすかも分析しなければならない。商品の提供時間や事前のスタンバイ（仕込み）などに関して、全店でその商品を発売した時に起こる混乱に対しては事前に対策を立てておく。

　テストマーケティングは、店舗数の多さに比例して、その期間を長く設定する。

テストラン　　　　　　　　　　　　　　test running

　新たなメニューを発売する前に、実験店舗でどんな結果が出るか、今後の施策を練るために行なうテストのこと。
　まず、メニューの出数傾向を知る。お客さまの反応を見ながら商品の出数（注文率）を知ることで、食材の発注数量モデルができる。その情報を全店に提供する。セントラルキッチンを持つ会社では、製造計画を立てるために商品の出数傾向を知らなければならないし、仕様書発注でメーカーに注文する場合も製造数量を決めて情報を流す必要がある。
　大切なことは店舗でのキッチンのオペレーション問題である。オーダーが一度にどっと入ったときの調理作業の混乱を事前に解消していなければならない。商品開発担当者はテストの結果を検討し、変更すべき点があれば直ちに改善に着手する。
　店数が多くなると、地域性、店舗タイプを考慮しながら、いくつかの店をテストラン店舗として選んでおく必要がある。

手付金（てつけきん）　　　　　　　　earnest money

　売買契約時に前提として保証するお金。手付金は、あくまでも売買の実行を建前としている。
　したがって、手付金はその売買代金の一部となる。不動産売買の場合は、手付金は売買代金の1割くらいが常識とされている。しかし、手付金は、あくまで合意に達した証しであり、大きな拘束力にはならない。
　買い主のほうが契約を不履行にする時には、慣例として手付金はすべて放棄する。逆に、売り主が契約破棄する時には、手付金の倍額を買い主に返済して、その契約を不履行にすることも可能である。
　このことを「手付け損」「手付け倍返し」という。
　通常、手付金を入れる場合は仮契約書を交わし、その取扱条件を明示したうえでトラブルを未然に防ぐようになっている。

デッドストック　　　　　　　　　　　　　dead stock

　使えなくなった食材のこと。メニューの変更などによって使えないが、貸借対照表上では在庫として資産計上される財産で、処分すれば荒利益率が下がり、結果として損失になる。
　デッドストックは、売上高予測を見誤り、食材の仕入れを誤って在庫が過大になった時にも発生する。メニューを変更する時、使えなくなる食材や消耗品が必ず出てくる。
　メニュー変更の品数が多い時には、事前にその変更日を目安にして、在庫状況をよく把握しながら仕入れを調整していく。
　店数の多いチェーンでは、メニューを全店一斉に変更することは避ける。食材を残さないように地域ごとに新メニュー導入を遅らせて、徐々にメニューを変更するといった工夫も必要である。また、メニューにない日替りランチや特別メニューの食材も、使用残がよく発生するので、在庫を正しく掌握してメニューの工夫をすることが大切である。

テナント　　　　　　　　　　　　　　　　tenant

　他社が所有する建物の中に出店している店のこと。
　テナントで、そのビルの核となって多くのお客さまを集める規模の大きい店をキーテナントという。
　飲食店がショッピングセンターやオフィスビルに出店する場合には、権利金、保証金を支払い、売上高の8～15%の家賃を負担する。テナントは商業ビルの集客力によって売上高が決まってくる。また、キーテナントが百貨店かスーパーかによっても、出店するテナントの業種や業態が決まる。
　商業施設のデベロッパー（開発会社）と密接な関係を保つことによって、次々と店数を増やすチャンスが生まれる。
　チェーン化をテナント主体で推し進めるためには、デベロッパーから出店要請を受けるような繁盛店になる必要がある。デベロッパーに注目されるような人気と売り物を持った飲食店になることが、テナント出店を容易にし、家賃の条件も有利にする。

デベロッパー　　　developer

　住宅、集合ビルなどを計画的につくる不動産開発業者のことを指す。大規模な住宅開発業者であったり、オフィスビルや郊外の大型商業ビル開発業者の場合もある。

　重視されるのは、その集合体のテナント企画である。商業施設をより魅力的にするためには、ビル出店のバランスが取れていて、集客力が高くなければならない。

　デベロッパーは短期的な利潤追求よりも、長期にわたり需要にどのように応じていくか変化、革新を求める姿勢が重要になる。商業施設を開発するデベロッパーは、消費者のニーズを捉えて、そのニーズを満たすテナントをどのように組み合わせるかが大切になる。

　ビルを建て、スペースを売るだけでは、デベロッパーとはいえない。商業施設のデベロッパーは、都市開発専門家であると同時に、よき商業のマーケッターであることが求められる。

デポ　　　depot

　貯蔵所、保管所、出張販売所などを指す。

　セントラルキッチンを所有している会社で、チェーン網が広範囲に及ぶ場合には、毎回セントラルキッチンから遠隔地の各店に直接配送するのは不経済である。トラックのサイズも大きくなり、配送作業自体が困難になる。

　そこで、経済性や便宜性を考慮し、地域ごとに一時保管所を設けるが、それをデポという。

　デポでの作業は保管と配送が中心となるが、時には最終の加工作業を行なう場合もある。

　セントラルキッチンとチェーン店を結ぶ接点となるデポでは、商品の質を維持する湿度・温度管理などの機能が商品管理のうえで大切である。立地を選ぶ時点で、各店との配送時間を念頭に置き、できるだけ短時間で配送が終了するように、デポを基点とした商勢圏を考えておく必要もある。

手待ち時間 (てまちじかん) waiting time

　就業時間に仕事をしないで、次の仕事の始まるのを待っている状態。ワークスケジュールがしっかりと立てられていたり、あらかじめ客数が少ない時の作業指示がしてあれば、手待ち時間は発生しない。

　事務部門よりも、手持ち時間が大きいのは店である。

　店では、お客さまがいるいないにかかわらず、とにかく手と足を動かし続ける訓練と作業割当てをしておく必要がある。

　キッチン、客席、トイレの掃除や、キッチンでの仕込作業も同じである。責任者の指示で行動を開始するよりも、命令を出さなくとも各人が責任の範囲（ワークスケジュール上の作業割当て）で作業を探す習慣を身につけることが大切である。

　よいサービスの店は、上司が黙っていても、従業員は待ち時間ができると他の作業を自主的にしているものである。

デリカテッセン delicatessen

　肉や魚の調理済み加工食品。すぐに食べられる惣菜のこと。

　デリカテッセンとはドイツ語である。主にユダヤ料理を中心に開発された惣菜料理のことである。

　日本で惣菜といえば、肉ダンゴやコロッケ、天ぷらなど副食のおかずを想像するが、デリカテッセンでは素人にはできない高度な加工方法と鮮度が必要とされる。

　デリカテッセンにとって重要なのは価格である。主婦が顧客であるため、家庭で同種類のものをつくるコストと比較される。

　デリカテッセンの最大の競合相手は、ファストフードとスーパーマーケットである。

　パン屋とレストランとの複合型で、オフィス街やショッピングセンターに出店して、内食、外食と競争しながら大繁盛している店もある。

デリバリーサービス   delivery service

　商品を自宅や事業所などに直接送り届ける商法で、宅配ビジネスといわれている。ピザや弁当が代表的なものとして挙げられる。

　デリバリーサービスの特徴は、電話やFAXで注文を受けてから送り届けるビジネスで、客席を持たないということである。注文を受けるシステムや、いち早く指定の場所に届けるシステムが確立されて初めて事業として成立する。

　このビジネスモデルになっているのが、アメリカのピザのビジネスである。アメリカではピザチェーンの大手は、ほとんどがデリバリーを主体としたビジネスである。

　日本では、弁当や食材を届けるビジネスが成長を遂げて、上場企業も誕生している。かつての出前を専門にしたビジネスが情報システムを構築することで事業規模を拡大した。

TV広告(てれびこうこく)   television advertisement

　テレビを媒体として行なう広告のこと。

　テレビを広告媒体として選ぶには、広い商勢圏を持ち、地域に店舗数が集中していることが必要になる。

　テレビはお茶の間の主役であるから、新興の高級店や大型店が消費者にイメージを植えつけるには効果的である。

　TV広告を使って最も効果があがるのは主としてナショナルチェーンである。アメリカのファストフードチェーンは、シェアを高めるために積極的にTV広告を行ない、その広告費は総売上高の5%を超えるケースもある。

　TV広告に重点を置いて成長したのはファストフードチェーンだ。新商品や主力商品の購買に結びつく広告を続け、常に消費意欲をかきたてた。TV広告の内容によって、ローカルチェーンでも主力商品が確立される。集中出店が進むとTV広告の効果はより高まり、それによって売上高が決まるといわれている。

電化厨房 (でんかちゅうぼう)   electric kitchen

電気を熱源としたキッチンのこと。

これまで日本の厨房はガスが圧倒的に多かったが、キッチンの労働環境の改善と安全性、料理のスピードアップを目指して開発されたのが電化厨房である。

都市ガスやプロパンガスと比較すると割高だが、ガスは熱の無駄が多く、キッチン内の温度を上げることになり、働く人たちにとっては厳しい環境になる。また、ガスは火災、爆発の危険性が欠点として挙げられる。

キッチンの職場改善の面で電化厨房は魅力がある。調理温度を一定に保つことが容易であり、沸騰が早いことも特徴である。

電化厨房は、電気を熱源にした厨房機器と高周波を利用して発熱させる電磁調理器から成り立っている。電磁調理器は立ち上がりが早く、温度の回復力も早い。ただ、フライパンを振ったりあおったりする調理には適さないのが欠点である。

電子レンジ (でんし)   microwave oven

極超短波を利用した加熱調理器。電子レンジはマグネトロンという真空管から発する極超短波を食品に当て、エネルギーを発生させて短時間で加熱する。

電子レンジの波長は、水分を含んだ食品の場合は、表面から約6〜7cmの深さまで到達して、その中心に電波が集中して激しく交錯し、摩擦を起こして熱を発する。したがって、食品は芯から熱くなる。急速に水分を発散させるので、食品によってはカラカラになりやすい。

熱するためには、必ず食物が水分を含み、電波を吸収する器であることが必要である。ガラス、プラスチック、木、陶磁器などは電波を通過させるだけで、吸収しないので加熱されないし、金属性のものも電波を反射するので加熱できない。瓶が熱くなるのは、中身が熱くなるためで、アルミ箱に包んだ食品が熱くならないのは、電波を反射するからである。

点心 <small>てんしん</small>
dim sum

　中国料理で、軽食の商品を総称して点心という。

　点心は、中国料理の菓子類、スナックであり、具体的には餃子、焼売、饅頭、麺類などである。

　それらは経済的かつ、早く食べられる簡便さもある。間食、主食にも適し、少人数でも楽しめ、気軽に食べられるということで、現代の生活に合った料理として国際的に普及している。価格が安く、多くのアイテム（品目）を揃え、選択する楽しみがあることも魅力である。

　外食機会の多い国では、少人数で食べられる料理がその勢力を増していく。中国料理は多人数で食べる時は向いているが、少人数では利用しにくい面もある。

　点心は個食化の時代に適した食べ物といえよう。点心をお茶とともに楽しむことを飲茶（やむちゃ）という。点心料理は広東料理が有名で、朝食とランチに提供される。

店長 <small>てんちょう</small>
store manager

　店の責任者で主としてオペレーションの指揮官。次のような責任を有する。

　①お客さまに対する責任……企業の決めたサービス、商品、雰囲気のスタンダードを提供して顧客満足を得る。

　②部下への責任……部下をよく教育・訓練し、評価をして、チームワークで仕事を楽しくできるように指導する。

　③会社への責任……決められた売上高と利益を確保する。

　以上の責任を果たすために、お客さまをよく掌握し、常に部下の教育と動機づけを行ない、来客数の増大に努める。そのために来客数に対応した人と食材の準備を行なう。

　売上高も利益も、すべて部下の協力があって達成できることになる。

店長育成プログラム　store manager training program

　店長の職務を果たせるように経験と知識と技術を与える教育計画。

　お客さまからの人気の高さが売上高を決めるが、そのためにはサービスと調理が核となるオペレーション技術の修得が必要である。よいサービスとおいしい料理を、タイミングよくお客さまに提供することによって来客数は増える。

　店長の任務は、部下を通じてお客さまの満足を得て、利益を獲得することである。したがって、店長教育では調理と接客を正確に身につけるとともに、部下を教育・訓練する技術が大切になる。それを体得できるように体系的に組み立てたのが、店長育成プログラムである。

　教育担当者は、現場の技術と理論教育の両方のプログラムを持たなければならない。理論は人と物のマネジメント技術が主となり、リーダーシップ論が次に来る。店長育成プログラムが成果をあげるには、店長とエリアマネジャーの現場教育と、本部の教育部のリーダーシップが必要である。

店長室　store manager's room

　店長が管理業務を行なう部屋。店長室は、マネジメント業務を行なうとともに、帳票や書類を保管する場所でもある。

　店長室には、マネジメントの報告書や食材発注データ、過去の売上高の資料やオペレーションマニュアル、レシピ、調理マニュアル、店長マニュアルが完備されている必要がある。

　過去の売上げデータが揃っていること、マニュアルがすぐに取り出せること、人事管理データが整理されていること、納品伝票と発注表、ワークスケジュールがいつも取り出せること……。このように店長室は、人、物、金を管理するとともに、店長の仕事の進め方と結果を分析するところでもある。

　店長室の整理整頓の状況から、店長の仕事ぶりがひと目でわかる。店長室は休憩室ではない。

店長推薦メニュー　　suggestion menu of store manager
てんちょうすいせん

本部で開発したものをグランドメニューというのに対して、その店の店長が開発したメニューのことを指す。店は地域に密着して、その地域に合わせたメニューやサービスを行なう、という思想を具体的に表現したメニューである。

その地域のお客さまの好みに応じた商品で、お客さまに喜ばれ、客数を増やすことが目的となる。これは店長のモラールアップにもつながる。

その地域のことをよく知り、その地域の人たちに受け入れられるように、店長が中心となって部下の情報とアイデアを結集していく。その行動がチームの和となり、店長のリーダーシップが生まれていく。また、店長自身も商品に対する興味と売上げを伸ばす意欲が高まる。

店長推薦メニューは、その狙いと期待する成果を数字で表す必要がある。目標と実績の分析が店長の実践力を伸ばす。

店長利益分配制　　manager profit sharing
てんちょうりえきぶんぱいせい

一定の期間中にあがった利益を店長に還元するシステム。店長の士気を上げ、店の経営に積極性を持たせて計画的に進めることが目的である。

利益分配制を採用している企業はまだまだ少ないが、店舗数が増加する中で、店長に目的意識を持たせ、店舗経営に意欲を持たせるために積極的に導入しているチェーンもある。店の利益は店長のマネジメント力とオペレーション力が大きく影響するので、利益を安定的に高めるには効果がある。

店長の上司であるエリアマネジャーは、職務給によって最低収入が保証され、あとは期間損益の割合によって収入が決まる。売上高ではなく、あくまでも利益がベースとなる。それはマネジャーの責任が純利益であることを意味する。

店長の場合は売上高と貢献利益高で査定されるが、その金額はボーナス時ごとに決定し、支給される。

店舗外観 (てんぽがいかん)

exterior of store

　店舗の外装デザインのことで、店の内装（インテリア）と同様に店のイメージとして重視される。エクステリアといわれる。

　飲食店は内装が重視されるが、外観もお客さまに店の売り物を伝えるとともに信頼感を与える。商品や店の雰囲気を連想させ、来店を促す要因として大切なものである。特に郊外店や観光地の店は、インテリアよりもエクステリアのイメージやキャッチマークがより重視される。店を初めて訪ねる際は不安感があるものだが、その不安を打ち消すのが外から見た店の印象だ。自然との調和や商品のイメージを連想させるセンスのよいデザインは、来店意欲を高める。

　デザインはプロのデザイナーの能力に依存するが、そのテーマを決めるのは経営者である。できるだけメニューに結びついた外装デザインが大切だ。外観を維持するためには、掃除や塗装のメンテナンスなど日頃の手入れが重要になる。

店舗視察 (てんぽしさつ)

store clinic

　他店を見学して、わが社の抱えている問題や将来の目標とするモデルを発見すること。店舗視察をして効果があるのは、わが社が取り組んでいるテーマを解決している店である。メニューの提案のしかた、店舗のレイアウト、あるいはキッチンのレイアウトには、他店から学ぶことが多々ある。百聞は一見にしかず、である。

　商品の盛りつけや味つけなど店舗視察を続けると、いくつものアイデアを発見できる。オペレーションでも、優れた店長のリーダーシップや従業員の動きや表情には参考になることが多い。

　将来のモデルや目標を社員に描かせるためには、店舗視察はわかりやすい教育方法である。視察は1人よりも複数で行ない、それぞれの感じ方、受け取り方を観察、分析し、全員で討議する。時には、反面教師に出会うこともある。

等価交換方式   equivalent exchange system

土地所有者とデベロッパーが協力して建物を造り、各々の出資割合に応じてスペースを確保すること。不動産業界に普及しているビル開発の仕組みである。

この方式の目的は土地の有効利用にある。開発業者にとっては、土地を買う資金負担を抑えることができる。地主は土地を提供するが、その土地代としてデベロッパーは建物の権利の一部を地主に与える。たとえば、地価3億円、建築費3億円とすれば通常、地主と建設業者は建物スペースの50％ずつを確保する。スペースを売るか、貸与するかで収入は異なるが、投資した資産の割合に応じて収入を確保できる。

等価交換方式はマンション建設などで多く見られるが、外食業界でも活用される。レストランの出店候補立地が出店するのにふさわしくない地形だった場合は、隣接する土地の地主と話し合い、それぞれの資産に見合った形で交換することもある。

動機づけ   motivation

自主的に仕事ができるように意識を高めること。

レストランはピープルビジネス(people business)といわれ、人の心を最も大切にしなければならない仕事である。常にお客さま優先主義の思想と、お客さまに接する従業員を大切にする社風が大切である。

そして仕事の社会性を従業員によく理解させ、仕事に対する誇りを持たせるようにする。そのような仕事ができるように、組織の運営、教育・訓練が必要である。

そのためには、評価基準を明らかにし、正しく評価すると共に、昇進の機会を与え続ける。動機づけの基本は、教育・訓練と正当な評価にある。また、会社の将来ビジョンが事業計画として示されていなければならない。

企業の成長とともに個人の生活が豊かになることが思い描ければ、動機づけはより確かなものになる。

動作 (どうさ) — motion

作業を行なう時の身体の動き。

たとえば、コックの仕事には電子レンジを扱う作業があるが、レンジを使用する時は、まずドアの取っ手を左手で握り（1動作）、開けて（1動作）、右手に持った皿をレンジの中に置く（1動作）という具合に、一つの作業はいくつかの動作で構成されている。その動作のムダ、ムラ、ムリをなくし、作業効率を高めようとするのが動作研究である。それが作業マニュアルに活かされる。

キッチン、ホールの作業改善は、動作研究から始まる。作業しやすいように機器や設備、道具は配置されているか、無駄なく取り出せるように配置されているかを検討していく。動作研究の積み重ねが作業効率を高める。そして研究の結果を調理マニュアルと接客マニュアルの中に活かしていくことが大事だ。

動線 (どうせん) — trafic diagram

お客さまと従業員が歩く道筋と、その距離のこと。

テーブルサービス店では、お客さまの動線はあまり問題にはならない。セルフサービスや給食施設の大型店の場合は、お客さまが効率的に買い物ができるような、選択しやすい商品の陳列とラインの組み方が重要である。

テーブルサービス店では、従業員の動線が重要である。お客さまを案内し、オーダーを取り、料理を運び、会計をして、後片づけをする……というように、接客係の歩く距離は長い。

接客とサービスの質と効率を高めるために、できるだけ無駄な動きをなくすレイアウトの工夫が必要である。ディシャップと客席の距離、客席とサービスステーションや洗場との距離をどう改善するかが動線研究のポイントだ。それが従業員の疲れを抑え、コストダウンにつながる。

キッチンにおいても同様に、従業員の動線を考慮して機器のレイアウトを決めていくことが重要である。

同族会社 (どうぞくがいしゃ)　　family owned corporation

　一族が資本金の大部分を所有し、経営を担当している会社。法律上の同族会社とは、株主が3人以下で、その会社の発行する株式総数の50％以上を同族が所有している会在を指す。

　同族会社は、経費計上や利益金の処分などが経営者個人の独断で進められがちだ。そのため税法上では、一般の会社に比べて公平さを欠かないように、同族会社には特別な課税方法が認められている。

　会社の中に同族が増えていくと、社員の意欲の減退要因になることがある。自由に発言できない、あるいは会議以外の場所で物事が決定されていくという不満も多くなる。もっとも、同族経営が決して悪いわけではない。所有者（オーナー）の思想や能力に全幅の信頼を寄せた者だけが集まると、トップの能力が100％発揮されて個性的な集団ができる可能性もある。

トータルプライス　　total price

　お客さま1組当たりの消費金額のこと。つまり、ワンチェック（1枚の伝票）の総額を指す。

　店の顧客対象を明確にした時に主力商品の価格が決定する。特にファミリータイプの店で、大切にしなければならないのがトータルプライスである。家族を顧客対象とする場合には、このトータルプライスを考えて、各メニューの価格を決めていく。ファミリーレストランでは、平均客単価を取り上げてもあまり意味がない。重要なことは、家族揃って食事をして、結局いくらかかるかである。家族ぐるみのお客さまに、いかに買いやすい価格とメニューの組合せを提案していくかが、メニューづくりのポイントになる。

　トータルプライスを3000円にするか、それとも4000円にするかで客層や利用動機が決まり、店舗数の限界も変わってくる。

ドーナツ化現象

donut's phenomenon

住宅地が郊外へ広がっていく姿のこと。人口の都市への集中度が高まると、新しい住宅は急増するが、同時に地価の高騰をもたらすために住宅地の郊外化が進む。

日本の場合、大都市集中化が地価の高騰を生み、ドーナツ化現象に拍車をかけてきた。欧米では、地価高騰という理由だけでなく、よりよい環境の住宅地、安全性の確保を求めてドーナツ化現象が起こっている。

ドーナツ化現象とは、生活が郊外へ移動することを意味する。購買力の高い人々が郊外に多く移り住むようになった結果、商業立地に大きな変化が起きた。郊外に大規模な商業集積が生まれたのである。

ドーナツ化の進む地区は未開発であり、都心のように大きな再開発費用を必要としない。この利点を生かして、郊外に大型のショッピングセンターが次々に生まれた。そこに魅力的なテナントが集まることで、さらに集客力が高まっていった。

独占

monopoly

ある特定の商品について、1社で独占してしまい、ライバルの存在を認めない状況のこと。日本の場合、タバコがこれに該当する。価格や販売数量が完全に供給側によって決定されるので、政府の指導と企業の倫理観が問われる。

少数の会社によって市場が支配されている状態を寡占という。日本では、ビール業界が4社で構成されて、寡占状態になっている。外食でもチェーン化が進むと、業種業態によって突出した企業が生まれて、価格決定権を持つようになる。一部の企業グループが市場を支配してしまう場合に問われるのが、経営者の倫理観である。

自由競争が続くと、力を持った少数のグループが市場を占拠して、お互いの利益確保のために価格協定を結ぶ状況になる。そのような違法行為を取り締まる機関が公正取引委員会である。

独立店舗（どくりつてんぽ） free standing

1店舗のために建築された独立した建物。複数の店舗が集まったビルなどにテナントとして出店する店と対比して使われる言葉。立地は主に郊外となる。

地価の高い都心やオフィス街では無理だが、郊外になるとフリースタンディングが多くなる。前面道路を走る車からの視認性を重視し、デザインの個性化も図られている。

独立店舗は、その外観デザインによって客数が決まる。しかし、周辺の環境を破壊するような店舗デザインは地域の人々に受け入れられない。

チェーン店では、店そのものの存在が看板になる。店名が見えなくても、外観からその店のメニューが連想できるようでなくてはならない。個性を出すことや、店舗の規模、デザインで標準化できることが出店の効率を上げ、経費節約につながる。

独立店舗は、店舗の外観からインテリアまで統一性が求められる。

ドミナントエリア dominant area

1社が集中出店している地区。

同一業種、同一業態で、他のチェーンを圧倒する売上高を獲得して初めてドミナントエリアといえる。そのためには、ある地域に集中して出店する立地戦略と、緻密なマーケティング戦略が必要である。全国チェーンも、全国にドミナントエリアをたくさんつくっていくことが大切である。点々と出していくような出店作戦は効率が悪い。競争に打ち勝つには面作戦を展開し、ドミナントを形成していくことが必要だ。

一般にドミナントづくりは、創業地や、あるいは本部の周辺からスタートする。トップをはじめ多くのスタッフが、その地域を熟知しているからできるのである。ドミナントエリアを増やせるかどうかは、エリアの経営を担当できる優秀な人材を何人抱えているかで決まる。

ドメイン　　　　　　　　　　　　　　　　　　　domain

　わが社の力が圧倒的に強い地域。しかも、その地域に単店ではなく複数の店があり、地域全体においても、またそれぞれの店ごとでも競争相手を圧倒している地域である。

　ドメインというのは、戦略用語だが、チェーン展開の立地戦略でも大切な考え方である。

　地域に新たに出店する時には、1号店を決める前に、その地域にどのように店を配置するかの面戦略を事前に練る。

　地域の人口、道路事情、交通網などを考え、何店配置が可能かを決める。そのうえで1店1店をどの場所につくるか具体的に検討し、強い店舗網をつくりあげるのである。

　これこそ立地戦略である。特に新しい地域に出店する場合、店ごとに針を指すようにして立地を吟味する。この面戦略と針作戦があって初めて、競争相手に対して優位に立てる。

　ドメインの形成は、販売効率を高めたり、配送コストを削減するためにも欠かせない。

ドライブスルー　　　　　　　　　　　　　　drive through

　車に乗ったまま注文し、会計を済ませ、商品を受け取る販売形式のこと。車社会を象徴する提供方法である。

　ファストフードチェーンの売上高の半分以上はこのドライブスルーが占め、その比率はどんどん高くなっている。

　ドライブスルーは、手軽に早く食事を済ませたいというニーズに応えたもので、車社会の進展とともに普及してきた。

　もとはアメリカ・カリフォルニア州のハンバーガーチェーンで採用されたスタイル。客席を持たない、ドライブスルー専門の単品チェーンもあった。1970年代にマクドナルドが導入し、売上高を大きく伸ばしたことから、ファストフードチェーンはほとんどそのスタイルを採用するようになった。

　ドライブスルーは、商品の素早い提供が生命線である。したがって、メニューの絞り込みがポイントになる。

トレーサビリティ traceability

　食品の生産地から、加工、流通に至る経過を追跡できる仕組みのこと。

　食品の安全性を確保するために法律が定められた。特に、牛肉はトレーサビリティ法が制定（平成15年）されたことによって、生産から消費に至るまでの牛の個体情報が誰でもわかるようになった。

　牛の総背番号制度は、平成13年から導入されていたが、O157やBSEが頻繁に発生したことを受けて、消費者の不安感を取り除くために、他の食品（野菜や魚）にもそれぞれの生産地、収穫地を明記するようになっている。

　調理した食品も、どこの産地の食材であるかをメニューに表示することが当り前になっている。

トレードオフ trade-off

　二律背反する2つの事柄の中から一つだけを選択すること。

　在庫管理を例にとれば、在庫を多めにして品切れ防止を図るか、品切れを起こしても在庫を少なくするか、二者択一を迫られる。配送回数を週1回にすると、配送コストは削減できるが、食材の在庫が増えて、品質の劣化をもたらすことになる。

　その場合、どちらを選ぶか、何を棄てるか。その選択がトレードオフである。物事を決める時、プラス面とマイナス面が同時に想定される場合に、どちらを選択するかの判断が経営者や幹部に求められる。

　トレードオフは、よくコスト面を優先して行なわれる。それをコストトレードオフという。最も単純かつ簡単な判断基準だが、大切なことがある。それは、どちらがお客さまの満足を得ることにつながるかを考えることだ。そのうえでコスト、効率を検討するようにしたい。

トレーナー　　　　　　　　　　　　　　　　trainer

　本部や店で教育訓練を行なう担当者。

　トレーナーは、会社が定めたスタンダードの店にするために、従業員の知識、調理、接客の技術を高めるように現場や本部で技術訓練を行なう。

　接客や調理担当などに、現場で最低限必要とされる知識や技術を教えるわけだから、会社が認めた知識と経験のある人材が起用される。店長はもちろん、副店長、キッチンリーダーなどがトレーナーの候補者となる。

　トレーナーは、各々の職種に必要な知識と技術を教えるが、訓練をより効果的にするためには職種ごとのマニュアルが必要となる。また、トレーナーには教えるための教本であるトレーナーズガイドが要る。

　店舗では、新しく採用した人たちを訓練するためのプログラムと教科書が必要だ。

トレーナーズガイド　　　　　　　trainer's guide book

　教育訓練者(トレーナー)用につくられた指導書、教本のこと。初心者に教える際は、教える側の教え方がポイントになる。訓練者用マニュアルやビデオをトレーナーに与え、本人の自習に任せっぱなしの企業もあるが、これでは効果があがらない。

　教育効果をあげるために、教える手順と学ばせるポイントがある。トレーナーズガイドには、何から教えていくのか、その手順が示されている。次に、調理や接客を身につけるために、作業マニュアルを正確に覚えさせる。そして、作業を体験させる。

　正確に身についたかどうかをチェックしながら、次の段階の作業に入る。作業が身につかないまま店舗で仕事を要求すると、商品やサービスに必ず落ち度が出てくる。

　初心者の作業の出来、不出来は、ほとんどが教える側の準備とトレーナーの能力に左右される。

トレーニング　　　　　　　　　　　training

　店舗や事務所で与えられた仕事が正確にできるようになるまで繰り返し繰り返し練習すること。

　トレーニングは発想力や創造性を高めるためのものではない。作業の正確性とスピードを身につけるためである。

　きちんと仕事を任せられるように、よい躾をし、知識や技術を修得させるのが目的である。コックの場合は、レシピ通りにつくれるようにする。接客係は注文がきちんと取れて、お客さまに安心して食事をしていただけるサービスができるように育てる。伝票の通し方や、商品知識も教える。

　こうした訓練は現場の直属の上司か、トレーナーが行なう。店長やキッチンリーダーは、部下が与えられた仕事をできるよう、繰り返し指導をする。働きながら気づいたことを指摘するOJTが進歩を支える。訓練できる店長を育成するには、教える手順とポイントを記したトレーニングマニュアルが大切である。

トレーニングセンター　　　　　training center

　現場を離れ、従業員を1ヵ所に集めて教育・訓練を行なうところ。会社のルールや組織人としての行動、現場のマネジメント方法を修得して、各人が職務を全うできるように教育訓練を行なう施設である。

　トレーニングセンターの内容が、その会社の人材育成のレベルを決め、店舗オペレーションとマネジメントのレベルを決定する。

　チェーンレストランでは、店長マニュアルを完全に身につけた人材が育って初めて、店舗の人気が高まり収益確保ができる。また、テーブルサービスレストランでは調理マニュアルの正しい理解と調理技術の修得にも力を注ぐ必要があるが、これらを学ぶ場もトレーニングセンターだ。そのため、オペレーション技術を修得できるよう店と同じキッチンの設備が設けられている。

　トレーニングセンターは、企業のイメージ統一と収益確保の鍵を握る施設である。

内部留保 (ないぶりゅうほ)
internal reserves

　経営で生まれた利益から、税金、役員賞与、株式配当などを支払った後に、企業内で貯めた利益額で、一般には社内留保と呼んでいる。バランスシート（貸借対照表）では利益剰余金の科目で表される。会社としてはいつでも自由に使える余裕のある資金である。

　利益剰余金は完全な自己資本であり、その使途は、主に手元に置かれて現預金として蓄積されたり、換金しやすい株式や債権の購入に充てられる。

　日本の会社は財務の安定を図るために利益剰余金を多く抱えすぎて、逆に企業の成長のための投資が行なわれない傾向が増えている。上場会社で内部留保金が多くなると、株主から、もっと戦略的な投資をしろとか、株主への配当を高くしろといった株主請求も行なわれる。

ナショナルチェーン
national chain

　リージョナルチェーンの商勢圏を複数持ち全国展開を目指すチェーンのこと。リージョナルチェーンとは、ローカルチェーンとしての商勢圏が複数あることを基本にしている。

　ナショナルチェーンは、同一の会社でマネジメントをする。ただし、直営とは限らない。フランチャイズ展開によって、全国の店舗運営が本部の管理統制下にある場合も、ナショナルチェーンと呼んでいる。

　ナショナルチェーンは、本部で開発された商品やオペレーション技術を駆使して、全店で同じイメージと成果を出さなければならない。それには、統一された商品のオペレーションシステムを維持できるよう教育・訓練することが必要だ。特にナショナルチェーンでは、店長とその上司である管理者の能力開発が遅れると、店のオペレーションが乱れて組織は崩壊する。

ナショナルブランド　　national brand

　その商品や店の名前が全国的に周知されていること。ナショナルブランドは、大手メーカーのつくった製品であり、テレビや新聞などマスメディアでよく広告される。

　小売店がディスカウント、すなわち安売りを武器に販売するのがナショナルブランドである。小売店では、よく知られた商品をライバル店よりも安く販売することによって価格の安さをアピールし、多くのお客さまを集める手段にする。

　しかし、ナショナルブランドだけで本当の安さを実現することは難しい。それを追い続けると、単に荒利益率を下げることになって利益減につながる。

　自社で製品開発を進めた商品であってこそ、初めてお値打ちが提供できる。自社開発の独自商品のことをストアブランドという。飲食店でも、食品メーカーの技術力に依存した調理加工食品から、自社調理の商品に主力を切り替えていく必要がある。

ナン　　nan

　インドの代表的なパン。精製した小麦粉を水で練って発酵させ、タンドールと呼ばれるインドの代表的な窯で焼きあげる。直火で焼くので小麦粉の香ばしさが出る。

　ナンは、練る際に水のほかにヨーグルトや、ギーと呼ばれる油を用いる場合が多い。カレーソースと共に食べる。インドでは、特に北方で普及している。

　練った小麦粉は、臼でついた餅のように丸めて保管し、必要な量だけ手でちぎり、ピザのドゥのように延ばして、タンドールの内側に張りつけて焼く。タンドールの壁の熱と内部の熱によって、表面、裏面ともに程よく焼きあがる。

　インドのナンはイースト菌を使用しないので、素朴な味がするのが特徴だ。

　ナンにナッツ、レーズン、野菜などを入れ、タンドールで焼いたものもあるが、それらを総称してローティという。

ニーズ商品   need's goods

消費者が生活していくうえで欠かせないものがニーズであり、それに当たる商品がニーズ商品である。

商品開発を進める際、常にお客さまのニーズとは何かを考える。ニーズ商品を発見するポイントは次の通り。

① 価格……わが店が狙う客層が最も外食として消費しやすい金額はいくらかを把握する。これはすべてに優先させなければならない。
② 品質……少なくとも競争相手よりも品質が秀れていなければならない。同業者よりも価値のある大衆商品を生み出すことが、お客さまのニーズを満たすことにつながる。
③ 提供方法……販売方法(セルフサービス、テイクアウト、テーブルサービス)のことであり、商品の組合せなども利用動機に合わせていく。どのようなサービスや食事の方法をお客さまが期待されているのかをよく調査して提供方法を決める。

日計表   daily store report

毎日、店長から店の営業状態を本部に報告する帳票で営業日報ともいう。日計表に記入されているのは、売上高や売上金の管理状況である。

売上高と来客数が、店の情報としては重要である。報告書を通して、本部にいても店のオペレーション状態がわかるようになっていなければならない。経理にとっては、売上高と現金在高の過不足や売上金の銀行振込の確認が必要である。

マネジメント情報として必要なのが、従業員の労働時間とその中身である。労働時間が来客数に対して適切で、お客さまに迷惑をかけていないか、逆に時間を使いすぎて経費の無駄遣いになっていないか……などが確かめられる。日計表は、売上高とオペレーションの状況を検討するものであり、店長の上司にとっては毎日のコミュニケーションの情報源である。

日配品 (にっぱいひん)
daily delivery goods

毎日店舗に配送される商品で、一般的には生鮮食品である。代表的なのはパン、野菜、乳製品など。

日配品は、週1回とか2回配送の保存のきく商品とは区別される。特徴は、鮮度が商品の生命ということである。配送されたその日に使い切ることがおいしさにつながる。

日配品は、発注の正確性と保管が大切である。

発注量が多すぎると品質が劣化してまずくなるし、廃棄すればロスになる。少ないと品切れを起こし、お客さまの期待を裏切って信用を失うことになる。売上げやメニューの出数の正確な予測ができてこそ、適正な発注を行なうことができる。

日配品は、冷蔵保管するものが多いので、先入れ先出しを実行する習慣も大切になる。日配品の管理はキッチンに依存するので、調理担当者の教育が必要である。

入社前教育 (にゅうしゃまえきょういく)
new recruit orientation

採用決定後、入社までの間に行なわれる教育のこと。

新人を一日も早く戦力化するための事前教育である。集合教育と現場体験が主となる。

教育の主眼は次の点に置かれる。

①会社に対する正しい理解……歴史をたどり、企業の経営理念や社会貢献度を明確にする。

②外食産業の常識と将来……社会におけるわが社の役割や業界の将来像を理解し、仕事に対するロマン、夢などが語れる人材になる。

③作業の基本動作の修得……マニュアルの読み合わせと実際の現場体験で空気に慣れる。入社後、店長や料理長がOJT（現場訓練）にすぐ取り組めるよう基本知識を教える。

④先輩とのミーティング……新入社員が各店に分散するので人間関係の構築が難しい。入社前から新人の世話役を決め、入社直後の個人的な相談にも乗れるようにする。

人時売上高 (にんじうりあげだか)

sales per man hour

労働1時間当たりの売上高。労働生産性を測る一つのバロメーターである。一般に労働生産性は、従業者1人当たりの月間の荒利益高で示されるが、店長にとって最もわかりやすい数字は荒利益高よりも売上高である。

そこで現場がマネジメントをするうえで、わかりやすく、使いやすくするために用いられるのが人時売上高である。

人時売上高は会社や業態によって違う。違いが出るのは、荒利益率と1時間当たりの平均給与差からである。

パートタイマーを多く採用する企業では当然、社員が多めの店より人時売上高が低くても、経営は成り立つ。

企業としては、労働生産性と来店客の満足度を大切にするため、あるいは店長のマネジメントをしやすくするために、来客数に対するキッチン、客席の必要標準人員を設定しておく必要がある。

人時生産性 (にんじせいさんせい)

productivity per hour

労働1時間当たりの荒利益高のこと。人の効率と人件費の支払可能費を測る物差しとして使われる。

1日の売上高が50万円、材料費率が30％、1日の総労働時間が70時間とすると、人時生産性は次のように算出される。

500000（円）×（1－0.3）÷70（時間）＝5000（円）

人時生産性は5000円である。人時生産性は適正な利益を確保するための人件費の支払い能力を示すものである。

一般に人件費の限界は、荒利益高の45～50％とされる。先の例では、1時間当たりの支払限度の時給は次のようになる。

5000（円）×0.5＝2500（円）

これはあくまでも平均時給であるから、社員の給与を高くするためには、パートタイマーの労働時間比率を高くすることが必要。人時生産性を高くするために、客単価を上げ、材料費率を下げたりするが、それは客数の減少を招く危険なやり方だ。

人時来客数 (にんじらいきゃくすう)　　　customers per hour

労働1時間当たりの来客数のことをいう。労働1時間当たりの労働生産性を示す指標である。

トップが設定したスタンダードの料理とサービスを維持しながら、1時間1人当たり何人のお客さまにサービスするかを決めるが、同時にその来客数は人件費を支払える必要荒利益高を確保するためのポイントになる。

人時来客数は店のサービスの質を保ちつつ、人件費を世間並みに支給しながら、利益を確保することを考えて決定される。

計算式は以下の通り。

人時来客数×客単価＝人時売上高

客単価の低い店は、人時売上高を確保するためにサービスできる客数を増やす。ファストフードはその典型的なものである。

ファミリーレストランでは1時間当たり20〜25人、ディナーレストランは15〜20人を目安にしているチェーンが多い。

値上げ (ねあげ)　　　price up

メニューの価格を上げること。

価格を上げやすい店とそうでない店とがある。ランチではお客さまの来店動機が価格であることを考えて、お値打ちと感じる価格を外さないことが大切である。

高級店は、価格よりも料理の質、店舗の雰囲気、サービスが重視される。適正な利益を確保するため、また品質を維持するために、値上げするのはある程度やむを得ない。

競争に打ち勝つポイントは、価格を抑え、いかに品質を落とさないかにある。価格の安さを追求するあまり、ボリューム感をなくしたり、材料の質を落とすことは避けなければならない。

量を減らしたり、品質を落として価格を据え置くのも実質的に値上げだが、それをするくらいならメニューを変えるほうが得策である。値上げによって店のイメージを変えるのは危険だが、商品とサービスのレベルダウンはもっと危険である。

ネーミング naming

店名、メニュー名などの呼び名のこと。

メニュー名は、商品のイメージを表し、売上高に直結するだけに、商品開発時に気を配らなければならない。

店名は、売っている商品、店舗の雰囲気、客層との関係を考えて決める。ネーミングは発音しやすく、読みやすく、わかりやすくて、お客さまの印象に残ることが大切である。

店名から推測して何屋かわかることが、幹線道路沿いや繁華街など不特定の人が多い場所では要求される。店名は、お客さまの記憶に残り、憶えやすいことが大切である。

メニュー選択のポイントは、メニューの呼び名と商品写真である。メニュー名から料理内容が想像でき、使用食材までわかることが売れるポイントになる。メニュー名は、安心感を売ると同時に、料理長や店長をはじめ従業員が売る気になっていることがわかることも大切である。

値頃(ねごろ) suitable price

お客さまが最も支持してくれる価格のこと。値頃は2つの面から考えられる。

一つは、品種である。ハンバーグなら、それ相応に買いやすい価格がある。もう一つは、その店を利用するお客さまの来店動機である。昼食、夕食、社用接待に、あるいは家族ぐるみの食事になど、それぞれの動機で使いやすい価格がある。

自店のことだけを考えて値頃を発見しようとすると大きなミスを犯すことになる。同業者でお客さまによく支持されている店を視察し、売りやすく、競争に強い価格を発見しなければならない。その場合も、メニューごとの価格調査と、ランチ、ディナーの時間帯別の資料が必要になる。

価格決定のポイントは、お客さまの利用動機にある。いくつかの利用動機を同時にとらえようとすれば、値頃は複雑になって価格が決めにくくなる。

年功序列型賃金
ねんこうじょれつがたちんぎん
wage system by seniority

　勤続年数に応じて給与が上がる賃金体系のこと。これは日本特有のものとされてきた終身雇用を前提としている。長く安心して働けることで、生活設計を立てやすく、安心して勤められるという長所がある。

　仕事の責任や成果で賃金が決定する職務給や能率給（業績給）は、確かにやりがいのあるシステムではあるが、働く者にとっては不安を伴う制度でもある。先進国では、むしろ職務給や能率給に対する反省論も強くなり、日本で否定されつつある終身雇用を前提とした年功序列型賃金が見直されている。

　年功序列型賃金は、若い人たちに多くを依存する企業ではその効果は薄い。仕事の成果や当人の能力に応じて支給される賃金体系のほうが歓迎される傾向は圧倒的に多い。

　高い成長率を目標として掲げている企業では、目標や予算達成を積極的に評価して年功序列型を打破する必要がある。

納品書
のうひんしょ
statement of delivery

　店舗に納品される商品の、品目名、数量、単価を記入した取引確認のための書類。納品伝票はまず、発注伝票に記された品目名と数量と一致しているかを確かめる。

　店舗では、納品時に発注通りの商品であるかどうかを納品伝票でチェックする。納品伝票と数量と品質が一致していれば、店の責任者が納品書にサインをして、伝票は取引業者が持ち帰り、納品書の控えは店に残される。

　店では、一定期間ごとに納品書控えを整理し、本部の経理に送付する。経理では、取引先の請求書に添付された納品書のサインを確認しながら、間違いのないように支払業務を行なう。

　納品書は、店舗では発注表の品目と数量の照合に使われ、経理では請求書の照合確認に使われる重要な書類である。

　納品書は、伝票整理がしやすいように、サイズや形式を整えておく必要がある。

能力開発 (のうりょくかいはつ)　　　career development

　職務経験を体系的に積ませて社員の能力を高めていくこと。会社規模の拡大と社会環境の変化に対応していく力がつくように人材を育成していく。

　能力開発は、人事・教育制度と組織変更に左右される場合が多い。次の2点が主である。

　一つは、刺激となる教育の場の設定である。会社の将来の方向を示すことによって、どんな人材が必要かを明確にして動機づけを行ない、自己啓発の機会を与えていく。

　もう一つは、適宜に配置転換を行ない、経験を積ませ、知識の内容を広げていくことである。

　能力開発のポイントは、会社の将来と、そこで必要な人材の目標を与えて、明日の自分のために自主的に能力を高め、知識を得るように仕向けることである。能力開発は本来、強制されるものではない。

暖簾分け制度 (のれんわけせいど)

　長年にわたって築かれた店の看板を、永年勤続者や功労者に使用する許可を与えること。

　多くの老舗は、従業員の労働意欲と定着率を高めるために暖簾分け制度を活用してきた。賃金が低くても、過重労働を強いられても、暖簾分けを目標に頑張り通したのが商店に働く昔の若者の姿であった。日本の飲食店は、最初から勤続年数と貯金額の目標を定めて、そこに達すると暖簾分けを行なってきた。

　組織力を持つ大手グループが誕生すると、零細店の暖簾分けは存続が難しくなった。競争が激しいうえに、独立資金の額も膨らみ人手確保も難しく、独立が困難になるためである。独立できても、経営技術のない零細店では世の中の流れに取り残される。

　フランチャイズチェーンは現代の暖簾分けである。本部の指導の下で店主の夢が実現する確率は高い。

ノンバンク　　　　　　　　　　　　　　non bank

　銀行ではないが、銀行と同じように資金の貸し出しを行なう会社。リース会社などの金融業者が代表的である。

　ノンバンクは、銀行よりも金利は高いが、借り主には柔軟な姿勢を示して積極的な貸し出しを行なってきた。それがバブル時の実態である。土地の担保評価額を高く設定し、銀行では貸さないような金額を貸し出していった。

　ノンバンクは銀行の信用が低い会社にとってはありがたい存在である。しかし、よほどの収益が保証されない限りは、ノンバンクを利用することは、銀行よりも不利な借入れとなる。

　業績不振の外食企業が体質強化を図ろうとする時に問題になるのが、帳簿に表れていない借金、リースである。建物やキッチン機器のリース、あるいは家具についても同様のことが行なわれていて、表面には表れないが、大きな借入金が隠されている場合がある。

バーチカルマーチャンダイジング　　　　vertical merchandising

　原材料の生産段階から計画的に供給できるメニューの仕組みをつくりあげること。必要な食材を栽培から生産・加工段階まで遡って安定的に確保することである。

　その成果の一つは、無駄な経費ができるだけ排除され、仕入原価および単位当たりの材料費が削減されることである。

　もう一つは品質の向上だ。材料や一次加工などについて、生産者やメーカーと直接話し合うことによって高い価値を創造することができるようになる。

　バーチカルマーチャンダイジングは、材料の生産から消費までの一貫したシステムをつくりあげることだが、その前提として買う側の品質基準をはっきりさせておくことである。実践するには、取引先に対する説得力と経済力が必要になる。ただし、取引先と密着した行動を取っていても、資本支配はしない。

パーティション　　　　　　　　　　　　　　　partition

　客席と客席との間に設置される間仕切り。パーティションには固定式と移動式があるが、いずれもお客さま同士の視線を避けるように設けられる。

　パーティションは、あくまでもお客さまに自分の部屋、テーブルを意識づけさせることが主たる設置目的である。間仕切りとなるので、コース料理を提供する時の混乱も避けられる。客席係には客席全体が見渡せながら、お客さまたちにとっては独自性のあるテーブルになるというのが、パーティション設置の役割である。

　特に移動式のパーティションは、客席の広い和式の場合には必要である。お客さま同士を区切ることは、仕事の混乱を回避するために有効である。宴会の多い店は、客席を有効に使用する際にも大いに役立つ。お客さまの数に合わせた客席づくりもできる。

ハードウエア　　　　　　　　　　　　　　　hard ware

　コンピュータシステムを構成する機器の総称。対照的に使用される言葉がソフトウエアである。ソフトウエアはコンピュータを利用する時に欠かせないプログラムのこと。

　飲食店にとって、ハードウエアとは店舗、キッチン家具、照明など有形のものをいう。ハードウエアは、経営者のサービスやオペレーションの考え方を具象化したもので、経営の効率を決定づける重要な部分である。

　店舗は、売上高と資本の収益性を考えて投資額が決められ、そこから資材や店舗デザインが決まる。

　飲食店のハードウエアのポイントになるのがキッチンである。キッチンの作業動線、メニュー構成、オペレーション方法（ソフトウエア）などが検討されて、どんな機器（ハードウエア）を配置するかが決まってくる。

パートタイマー　　　　　　　　　　　　part-timer

　時間単位で働く勤務時間の短い労働者のこと。賃金は1時間いくらで決められる。

　労働時間は定められていない。会社と働く人の都合によって勤務開始時刻も労働時間も決定される。

　外食業では暇な時間もあるので、パートタイマーの活用は有効である。ファストフードをはじめ多くのチェーンレストランでは、店長を除いて他はすべてパートタイマーというケースも多い。

　パートタイマーも正社員と同様に、福利厚生の充実が必要とされる。会社の厚生施設の活用、社会保険の適用、ボーナス時に特別手当を支給することなどは、もはや時代の要請である。そのためには、雇用契約を明確にしておくことが必要である。さらに、パートタイマーから正規社員となり、店長研修を受け、店のマネジャーになる道が開かれることも必要である。

パートナーシップ　　　　　　　　　　　partnership

　同じ看板を掲げて事業を展開する者同士が、お互いに株式を持ち合い、協力し合うシステムのこと。

　本部と加盟者の関係がドライで、人間的な触れ合いが少ないフランチャイズシステムに比べて、株式を持ち合うので、同志的結合が強い。アメリカでは、フランチャイズチェーンの新方式として注目された時期もあった。

　一般に、チェーンで働く人たちにとって、独立は資金力や組織力を考えると、厳しい時代である。一方、本部でも、人材の流出を防ぎ、グループの拡大を図りたいと考えている。そこで企業側と個人の双方の希望が一致して、パートナーシップ関係が生まれた。

　店の株式の4分の1から3分の1を本人が所有し、他は親会社や役員、仲間に持ってもらう。アメリカのステーキチェーンは、パートナーシップ制を採用して、本部とパートナーの人間関係と資本関係のバランスをとって成功している。

配送センター　distribution center

食材や消耗品を保管・管理し、店に配送するところ。

食品、資材、消耗品の集荷を行ない、そこで、各商品ごとに区分して保管。各店の必要に応じて配送、運搬する。企業規模が拡大するのに従って、集荷・配送機能は極めて重要になる。

普通、配送センターはセントラルキッチンと隣接しているケースが多い。

配送センターでは、集荷されたものをピッキングしやすいように商品分類したり、あるいは簡単な包装作業も行なわれる。

配送のためには、店舗からの発注システムの確立が不可欠だ。これは店長マネジメントの重要な課題でもある。

冷蔵品、冷凍品の活用が多くなると、品質保持のために低温管理技術が大切になる。

配送費　distribution cost

食材を配送するためにかかる費用のこと。費用としては、運搬の車両費、人件費、燃料費、保険などすべての費用を加算したものである。

セントラルキッチンや配送センターを所有する会社では、配送費は常に見直しが必要である。配送費を節約するためには、配送センターの立地や構造、そして荷造りの方法も改善しなければならない。運搬車が入れないような狭い場所に搬入口があると、搬入に人手が多くかかるようになり、必ず経費は嵩んでくる。できるだけ少ない人数で搬入作業が行なえるよう、運搬車と店舗のバックヤードが容易に接近できる店舗設計の工夫が求められる。

配送を他社に依存すると、コスト削減のプランがなかなか生まれてこない。商品の品質維持やコスト削減を考慮して、できるだけ自社で独自に配送が行なえるように努力しなければならない。

配置転換(はいちてんかん) rotation

職場や配属を変更すること。次のような狙いがある。
①その人の適性を探し出す
②社業の知識、経験を深め、業務全般に精通させる
③他部門を知ることによって作業の関連性を理解させる
④社内の人間関係をよくする
⑤将来幹部として総合判断が下せるような経験を積ませる

配置転換は、各人に最も適した仕事や部署を発見するチャンスになる。あくまでも、人材育成のための教育として行なわれるものである。

有能な幹部やスタッフを育成するためには、多くの職種を経験させることが大切である。

日本のように終身雇用を前提としている会社では、配置転換を行ないやすいし、また配置転換の効用は大きいとされている。

配当金(はいとうきん) dividend

会社が獲得した利益の中から、株主に対して1株当たり一定の割合で支払われる金額のこと。

配当金は、利益の中から税金を支払った後の残った純利益を分配したもの。純利益は株主への配当、役員への賞与、社内留保の3つに分けられる。

一般に、1株当たりの純利益が高くなればなるほど配当金は大きい。配当金、役員賞与、社内留保などの決定は株主総会の決議事項である。上場会社には、1株当たりの純利益高の何%を配当するのか(配当性向という)を決めているところもある。

配当金は、あくまで投資家に対して会社の責任を果たすためのものである。また、株主に対して持株の何%かを無償で与えるという株式分割の形で配当する方法もある。

株式の分割は、資金の流出を伴わない配当方法であり、株主には財産が膨らむという有利な方法でもある。

バイヤー　　　　　　　　　　　　　　　　　buyer

　料理に使う食材の買い付けを担当する人。商品の品質と仕入単価に対して責任を負う、利益を左右する重要な仕事である。

　メニュー開発で、求められる食材の品質基準と、荒利益率を確保する責任を負っている。商品開発担当者に対して有利な食材の情報提供を行なうのも仕事の一つ。素材で勝負することを念頭に置いた積極的な行動をとる。

　バイヤーの仕事場は社内や店ではない。田畑、食品メーカーの工場、海や市場など、生産地に近いところを継続的に訪れることが重要である。仕入れの段階で、競争相手よりも常に有利になれるように行動する。

　野菜、米、魚、肉類などは産地情報を正確に入手して、メニュー内容や価格に対して、手が打てることが大切である。

　経営トップと商品部長への報告を怠ってはならない。そうした会社の情報を持って業者と折衝すれば、取引条件は有利に展開できる。

ハウスオーガン　　　　　　　　　　　　house organ

　会社がある目的をもって発行する刊行物のこと。

　配布対象は、株主、お客さま、従業員、取引先など。代表的なものは社内報である。

　社内報は会社の現在の状況など、トップの方針を伝えると共に、社員同士のコミュニケーションを図るなど、その目的は多岐にわたっている。社員にとって大切なのは、自分の会社の必要な情報が得られることである。社内報は、社員とその家族の人々に、会社を理解してもらうための大切な情報源である。

　お客さまを対象としたパンフレットは販売促進であり、メニュー紹介や新店オープンの案内が主となる。

　社用に多く利用される店では直接、季節ごとにメニュー解説などを送付すると効果的である。

　高校、大学向けの求人用パンフレットも大切な刊行物である。

パスタ　　　　　　　　　　　　　　　　　　　　　　pasta

イタリア語で小麦粉を練ってつくられた料理のこと。

パスタの代表的なメニューは、マカロニ、ラビオリ、スパゲティなど。イタリアを代表する料理は、魚肉類を除くと、ほとんどパスタということになる。

大衆性があり、しかも国を越えて普及している小麦粉であるため多くの国で人気がある。各地の名産品と味つけを活かし、オリーブ油やニンニク等を使用したイタリア料理ならではの個性を引き出してきたことが、各国で受け入れられている要因だ。

パスタの原料の小麦粉は世界共通の主食であり、原価が安定し、所得に関係なく誰もがどこでも買えて、大衆価格で提供できる。アメリカ、日本にパスタ類が急激に普及したのは第2次世界大戦後である。簡単な料理で、材料の入手も容易で、いろいろな食材といろいろな調味料を組み合わせて、国柄や地域性を出しているところに人気がある。

バスボックス　　　　　　　　　　　　　　　　　　bath box

汚れた食器、什器類を洗浄機にかける前に一時的にためておく容器。バスボックスは、洗い場と客席を結ぶ動線上の中間点に設置される。

客席担当者(サーバー)にとっては、バスボックスの位置によって作業効率は大きく違う。たとえば客席とキッチンの中間にボックスがあれば、テーブル上の汚れた皿などをすぐに下げられる。

バスボックスが多いほどサーバーは仕事がしやすくなる。キッチンと客席を往復しながら、食事の終わった器を途中で下げることで、お客さまが席を立った後の片づけが早くなり、次のお客さまを早く案内することができる。

バスボックスは、あくまでも一時預けの場所であり、来客数が多い店ほど必要になる。客数が限定される高級店では、バスボックスは必要としない。

バッシング　　bussing

　汚れた皿、フォーク、ナイフなどを下げる作業のこと。その担当者のことをバスボーイ（busboy）と呼ぶ。

　バスボーイはお客さまには直接言葉をかけないが、その店のサービスの良し悪しを決め、サービスの効率を高める鍵を握っている。バッシングが思うように進まないと、次のお客さまを客席に案内できないので、客席回転が悪くなる。

　忙しい時間帯であっても、バッシング作業専門の人を店に置くと、人件費がかさむ。少人数のオペレーションを考えると、バッシングは接客係がサイドワークとして常に行なうことが最も望ましい方法である。

　オーダーを取ったり、テーブルに商品をサービスした後に、他のテーブルに空いた皿があれば、洗い場に運ぶ。それを接客係に習慣づける。バッシング作業をサーバー主体に行なえば、食べ終えた皿が次々と下げられるので、お客さまは気分よくデザートやコーヒーを楽しむことができる。

発注（はっちゅう）　　order

　予測される来客数に対応するために必要な分の食材や消耗品を、決められた方法で導き出して取引先や自社の配送センターに注文すること。発注には必ず書類や控えが要る。電話で口頭で注文した場合でも、発注の控えを取っておく。こうした発注数量を記入した書類のことを発注表という。

　品切れが起きて営業活動に支障をきたしたり、発注量が多すぎて在庫過大でロスが発生しないように注意する。

　次のことがわかっていなければならない。

①来客数と各メニューの出数が予測できている
②現在庫の数量を把握できている
③必要な各食材の在庫量（標準在庫量）が決まっている

　発注量は、標準在庫から現在庫量を引いた数量である。発注表は、納品時の納品書と照合される。

発注点 _{はっちゅうてん}

order point

食材の在庫を確保するための発注作業時刻のこと。
発注のポイントは次の通り。
①全食材の標準在庫量を決める。
②発注時の在庫量はいくらかを知るために棚卸しを行なう。そのために発注と棚卸しの時刻を決めておく。
③冷凍庫、冷蔵庫、棚に置いた食材の数量を数えやすいように陳列方法も決めておく。

大切なのは、発注量の決定である。来客数に対応して各食材の必要量を算出できるように仕組みをつくっておく。

店長の発注技術によって原価が決まり、売上高も左右される。在庫量が多すぎると品質が落ちて、売上高を下げ、ロスを発生させる。品切れは最も恥ずかしいことであり、お客さまの信用を失くす原因となる。

店舗における適正な在庫量は、配送回数によっても異なるが、毎日配送の場合には1.5日分が目安となる。

抜擢 _{ばってき}

single out

年齢、経験、階層を飛び越えて、組織活性化のため思い切って若い人や経験の少ない人材を登用すること。抜擢は、実績があり、成果をあげることが期待される者に対して行なわれる。

抜擢のチャンスは、新規事業の開発や新規プロジェクトの立ち上げ、あるいは苦境に立った時などである。

飲食業は、常に時流に対応する新しい感覚が要求される仕事である。生活者として、お客さまのことをよく理解できる若い人材の発想が役立つことが多い。

また、歴史のある店や会社で、仕事の進め方に伝統的な習慣にとらわれていると改革が難しい。新しい技術や考え方を導入するために若手を抜擢すると効果を生む。会社が大きくなると、若い優秀な社員を抱えながら、活かしきっていないケースが増える。組織の活性化にも若手の登用が必要である。

パネルディスカッション　　panel discussion

　多人数の会合では、全員が参加して討論することは不可能なので、賛成者、反対者が各々の代表を送って討議する方法。
　意見を述べる人のことをパネラーという。代表者は、賛成、反対の意見を述べ合いながら、多くの人の合意（コンセンサス）を得るように努力をする。
　パネルディスカッションの進め方は、代表者が自分の意見を述べるのを、他のパネラーが聞いて反論を述べるが、会場の参加者にも質問やその他の方法によって参加の機会が与えられる。
　パネルディスカッションは、教育の場というよりも、議論を交わす時に多く用いられる。テレビや街頭の討論会では、パネラーに博識経験者が多く起用され、それぞれの意見を大衆に訴え、できるだけ多くの人々のコンセンサスを得る努力が払われる。自分の考えをみんなに訴える説得力の修得に役立つと共に、異なる意見を持つ人の声にも耳を傾ける習慣が身につく。

パパママ店（てん）　　mom and pop store

　夫婦2人が中心になって経営している小型店のこと。
　パパママとは、零細業者を指す。日本の飲食店の9割以上は零細のパパママ店で占められている。パパママ店のよさは、店主の方針を貫けることである。
　パパママ店成功のポイントは、店の特徴を商品にもサービスにも、店主のパーソナリテイによって出すことだ。店主は調理人としての技能を発揮して店の個性を出すことが望ましい。
　単品を売り物にする場合は問題ないが、品数が多くなると個性を出すのが難しくなるので、メニューを限定するように心がける。また、パパママ店にとって調理と共に重要なのは、お客さまに対応する店主の心温まるサービスである。
　パパママ店は中途半端な経営をするとすぐに潰れる。いかにチェーン店がたくさんできても、店に個性があれば、パパママ店は潰れない。

パブ public house

イギリスに生まれた居酒屋のこと。パブとはパブリックハウスの略で、売り物はビール。イギリスの外食市場で食事を提供する店は約25万店あるが、そのうちパブが30%を占める。

パブは元々、労働者階級を対象に、酒を安く提供する場所であった。男性客中心の店づくりが行なわれていたが、現在では女性も家族も気軽に入れるような店づくりに変わって成功している。成功している店の大部分が、ビール以外に魅力あるメニュー品目を持っている。パブとステーキハウスの組合せで成功しているチェーンもある。

アルコールはできるだけ安く売り、1人でも多くの客数を集めることに努力している。したがって、アルコールは日本とは逆で、食事よりも荒利益率が低い。ビールは客数を増やす目玉にしていることがよくわかる。

パブリシティ publicity

マスコミを上手に利用して無料で記事を載せてもらい、集客につなげる販促活動のこと。

普通は報道パブリシティともいわれている。テレビや新聞、雑誌メディアに記事として取り上げられると、内容の信憑性も高くなり、店の知名度も高まる。効果的な販促方法の一つである。

アメリカでは、パブリシティはマーケティングの有力な武器として、外部の広告専門会社に任せるケースが多い。

企業の活動や店の人気ぶり、評判を媒体側に理解してもらうためにプレスリリースを用意したり、企業側の担当者が電話などで、積極的にマスコミにアプローチする。

観光地の場合は、旅行雑誌や女性週刊誌に取り上げられると効果大である。ただしパブリシティが効果をあげるには、店の売り物やキャッチフレーズなどを明確にしておかなければならない。現在の客層を変えてしまうような記事や商品の紹介は、むしろマイナスとなる。

バラエティミート　　　　　　　　　variety meat

　牛、豚、鶏などの食用内臓肉のことを指す。牛や豚の肝臓、心臓、腎臓、胃袋、腸、脳など、加工して食べる部分をいう。鶏の場合は、胆嚢を除いてすべて食用とされている。

　バラエティミートは、匂いが強かったり、肉が硬いので、一般的な調理法ではなかなかおいしく食べられない。商品として出すためには、独自の調理方法や香辛料、ソースを開発して、食べやすくする必要がある。ホルモン焼き、焼鳥店では、おいしく食べるためのポイントを押さえている。

　内臓肉は調理と仕込みに時間を必要とするが、いったん開発に成功すると、店の独自の商品となって固定客がつく。

　内臓肉はカロリーが低く、たんぱく質、無機質、ビタミンなどの栄養素が豊富なうえに、安いことが利点である。内臓肉のヒットチェーンは、タン焼き専門店である。

パレット　　　　　　　　　　　　　　pallet

　商品を一定の単位で積み上げ、フォークリフトなどを利用して、荷役、貯蔵、輸送するための台板のこと。

　フォークリフトやハンドリフトを活用する場合には、平パレットを利用する。パレットを利用する目的は、荷役輸送業務の簡素化、効率化にある。

　さまざまな種類の形あるいは重量の物を、一定のサイズの台板に乗せて運ぶが、これは定型化された通路、棚をつくって、荷役や配送の能率を高めるためである。パレットを使用するには倉庫内の通路や棚の標準化が必要となる。

　飲食店では、平らな台板よりも、ボックスパレットの活用度が高い。パレット上に側板、網、あるいはアルミ製の箱を乗せたものが、ボックスパレットである。

　冷凍品の場合は、保冷を考えてアルミ箔製のものが必要になる。常温輸送の場合には、重量を軽くするために網籠を使用することもある。

ハンドブック　　　　　　　　　　handbook for crew

　店で働く人たちのためにつくられた手引き書のこと。
　店で働く心構え、就業規則、接客技術、調理技術に関する基本を伝えるもの。最低限の作業技術と働くうえでのルールが示されている。
　ハンドブックには通常、次のことが記載されている。
　①勤務時間、給与、出退勤、休日、福利厚生、店内での食事、制服など、働く者の必要なルール、心構え。
　②職種の基礎知識と仕事上の基本用語、店の器具の名称や取扱方法。
　ハンドブックの内容を習得することによって安心して働けるようになる。店長が新人教育をする時、ハンドブックに記された会社のルールの確認からスタートする。キッチンとホールの連係プレーの際に使われる言葉や、機器の名称は共通用語として、入店する前に身につけなければならない。

パントリー　　　　　　　　　　　　pantry

　キッチンでつくられた料理を、テーブルに要領よく出すために一時的に取り揃えるところ。
　配膳台あるいは配膳室と呼ばれることもある。できあがった料理をセットする場所であり、日本料理の店ではピークタイムに料理を順序よく出すために重要な場所である。西洋料理の場合、1品1皿という形式だが、日本料理は会席のスタイルになるので、各種の料理の組合せをするスペースが要る。
　お盆サービスは、1人前分のすべての料理を盆に盛るので、煮物、焼き物、揚げ物などを、1人前に取り揃える必要がある。それを行なう場所が配膳台である。
　パントリーは、調理開始の指示を出したり、客席係にサービスを指示するので、いわば店のコントロールタワーとなる。そこには能力の高い人を配置する。パントリーの担当者の能力で、ピーク時の店の提供時間が決まる。

ハンバーガーパティ　　　hamburger patty

　ハンバーガー用に加工された加工肉のこと。一般に牛肉100%のパティが多く使われるが、原価を引き下げたり、パティの味の特徴が出るように豚肉や鶏肉も使用される。

　アメリカのハンバーガー用のパティは牛肉100%であり、肉のフレイバーを出すために脂身も多く使われている。

　パティは、チルド状態の肉を挽き肉にし、マイナス2℃前後で仕上げて、そのまま凍結する。店舗では、凍結状態のままグリドルで焼いたり、チェーンブロイラーに乗せて焼きあげる。

　パティは、赤身と脂身の構成比を一定にして、品質を守る。肉の部位および、牛の種類を限定して、できるだけ商品の均質化を図る。冷凍のまま焼くと縮むので、見栄えをよくするために、焼く時に押さえる。最近はパティの冷凍化を否定しているチェーンが多い。

ハンバーグ　　　hamburg steak

　牛肉と豚肉を主材料にした挽き肉の加工食品。

　レストランでは、いつも上位にランクされる人気商品である。この商品の品質レベルで店の人気が決まる。ハンバーグはロシア発祥といわれているが、広く知られるようになったのはドイツのハンブルグの名物料理となってからである。

　外食のメニューとしては、動物性たんぱく質を最も安く提供できる食品である。ソースに工夫を凝らすことによって味に変化が生まれ、香辛料の使い方で、バラエティに富んだ商品になるので、店の特徴も出しやすい。

　かつて材料に大豆たんぱく、鶏肉、馬肉などが多く使われた時代もあるが、牛肉の普及に伴って100%ビーフのハンバーグパティが出現し、牛肉の比率の高いものが好まれるようになった。100%ビーフを売り物として、専門店として高い評価を得ている専門店チェーンもある。牛肉のフレイバーを出すために20～25%くらいの脂を含ませている。

販売促進
はんばいそくしん
sales promotion

客数を増やし、売上げを上げるための広告活動。
販促には、次の3つの方法がある。
①テレビ、新聞を媒体としたマス広告。
②店内で行なう店内広告（POP広告など）。
③宛名広告（DM＝ダイレクトメール）と訪問セールス。

チェーンの最大の媒体はテレビを通じたマス広告だ。一般に売上高の3～5％を充当して売上げを上げる努力をしている。

来店客に効果のあるのがPOP広告。メニューブックの写真の大小、位置、文字の大きさなどによって、メニューの売上げは一変する。卓上の印刷物や店内の料理写真も販促効果が高い。

DMは固定客を対象とするもので、専門店や高級店では効果の上がる方法である。

忘れてならないのが、店で働く者が地域の会社や家庭を直接訪問する販促方法である。

PR
ぴーあーる
public relations

多くの人々から会社の信頼を得るための広報活動。

消費者である一般大衆、従業員あるいはその家族、納入業者、金融関係、政府機関などが対象となる。企業の地域活動や優れた社員の紹介をして上手に会社を売り込むのがPRである。物やサービスを直接売ろうとする広告活動とは異なる。

PR活動を行なうためには、事前に誰を対象とするのか明確にし、何をPRすることが効果が高いかを決める。金融機関に対しては月次損益計算書を提出し、業績が順調であることを伝えておくと、金融関係の印象はよくなる。

納入業者に対しては長期計画を公表し、わが社の3年後、5年後の姿を数字で表し、先方の協力を得るように努めることがPRである。

企業規模が小さい時は、経営者の直接の語りかけが企業のPRとなる。

BGM
びーじーえむ

back ground music

精神状態や心理状態によりよい影響を与えるように流される音楽のこと。もともと工場で生産性や品質を高めるために工夫されたものだが、飲食業でも、店の雰囲気をよくする音楽は大切なものである。

落ち着いた食事を提供する店や、高級店では音楽は不要といわれているが、そうとは限らない。業態に関係なく、客層や利用動機に合うように、一定のリズムを送ることは、お客さまの満足度をより高める。

BGMのリズムは時間帯によっても変える。ランチタイムとディナータイムでは、音の高低もテンポも異なる。BGM次第で、ランチタイムの客席回転率も変わる。BGMはお客さまの行動に変化を起こさせる影武者でもある。ただし、歌手の声や台詞がはっきりしすぎるのは敬遠したほうがよい。あまり人気のあるポピュラーな音楽も避けたほうがよい。

引当金
ひきあてきん

allowance

特定の支出、損失に備えて毎期計上する経費。

引当金は税法上、次の点を考慮して計上することが認められている。①負債性引当、②評価性引当、③利益性引当、④その他。負債性引当とは退職金、賞与、修繕引当金など。評価性引当には減価償却引当金、貸倒引当金などがある。利益性引当については納税引当金が代表例。

引当金は管理会計として社内予算に組み込むことが可能である。たとえば、店では維持管理のためのメンテナンス費用が発生する。教育費、研究費などは月ごとに大きく変化する。毎月の損益計算書に必ず発生する勘定で、月ごとに大きく異なる経費は、年間経費総額を予算計上しておき、月ごとに引当金として等分する。そうすれば、月次の収支バランスに大きな波がなくなる。決算月に12ヵ月の引当金を加算すれば、期間の経費実績が決まる。

ビストロ   bistro

パリで生まれた食事を提供する居酒屋のこと。どんどん食事に重点を置くようになっているので、個性のある小型レストランといったほうが適切である。ビストロはロシア語で「早く」という意味がある。語源は、1814年にパリに攻め込んだロシアのコザック兵がレストランに入って、「ビストロ、ビストロ」(早く早く)と注文したことに端を発しているといわれている。

早く、安く、気軽に飲み食いできる場所がビストロである。ただし、最近のビストロは決して飲み屋ではない。ダンナやオカミさんの調理技術や人柄を売り物にした粋なフランス風の店、それがビストロである。

ビストロは、オーナーの生まれ育った国や地方色をよく表現していることに特徴がある。個性のある食事、オーナーの温かい心遣いが基本となる。西洋料理の理想的なパパママ店である。

ヒューマンリレーションズ   human relations

職場内の人間関係を円滑にして仕事の能率を上げるもの。作業能率を高める時、設備や工場の物理的なものよりも、職場内の人間関係の良し悪しのほうが、むしろ影響が大である場合が多い。経営の成果をあげるためには、上司と部下や仲間同士の人間関係をよくすることが大切だ。

ヒューマンリレーションズは人間関係を研究するものだが、目指すのは、働く意欲を高め、会社の売上高を上げて利益を上げることである。

ヒューマンリレーションズを築くには、個人の意見やアイデアを顕示できる仕組みを社内につくること。たとえば提案制度、改善委員会など。次に会社の向かう方向をはっきり示すこと。トップの理念や方向が正しく一人ひとりに伝わり、将来に対する夢が生まれ、自己啓発できる材料がたくさんあることが望ましい。社内で文化やスポーツ活動が活発になり、集団としての和がとれることも重要である。

評価 (ひょうか)

appraisal

部下に与えた職務や業務目標に対して成果がどうであったかを測定し、賞罰を決めること。

職務給は、あらかじめ成果を期待して職位に与えられた給与なので、結果が思わしくない場合は降格や減俸になる。評価はあくまでも職務や目標に対して査定されるものである。

よく評価と考課が混同されることがある。

期待されたことが実現できなかった場合には、なぜそういう結果に終わったかを検討する。

その検討が考課である。

考課に基づいて足りないところを補っていくのが教育である。昇進を前提として教育が行なわれるが、実際の査定は与えられたポジションの成果で測定する場合が多い。

標準化 (ひょうじゅんか)

standardization

作業や動作の基準を示して、すべての作業や仕事の結果が同様になるようにすること。

標準化の目的は、あくまでも結果を例外なく目標通りにすることである。

動作や作業の方法を示すのは、第一にお客さまに提供する料理やサービスの品質を一定にするためであり、店が提供するものを常に一定のレベルに維持することが目的である。

特にチェーンになると、店ごとのサービスや料理のレベルを一定の水準に保つことが要求される。

標準化は、お客さまに満足してもらえるように商品やサービスを均質にすることを目的とする。

次には、能率の問題がある。作業が最も合理的に行なえるように具体的な方法を文章や絵で表現したものがマニュアルである。マニュアルは標準化を図るための道具である。

作業を標準化することによって、労働効率と共にコストの安定化も図られる。

標準在庫量 (ひょうじゅんざいこりょう)　　standard of inventory

来客数に対応するために必要かつ最適な在庫数量のこと。

標準在庫量は、食材の品質管理や材料の数量の維持を行ない、機会損失の原因となる材料の品切れを防止しながら、資金の有効活用、原価率の安定などを目的に決められる。したがって、標準在庫量は売上高、来客数に応じて決まる。

売上高や来客数を基準とし、標準在庫量を考えて、必要な分だけ発注しなければならない。

在庫量をまず把握してこそ、正確に発注量を決めることができる。そのためには正確な棚卸しを行なうことが大切だ。標準在庫量から現在庫を引いた数量が発注量となる。

標準在庫量は、全食材ごとに決定しなければならない。品切れは避けなければならないが、常に最適な在庫量を目指すようにする。

標準人員配置 (ひょうじゅんじんいんはいち)　　model shift

売上高（来客数）に応じてキッチン、客席、洗場などに配置する必要最低人員のこと。人員の決定は、サービスの質や料理の提供時間など、お客さまに提供する基準（スタンダード）と労働生産性の妥協点で決定される。

時間別来客数に応じてキッチン、ホール、洗場の必要人員を導き出すが、その人数のことを標準人員配置という。時間当たりの来客数（売上高）に対応した部門ごとの必要な人数を示したもので、ワークスケジュールを作成する時の基本になる。

ワークスケジュールは店長の最も大切な仕事だが、前提となるのは標準人員配置と売上高予測（来客数予測）である。

この標準人員配置は、キッチンあるいは客席での必要な作業能力の目標になる。作業能力は、そのできあがり状態で来客数が決まる。

接客と調理のレベルを上げることが客数を増やし生産性を上げていく。

品質管理 (ひんしつかんり) — quality control

決められた通りの商品を提供するための食材管理と調理技術のこと。

飲食店の信頼は、いつも一定の水準の料理が出されることで得られる。そのためには、店で働くすべての人たちが料理の基準（スタンダード）を知っていなければならない。

商品のできばえの確認が品質管理の第一歩である。それは主に食材管理と現場の調理作業レベルによって確認する。

次には、各メニューの調理方法が問題になる。調理の前に、使用食材の品質基準をはっきり決めておく。料理の品質を決めるものは食材のレベルである。

したがって、納品時に検品を確実に行なわなければならない。品質管理は納品、調理加工、保管方法が主たるチェックポイント。できるだけ料理のスタンダードを、目や舌、触感など五感を使って正しく記憶し、判断が誰でもできるようにすることが大切である。

ファームバンキング — firm banking

企業のコンピュータまたは端末機と銀行のコンピュータを直接通信回線で結び、銀行の金融サービスと直結してしまうこと。銀行と家庭の端末機を結ぶことをホームバンキングという。

ファームバンキングは、銀行側にとっては資金の集中管理、資金留保と得意先の確保が狙いである。銀行の待っている貸出金利や投資に関する情報を企業に伝える手段にもなる。銀行側はこうした情報提供をビジネス化している。

銀行と本社の経理・財務の間のコミュニケーションが迅速化され、コスト削減にもつながる。電話で問い合わせたり、わざわざ銀行まで足を運ぶ時間もコストも節約できる。

これをデジタルデータ交換網という。出入金の迅速化だけではなく、為替相場のデータや有効な資金運用に関する情報を十分活用できることもメリットだ。

ファサード fasade

　店舗外装の正面部分のこと。ファサードは店の顔である。お客さまの目に触れ、「食事はこの店でしたい」と思わせる表情が必要である。特に、地下街や商店街など人通りの多い場所では、入店の動機を促す大切なポイント。観光地や主要幹線道路沿いでも目立つファサードで、店の売り物のメニューと価格を示して、来店を決意させるものでなければならない。

　ファサードのポイントは、その店が何屋なのか、蕎麦屋、天ぷら屋、寿司屋なのかを認知させること。街道沿いの店の場合、ファサードから受けた印象で、入店するか決まる。飲食店では、サンプルケースも大切なファサードの一部になることがある。

　店舗の前面や間口の広い店はお客さまに訴える力が大きいが、間口の狭い店では店頭のデザインに工夫が要る。専門家の知識と経営者のセンスがファサードの良否を決める。

ファストカジュアル fast casual

　ファストフードの持っている早い、安いという基本を大切にして、楽しさのある店づくり、品揃えをしている店。

　ファストカジュアルは、冷凍食品を否定して、商品の鮮度、安全性、健康を重視しているところに特徴がある。原則は注文を受けてから調理することで、店づくりは木材を強調して、温かい雰囲気を出している。

　そして、力を入れているのが客席のサービスである。テーブルでオーダーは取らないが、商品をテーブルに運ぶ作業やバッシング（片づけ）は積極的に行なう。

　メニューは、絞り込んで経営の効率化を図っていることはファストフードと同じだが、ファストカジュアルはよりテーブルサービスレストランに近い内容である。ファストフードと比べると商品の提供は遅く、価格はファストフードよりも高い。

ファストフードチェーン　　　　　　　　fast food chain

　低価格で素早く食品を提供するテイクアウトを主力にしたチェーンのこと。早く、短時間に大量に売る技術開発を行ない、価格を低く設定して爆発的に成長した限定メニューのチェーン。

　ファストフード店が成功するには、次の条件が要る。

　①メニュー数が少ない、②安く売るためにオペレーションコストが低い、③未熟練者を短期間に育成して戦力化を図る。

　そして、工場の加工技術によって商品の安定化を図り、作業の効率を高くする仕組みを完成する。

　成功の条件は、よいサービスとよい雰囲気、そして高い品質が、お客さまにはっきりわかることである。

　アメリカのファストフードチェーンが成功したのは、価格の割に高い品質の商品とサービスが提供されたからである。売上高の多くをドライブスルーのテイクアウトで占めたことで効率の高い経営を実現したことも、成長の要因として挙げられる。

ファミリーダイニング　　　　　　　　family dining

　メニューが豊富で、安い価格で提供するテーブルサービスレストランのこと。日本のファミリーレストランと同じコンセプトのチェーンレストランである。ファミリー客が多く利用する店で、認知度が高く、国民の多くが食べるメニューを揃えている。

　ファミリーダイニングは家族が対象なので、3世代が同時に利用できるようなメニューの幅がある。一般的には24時間営業で、朝食、昼食、夕食と3つの時間帯に利用しやすい品揃えだ。

　ファミリーダイニングは、部下を育成し、食材の管理を行なう店長のマネジメントが成功の鍵を握っている。メニューの品数が多いので、キッチンのオペレーション技術が高くなければならない。ホールではサービスの技術力も要求される。

　店長の来客予測の技術力を高め、発注や仕込み等の食材管理を徹底することと、人を必要に応じて準備することが来客数を増やし、経費のコントロールにつながる。

フィッシュアンドチップス　　fish'n chips

魚とポテトのフライを組み合わせたメニューのこと。もともとイギリスの代表的なメニューで、パブには欠かせない商品である。

アメリカでも、フィッシュアンドチップス（F＆C）を主力にしたファストフードチェーンが存在する。伸びた理由は、価格が低い割に品質がよく、ビジネスマンやファミリーの食事に適していたからである。

材料は主にタラで、バッターと呼ばれる香辛料の入った衣を付けて油で揚げる、簡単な料理である。低カロリー志向の中で、ハンバーガーに対抗する商品として高い成長率を示していた。店内での食事と持ち帰りがあるが、最近ではイギリスに倣って、ワインやビールなどアルコールと一緒にサービスして好評を博しているチェーンもある。

イギリスでは、パブのメニューの主役で、ランチタイムには、ビジネスマンの多くが食事として楽しんでいる。

ブイヤベース　　bouillabaisse

魚介類を煮込んだ、フランス風の鍋料理。地中海沿岸や南フランス地方の漁師が食べていたもの。魚介類を主とした鍋料理でスープを楽しむ料理である。

魚、蟹、海老、貝など、その土地で獲れた魚介類をふんだんに使い、ニンニクやサフランを香辛料にして新鮮な食材の味を引き出したスープに独特の味がある。特別なルールはないが、地元で獲れた新鮮な魚介類とスープが味のポイントになる。

豪華な料理だが手間がかからない点が特徴。

南フランスの海岸では、ブイヤベースは旅行者をもてなすうえで欠かせない郷土メニューである。

日本でも、土地の味噌と新鮮な魚介類でつくる名物鍋料理が、漁港などでは提供されている。アメリカでは、牛肉をベースにジャガ芋やニンジン、野菜類を煮込んだポトフがある。アメリカンシチューと呼ばれている。

フィンガーフード　　　finger food

　手に持って食べる食品で、主にファストフードで提供している。
フィンガーフードは、フォークとナイフを使う食事と対照的に、気軽に食べられるものである。外食のマーケットは、フォークとナイフ、箸を使って食べるものよりも、手で持って食べられる食品を開発することで成長している。

　新しい食品は、便宜性、スピード、安さを実現するために革命的な提供方法をとることで実現されてきた。サンドイッチがフィンガーフードのスタートとされているが、ハンバーガーはフィンガーフードの代表的な商品である。提供方法を「手でつかむ」ことにこだわって新商品が開発される。ピザもフィンガーフードの代表例である。

　今後ますます手でつかんで食べる商品は成長が期待できる。日本では、コンビニのおにぎりが筆頭に挙げられる。

フードコーディネーター　　　food coordinater

　商品、食材の仕入れから調理方法、盛りつけなど商品開発に関するアドバイスを行なう食の専門家のこと。

　社内の人材では同じ発想の繰り返しになるので、外部の専門家の目と知識で商品、仕入れ、開発の方法を変えていく。

　フードコーディネーターは、あくまでも社内の商品開発担当者にアドバイスを行なう人である。社外の人間なので、商品開発担当者がその専門家をどう生かすかで成果は決まる。

　フードコーディネーターは、調理技術者であったり、食材の知識や仕入情報の提供者であったりするので、その強い部分をいかに引き出すかマーチャンダイジングの担当者の能力が大切になる。

　また、フードコーディネーターはマーケティングの専門家であったり、料理の盛りつけのプロの場合もある。

　具体的な開発のアドバイスをする人と、商品担当者に対する総合指導を行なう人と2通りのタイプがいる。

フードコストコントロール　　food cost control

食材費をあるべき比率（標準原価率）に近づけること。

第一の狙いは、適正利益を得るために、変動経費の中で最大の費目である食材のコストを適正に抑えること。

オペレーションラインでは、人件費と共に食材費は最も注意を払うべき変動経費である。変動経費はむやみに経費を低くすることではなく、一定の費用を使う、ということを忘れてはならない。

商品開発部の設定した料理の品質基準を守って、あるべき原価率にもっていくことが現場の店長の責任である。そのためには、食材の発注技術と調理技術が大切である。

注文通りの数量と品質の食材が納品されているかどうか、納品伝票と現物を照合する検品が大切だ。調理では、決められた通りの数量の食材を調理することが大切である。これをポーションコントロールという。この2つの技術が柱となる。

フォーカス　　focus

マーケティングの一つの手法で、あるテーマを設定して、消費者に直接意見を聞いたり、会社が提案しようとするメニューへの反応を聞いて、意思決定を行なう。フォーカスは、企業が提案しようとするコンセプトや商品、内外装のデザインなどの決定を消費者側に求め、その答えを見つける方法である。

一般にフォーカスは、マーケティング会社や調査会社が行なうが、各々の会社にはパネラーといわれる消費者の代表がいて、テーマによって召集される。そうしたパネラーの反応を見ながら、コンセプトや商品づくりを行なっていく。

店舗数が少ない場合は、オーナーの趣味や好みで意思決定をすればよいが、店舗数が増えてくるとトップの主観優先から、多くの人の意見を導入する客観性重視の方向に変えていく必要がある。お客さまの意見に耳を傾けるという基本を守るための方法である。

フォンデュー　　　　　fondue

　スイスの代表的なチーズ料理のことで、フランス語で「溶かす」という意味。チーズを白ワインで溶かして、それにパンを浸けて食べる単純で、素朴な料理である。いかにも山国ならではの料理である。

　ところが、どういうチーズやワインを選ぶかは、決して容易ではない。白ワインとチーズほど種類の多いものはないからである。使用する材料が少ないと、その材料の品質が味覚や風味を決定する。白ワインとチーズの組合せは難しいということだ。

　日本では、チーズそのものに嫌悪感を抱く人も多いので、フォンデューといえばオイルフォンデューとなる。使用する材料は牛肉、野菜が主になっているが、微妙な味を出すチーズフォンデューには勝てない。

　日本でフォンデューが成長しない理由の一つは、恵まれた材料が少ないということもある。

付加価値（ふかかち）　　　　　value added

　調理技術やサービスを加えることによって新しく生まれる価値のこと。外食業では、荒利益のことを付加価値という。製造（調理）と販売（接客）の2つの作業からなる外食業は、付加価値は高くなる。

　人手がかかる業種・業態では付加価値は大きくなり、卸売のように扱い量は大きくとも、商品の取引機能のみの業種の付加価値は小さい。

　外食業も、持ち帰り（テイクアウト）を主体にした業態の付加価値は小さい。付加価値率が低くても、人件費率を抑えて経費のバランスを取り、労働時間当たりの付加価値（稼ぎ）を高くする。テーブルサービスで、高い商品を提供する場合は、人手を多くかけるので、付加価値率を高くせざるを得ない。

　適正な価格で売って生まれた付加価値の中から、人件費や家賃をはじめ諸経費を支払う。その残りが利益となる。

含み資産 （ふくみしさん） secret reserve fund

　帳簿に表れた資産価値よりも、実際の価値が高くなることがあるが、その差額のことを含み資産という。含み資産は、インフレになると特に土地に多く表れる。

　インフレの激しい時には、土地投機は一段と激しくなり含み資産は大きくなった。土地は帳簿上では買い入れた時点の価値で記帳されている。土地を売らない限り収入はないが、含み資産は税金がかからないので、一番蓄積された利益ともいえる。

　営業利益として帳簿上に表れた数字を増やす努力は必要だが、経営の体質強化を図るために土地の資産を年々大きくすることも、かつては重要な財務戦略であった。将来を予測し、商業地として一等地になることを見越して土地購入を行ない、自らの手で繁盛店をつくることが、含み資産を大きくする。

　継続的に成長していくためには、含み資産を保有し担保能力を大きくすることも大切である。

物的流通 （ぶってきりゅうつう） pysical distribution

　生産から消費まで物の流れを経済的、合理的に行なうこと。物（食品に限定しない）を必要な時に、必要な場所へ、品質を維持しながら経済的に配送できることが物的流通に課せられた課題である。チェーンストアは、店舗が遠距離に散在するので、物流システムで利益が左右される。飲食業は、次に示すように物を仕入れ、加工し、保管して、さらに配送するという、いわば加工業と物の移動業が同居する業種でもある。

①仕入れ、荷受……仕入部門
②加工工場……セントラルキッチン
③保管作業……配送センターおよび地域ごとのデポ
④店舗配送……配送センターやデポから店の配送

　キッチンの作業、店内の接客作業の仕組みはもちろん大切だが、規模が大きくなると、物の流れのシステムができているかどうかが店長のマネジメントに影響する。

歩積み・両建て預金 compulsory deposit as a condition for loans

手形割引、借入金があって、借入先の銀行に拘束されている預金のことをいう。

歩積みとは、銀行が手形を割引く時、その金額の一部を強制的に定期預金などに回すこと。両建てとは、銀行から借入れを起こす場合、その借入金額の一部を定期預金にしたり、当座預金に残すこと。このように、実際には自由にできないお金であり、拘束されるので拘束預金と呼ばれる。

一般に企業と銀行との力関係や企業の信用状態によって、拘束預金の額、割合が決まる。特に中小企業になるほど、拘束性は強くなり、借りる側は借入額のすべてが使えないために、実質的な金利は増大することにもなる。不正な貸付け条件と思える場合には、国は銀行を指導することもある。現在、歩積み・両建て預金はなくなりつつある。

プライスゾーン price zone

商品の価格の幅。一番安いものから高いものまでの範囲。

レストランの場合、飲物と食事を一緒にしてプライスゾーンを考えても無意味である。あくまでも食事のメニュー価格の上限と下限を問題にする。価格の幅が狭ければ狭いほど、その店を選びやすい。

メニュー構成は、プライスポイント（お客さまが最も利用したい価格）を中心にメニューづくりを進める。

メニューの品数が増えると価格の幅を狭くすることは難しくなるが、利用しやすい店の個性を明確にするうえでも価格の幅を狭くすることは大切である。ファミリーレストランのようにメニューの品目数の多い店でも、来店動機に対応するためにも価格の幅は狭いほうがよい。店の規模が大きく、かつ種々の来店動機を持ったお客さまを対象とする場合は、プライスゾーンはたとえ広くなっても、時間帯や利用動機に合わせたお客さまが注文しやすい価格ラインを複数用意する必要がある。

プライスライン　　　　　　　　　　　　　price line

　同一品種のメニューそれぞれについている価格のこと。
　たとえば、ラーメン店で、500円、600円、700円の3種類の価格設定がされている場合には、3つのプライスラインを持つという。その中で最も売れているのが600円のプライスラインであれば、その600円をプライスポイントという。
　品種の異なるメニューを何種類か持つ総合メニューでも、大切なことは各品種のプライスラインを限定して、その中で最もよく売れるプライスポイントを明確にすることである。それによって客層や利用動機が明確になり、利用しやすい店になる。
　プライスラインを限定しながら、プライスポイントになる価格帯の品目数を多くすると、お客さまには選択の幅が広くなる。
　プライスポイントのことを値頃（ねごろ）という。

プライスリーダー　　　　　　　　　　　price leader

　価格の面で強い影響力を持っている店のこと。特別の商品の価格の決定について、同業他社が価格を比較しながらマークする店である。
　プライスリーダーは2つの理由から決定される。一つはお客さまの支持率が圧倒的に高いこと、もう一つは同業者の中で優れたリーダー（経営者や調理責任者）である、と評価されていることである。
　店舗数が多かったり、商品の評価が高くて、来客数が多い場合には、必然的にプライスリーダーとなる。プライスリーダーとは「評価の高い店」ということである。
　プライスリーダーは、社会性を考えて品質と価格のバランスを取っている。むやみに価格を上げて相場を高くし、お客さまの信用をなくすようなことはしない。プライスリーダーの店は、同業他社にとって価格や品質の目標となる。

プライスレンジ　　　　　　　　　　　　price range

　売れ筋価格の幅のこと。プライスゾーンと同様に使われている場合もある。メニュー価格にはプライスラインという価格の種類と、最高価格と最低価格の幅を示すプライスゾーンがある。

　プライスポイントは、最もよく売れている価格を示したもので、そのことを値頃という。

　買いやすい価格がプライスポイントと同価格、あるいはその周辺価格に集中することになる。その周辺価格の中で注文率の高い価格の幅をプライスレンジといって、主力品種をその価格幅に集中させて買いやすくする。

　プライスゾーンもプライスレンジも幅が少ないほどメニューは選びやすくなる。ランチとディナーで客単価の違う店は、時間帯ごとに異なったプライスレンジを持つ必要がある。

プライベートブランド　　　　　　　　private brand

　メーカーや問屋に対して特別に自店用の銘柄（ブランド）で供給を依頼した商品のこと。

　プライベートブランドは本来、知名度の高いナショナルブランドと対比して使用されるもので、飲食業者や小売業者がメーカーに特別発注した自信の商品である。

　その店の独自性が発揮されて、ブランド品は会社の信頼度を高めていける。

　メーカーの銘柄がすでに全国的に知れわたり、信頼がある場合には、わざわざ自社ブランドを使用する必要はない。

　ワインに自店用のラベルを貼付しているだけのケースがあるが、それでは能がない。ソースやドレッシングなどの無名の中小メーカーの商品に、飲食業者としての「信頼の印」を付けて販売すると効果は大きい。

フライヤー　　　　　　　　　　　　　　　　　fryer

油で揚げる料理に用いる調理器具。

フライヤーはグリル、オーブン、ストーブ、フライパンなどと同様に、キッチンには欠かせない調理器具である。一般のレストランや食堂においては、その使用頻度は高い。

フライヤーは魚、野菜などの素材を高熱で調理するので、短時間に仕上がるし、フライパンのように1人の調理人が付きっきりで調理をする必要がないため効率の面でも優れている。そのため、フライヤーは大衆レストラン、ファストフードにとっては欠かせない調理器具となった。

ファストフードでよく利用されるようになるにつれ調理温度の自動コントロール機能を高めて、設定した調理温度を保つサーモスタット機能が活用されるようになってきた。フライヤーにブザーを設置して調理時間をコントロールし、自動的に油切りして商品を完成させるような機器も出てきた。

ブラック企業（きぎょう）　　　　　　　　　black firm

劣悪な労働環境で従業員を酷使している会社。長時間労働やサービス残業が行なわれているケースが外食産業に多く見られることで、労働者を守る労働基準法の見張り番である労働基準監査は、労働基準監督官を各地に配置して、労働者の安全、衛生、労働条件を守っている。

特に昨今の人手不足から残業時間は増加しており、心身の病気の大きな原因となっている。社会教育訓練の不足、低賃金、サービス残業の増大は若い労働者が活力を失う大きな原因となることから、国は、衛生問題と同様に労働環境の改善に取り組む外食企業の指導に力を注いでいる。

ブラック企業とは逆に、若い社員の能力を高め、定着率を高めて、豊かな生活者を生んでいる企業をホワイト企業と呼ぶ。

フランチャイズチェーン　　franchise chain

　商品やサービスについて、その技術を確立した会社（フランチャイザー）が加盟者（フランチャイジー）に契約によって経営のノウハウを提供していくチェーンのこと。

　フランチャイザーは、加盟店の営業を成功させるだけの商品を供給できるシステムと指導方法が確立されていなければならない。加盟者は、フランチャイザーが打ち出した経営方針を守る責任がある。フランチャイズシステムは、店舗数が急激に増えると、仕入れと広告の力で全国的な展開が可能になるという特徴がある。

　加盟者には、ノウハウをそっくり利用すれば成功するという保証がある。通常は、ノウハウ使用料として売上高から何％かをフランチャイザーに支払う義務を負う。

　フランチャイズチェーンは、急速成長の武器ではあるが、加盟者はそのノウハウの見極めが必要である。

フルタイマー　　full-timer

　毎月労働時間に関係なく、定額の給与を支給される従業員のこと。たとえ欠勤があっても、賃金は保証された、いわゆる社員と呼ばれる人たちである。日本では社員として雇用される人のことをフルタイマーと呼ぶが、欧米では1週間の労働時間が40時間を超える従業員をフルタイマーと呼んでいる。

　イギリスなどでは、1週間の就業時間が25時間を超えると、会社の負担する社会保険、福利費用が増額になるので、できるだけパートタイマーの就業時間は25時間を超えないようにする。店長は、パートタイマーのワークスケジュールを小刻みに作成して、経費を抑えるわけである。

　フルタイマーの数が少ないほど経営効率は高まるように思えるが、オペレーションを安定させるには優秀なフルタイマーが不可欠である。急速な店数増を狙うチェーンの場合、店長代行やトレーナーとして幅広く活躍できるフルタイマーを用意しておく。

ブレーンストーミング　　　brainstorming

新しいアイデアを出すために集団で行なう開発方法。リーダーを決め、会議形式を取って自由に発言させる。思いつきも認めて、できるだけ多く発言させることが大切。

ブレーンストーミングには、次の大原則がある。
① 他人の出したアイデアに対して絶対に批判をしない。
② 自由奔放なアイデアを歓迎して発言を促す。
③ たくさん発言する人を気分よくさせる。
④ 提案されたアイデアを展開していく。他人のアイデアにどんどん便乗させていくことによって、そのアイデアが使えるようになる。
⑤ アイデアとアイデアを組み合わせていく。
⑥ 司会者と記録係を中心にして必ず内容をまとめる。

ブレーンストーミングは、戦略や戦術を検討する場合に有効な方法である。

プレゼンテーション　　　presentation

食欲をそそったり、買物をしたくなるような、店舗の陳列、装飾あるいは料理のサンプル等を魅力的にすること。

食欲をそそるようなサンプルケースの照度、色彩、盛りつけ、配列はそのメニューの出数に大きく影響を及ぼす。

サンプルケースと共に、売れ行きを決めるのがメニュー表である。写真の大小、レイアウトによって商品の出数は一変する。

商品そのもののプレゼンテーションとは、皿の上の盛りつけ方法を指す。いかに綺麗に目に映り、おいしそうな商品に仕上げるかで人気が決定される。特にデザートは、その演出力によって人気が決まる。いかに器の上に商品を盛りつけるかは商品開発担当者の腕の見せどころ。器の選び方にも細かい配慮が必要となる。

「目は胃袋よりも大きい」という言葉を忘れてはならない。

ブレッケージ   breakage

什器・備品の破損のこと。ガラス製品、陶器などは破損するのは当り前と思う人が多いが、現場の注意でその破損の度合いを変えることができる。

ブレッケージは洗場が多いように思われているが、実際には移動する時に起こるケースが多い。

バッシング（汚れた器を洗場に下げる作業）や洗い終えた器類を所定の位置に置く時である。汚れた器を下げる時の持ち方や置き方、ガラス製品や陶器を下げるボックスの置場などに問題があることが多い。ボックスのサイズ、汚れた皿類を置く場所、バスボックスの深さ、配置のしかたなどに工夫を要する。

ディッシュウオッシャー（洗浄機）は性能のよいものが多いので、ほとんど破損の原因にはならない。

ブレッケージを少なくするために、破損した時のことを記憶にとどめて、毎月話題にすること。

プレパレーション   preparation

最終調理を早くできるようにするための仕込作業のこと。

一般にキッチンで行なう作業は調理加工の最終段階であり、温めたり、材料を組み合わせたり、盛りつけ作業を行なうことが多い。プレパレーションは仕込調理であり、1人分の量に材料をセットする。作業はピーク前に終了する。

プレパレーションのメリットは、フロントキッチンの作業の簡素化である。調理は、あくまでもお客さまの注文を受けてからの作業だが、その加工時間の短縮とコックの人員削減が、売上高と純利益高を決める。最少の経費と短縮された労働時間の中で、最大の売上高（客数）を上げるためにプレパレーションは存在する。

プレパレーションの仕事は、各品目の出数予測に従って、材料の仕込みを行なうので、来客数予測と商品の出数予測力が大切である。

フロアコントロール　　　　　　　　　　floor control

　客席部門のサービスを無駄なく効果的に行なえるように人員を配置して、指揮すること。店長の重要な仕事である。

　お客さまに楽しい食事の場を提供しながら、労働時間のコントロールを目指して、適正人員を配置して最大の客数に対応できるように人員配置を行なう。店長には、次の準備が必要である。

　まず客席係1人ごとの守備範囲を決める。ピークタイムは狭くアイドルタイムは広くなる。その守備範囲を曜日ごと、時間帯ごとに一人ひとりに作業割当てを行ない、各々の担当する仕事の範囲を明確にしておく。そのためには、店長は曜日ごと、時間帯ごとの客数を予測できなければならない。客数予測に基づいた各人の作業割当ての技術が店長に求められる。

　お客さまをどの席に誘導するかも大切である。一部の客席係にお客さまが集中しないように、案内係の役割が重要になってくる。

ブロイラー　　　　　　　　　　　　　　broiler

　牛肉、チキン、魚などを直火で焼き、調理する器具のこと。

　直接火を当てて焼くので、食材の持っているフレイバーがそのまま出せる特徴があり、香ばしい味になる。

　ブロイラー利用の典型は、チャコールを使用した炭火焼きのステーキである。

　チキンでは焼鳥が典型的。

　ハンバーガーチェーンの中にも、ブロイラーとグリドルを使用した2つのタイプのチェーンがある。

　ブロイラーを使用するチェーンでは、その直火による焼きあがりのおいしさを主張する。

　その代表格がマクドナルドと対抗しているバーガーキングである。ジュージューという音を出しながら直火で焼き、ハンバーガーパティの脂身がブロイラーの火に落ちることで生まれる肉の香りが客席まで届く。脂身の香りがさらに旨みを増す。

プロジェクトチーム　　　　　　　　　project team

　新しい事業を興したり、特定の問題を解決するためにつくられた特別な編成グループのこと。

　新しい業態を開発する場合などにプロジェクトチームが結成され、その仕事のためだけの特定の人員を配置し、目標の実現に努める。プロジェクトチームは、明確な目標を持ち、その目標に対してのみ努力を集中する。他の仕事との兼務は避ける。

　新規に業態開発を進める場合は、プロジェクトチームの柱になるプロジェクトリーダーが、一般には営業本部長とか統括部長という形で、その後のオペレーションを担当していく。

　新規事業の場合、必要な能力を明記して社内から希望者を募るとよい。積極的な参加意欲こそが成功の最大の要因になるからである。また同時に、プロジェクトチームは、意欲的な若い人材を発掘する有力な方法でもある。

プロダクトマネジャー　　　　　　　　product manager

　新製品の開発と商品化を推進するメーカーの専門家。製品をつくりだす時、それぞれの製品ごとにマネジャーを配し、製品の設計から製造、販売に至るまで一貫して各部門との調整を図る役割を持たせる。マネジャーは内容、品質を決定する仕様書を作成し、製品化して、消費者の反応を調べる。市場で受けるかどうか、販売の可能性を見極めてから実際に商品化に着手する。フードサービスの場合、商品担当者にバトンタッチされる。

　開発技術者は、その仕様書に沿って品質とコストの検証をする。この段階で、材料の調達、盛りつけ方法、あるいは包装方法なども検討される。

　実際にメニューに新商品が加えられると、プロダクトマネジャーは店長や接客係に新商品の知識を身につけさせる。一つの商品に集中して、最初から生産が軌道に乗るまで面倒を見るのがプロダクトマネジャーである。

不渡手形 (ふわたりてがた)　　　　　　　　　　　　dishonored bill

支払いが不可能になった約束手形のこと。

約束手形（約手）は、発行者が支払い相手に対して支払期日、金額、場所（銀行）を示し、期日に発行者の当座からその金額が引き落とされる。ところが、約手を発行した会社が資金不足に陥った場合、受取り側に現金が入ってこない。そのように現金化が不可能になった手形を不渡手形と呼ぶ。

不渡手形を1回発生させ、6ヵ月以内に、もう一度不渡手形を出すと、銀行の取引停止処分となって、会社は倒産ということになる。

手形は、現金の支払いを先送りするよさがあるが、経費の危険な支払い方法である。先送りすることは、それだけ金利のかかった高い商品を購入したことになる。

約束手形の発行は、会社倒産の決定的なものになるおそれがあるので、現金商売の飲食店は避けたほうがよい。

分業 (ぶんぎょう)　　　　　　　　　　　　division of labor

仕事をいくつかの作業分野に分類して、専門の担当者を置き、経営の効率化を図ること。分業化は、1人の作業や守備範囲を明確にして、必要な知識や経験を短期間で修得させて作業の能率アップを促すことに役立つ。

組織的には、まずライン（稼ぎ屋）とスタッフに分類され、次にトップマネジメントとミドルマネジメント（中堅）とワーカーに分けられる。これを階層という。

店の中における分業は、ホールでは接客係、キャッシャー、バスボーイ、案内係と、それぞれ分担する職種を明確にすることである。キッチンでは仕込係、ストーブ前、フライヤー係、ディシャップ、洗場などに分ける。

分業化は、各人がその能力に応じて部署を担当し、短期に熟練度を高めて、リーダーの指揮力で仕事の成果をあげるのが目的である。

分社 (ぶんしゃ) spin out

　新しい事業を起こす時や、地域別に事業を展開する際に、別会社にして独立方式を採ること。狙いは、別会社にすることによって過去の制約を取り払い、伸び伸びと仕事をさせて、意欲を高めて、成果をあげることにある。

　分社化は、発想の転換を期待すると共に、仕事の進め方、企業体質を一変させることを目指す。また新しい人材発掘の場であり、新しい芽を育む手段としても有効である。

　分社化は、出向の形式を採る場合が多いが、要は伸び伸びとした発想と行動を促し、結果責任を明確にすることで、人材が育つことが重要である。

　分社化の推進は、新規事業の時には効果的である。新しい人材を生み出すと共に、仕事に対する取り組み方を変えるまたとないチャンスになる。進んで志願する人、会社の仕事やその進め方に批判的だった人材を登用すると、成功の確率は高くなるといわれる。

粉飾決算 (ふんしょくけっさん) window dressing settlement

　経営の状態をよりよく見せようとして、利益を意図的に多く出すように決算数字を偽って処理すること。粉飾決算は、実際よりも利益を多めに出して、銀行、取引先、株主等に提示し、信用を得ようとして行なわれる犯罪である。

　中小企業では、逆に税金をできるだけ少なくするために、むしろ利益を少なめに出そうとする。そのことを逆粉飾決算という。

　粉飾決算が表面化した場合、経営者は調査の結果次第では、起訴され、事件として取り扱われ、刑に処される。逆粉飾は一般に「脱税」といわれる。経営規模を大きくする時に脱税した場合は、必ず脱税分は解明され、追徴金を要求されて、経営を不安定にする。

　また、脱税行為は経営者の信頼を損ない、対外的な信用を失うばかりか、そこに働く者の勤労意欲を減退させる。

分野調整法(ぶんやちょうせいほう)
sector regulation law

　大企業が中小零細企業の多い事業分野に参入したことで、小さな事業主の経営が成り立たなくなることを避ける法律。正式には「中小企業の事業活動の機会確保のための大企業者の事業活動の調整に関する法律」という。

　分野調整法が生まれたのは1977年5月。大手メーカーが豆腐製造、クリーニングなど中小零細企業が主体の分野に進出し、小さな事業主の生活を危うくした結果、通産大臣(現・経済産業大臣)の指導の下で、大手企業と中小零細企業の間で調整が図られた。この分野調整法は、飲食業にも適用されることがあって、チェーン化を目指す大手と中小商店とのトラブルの争点となった。

　大手と零細との間で価格差が大きすぎる場合、修正価格をつけて妥協点を見いだすこともある。分野調整法は中小零細店を一時的には守れても、最終的には消費者に選ばれる店であることが生き残る唯一の方法である。

ベーグル
bagel

　ユダヤ料理に欠かせない硬いパンに似た小麦粉でつくった商品。小麦粉を練ってドーナツのように真ん中をくり抜き、オーブンで表面をカリッと焼いたもので、小麦粉の香ばしさと歯ごたえのよさに特徴がある。ベーグルは、生地を発酵させた後に、沸騰した湯で茹でる。そして水を切った後、オーブンに入れて焼く。パンは発酵させた後にすぐオーブンに入れて焼きあげるが、ベーグルは茹でるので弾力性が増す。

　ベーグルの食べ方は、半分に切ってチーズを塗って食べたり、ハム、ベーコン、スモークサーモンなどをサンドイッチのように挟んで食べる。ユダヤ人の朝食には欠かせない食品だが、アメリカ全土で普及している人気商品である。ユダヤ人の多いニューヨークでは、マンハッタンベーグルと呼んで、大変人気のある商品である。

ベースアップ   base up

　基準賃金の底上げのこと。ベースアップは社会環境の変化に対応して実施される賃上げである。その第一は物価の上昇に見合う生活給与を補償するものであり、第二は労働の需給バランスの問題である。

　会社間の競争のポイントになるのが、社員の賃金である。優秀な社員を獲得するためには、初任給において他社と競う必要に迫られる。新入社員の給与を上げると、必然的に既存の社員の給与もアップしなければならない。

　年功序列型の日本では毎年、春になると社員全員の給与が上がる昇給制度が長い間続いてきた。インフレによる物価上昇分をカバーするためにベースアップが実施されてきたのである。しかし近年、そのやり方はバブル経済の崩壊と共に薄れてきた。春闘の賃上げ交渉は、常にベースアップと定期昇給が同時に行なわれている。

ヘッドハンター   head hunter

　会社から依頼をされて優秀なスペシャリストや幹部を他社から引き抜くスカウトの専門家のこと。

　ヘッドハンターが対象とするのは、経営者あるいは大幹部である。ヘッドハンティングは、ベンチャービジネスや先端技術産業のように、新しい知識や技術を必要とする分野で特に盛んに行なわれている。一流の経営者をスカウトして、依頼主である会社の再建または成長を実現した場合、ヘッドハンターの名声は高まり、よいクライアントがそのハンターに集まる。

　アメリカの外食企業では、トップマネジメントが競争相手のトップに就くケースがよくあるが、そこには必ず腕利きのヘッドハンターが介在している。

　新しい企業が急速に拡大する時には、常に有能な人材を外部から導入する必要に迫られるので、変化の激しい時代にはヘッドハンターの活躍する場が生まれる。

ベビーシャークス　baby sharks

　人がたくさん集まる大きな商業施設の中や、すぐ傍に小さな店を出店する商法。一般には小判ザメ作戦といわれている。

　店は小さいが、それをチェーン化することによって大規模会社になっていく。ショッピングセンターやスーパーマーケット、百貨店など集客力のある店にテナントとして出店していくが、独特の商品を持っていることが必要である。

　テナントとして出店するための条件は、商品に集客力が必要だが、商品力が認められたベビーシャークには売場が優先的に提供される。

　外食の場合は、寿司、デリカテッセン、軽食類が代表的である。売場が狭くても、テイクアウトを主体にして高い売上げを上げていく戦略である。

　小判ザメ作戦の戦略は、店では販売業に徹するので、他の場所に集中加工場を持って、店では早く調理する加工技術や品質の保管技術が必要になる。

ベンチャービジネス　venture business

　急速な成長を期待して、集中して人材と資金を導入するビジネスのこと。

　ベンチャービジネスには成功の保証はないが、優秀な人材の能力を導入することで、一獲千金の夢が叶うところが魅力である。日本やアメリカのように成熟した社会になると、若い人材やアイデアのある人材が活躍するチャンスが限られている。そこで組織を飛び出し、別会社を設立して、思い切った発想力と行動力で、短期間に成長を実現していく。

　基本的には、アイデア、知識とやる気が中心である。情報産業はその代表的なもので、フードビジネスも基本的にはベンチャービジネスの性格が強い。往々にしてスピンアウトした人たちは、アイデアとやる気があっても、資金が不足している。その不足分を補う出資グループをベンチャーキャピタルと呼ぶ。

変動費
variable costs

売上高の高低に応じて変化していく経費のこと。理論上は、売上高ゼロの場合には全く経費が発生しない費目である。

変動費の最大のものは食材料費、飲料費であり、次いで人件費、水道光熱費、消耗品費などである。

損益分岐点を超えると、利益高は（売上高−損益分岐点）×（1−変動経費率）で出てくる。売上げをさらに上げ、固定費を下げることもさることながら、変動費率の低減が利益を上げるためには重要になる。ただし、人件費、水道光熱費、食材料費は、店長や調理長など現場の管理能力次第で大きく変わる。固定費とされる人件費をいかに変動費化するかは、店長の技術が必要である。

純利益率は、固定投資と原価と人件費のコントロールで決まる。人件費は、社員固定人件費とパートの変動人件費に分類されるが、そのコントロールはワークスケジュールの技術とトレーニングの技術が必要である。原価率と人件費率を足して、売上高の60〜65%に収めることがコントロールの目安である。

報告
report

上司から命じられた作業が終了した時に、その遂行結果を伝えること。その報告に対して、上司が納得した時に初めて仕事が完了したことにもなる。また、数値責任を持つ者が上位者に報告する場合は、書類によって行なう。数値が予想より低い場合には、その原因と対策を伝えて、今後の進め方を理解してもらい、足りない点は上司の指導を受ける。

報告に求められることは、次の通りである。
①口頭でも、文面でも、簡潔であること。
②報告を受ける側に結果が明確にインプットされること。
③今後の行動の方向を明らかにすること。

結果がどうであったか、何が問題なのか、今後はどうするのか。それらを報告して上司の指導を受ける。

豊富さ (ほうふ) variety

商品の種類、品目が多いこと。メニューの品数や品種（たとえば中国料理、日本料理、ロシア料理など）の多いことをメニューが豊富であるとしている。しかし、メニュー上の豊富さとは、見た目の多さとは若干意味が異なる。

好きな物が揃っていて選択できたり、組み合わせて食べることができる時に、メニューに豊富さが表現されていることになる。何でも揃えているのは、豊富さのある店とはいわない。

豊富さを感じさせるには、2つの面を追うことが必要だ。

一つは品種。ハンバーグならば、それだけでいくつかの品目があって、味や量を変化させて客層に合わせる品目が揃っていることである。

もう一つは価格。できるだけ狭い価格帯で、いろいろな品目が選択できることである。

メニューを選択する楽しさとは何かということを、お客さまの利用動機から見直すことが重要である。

ボーナス制度 (せいど) bonus system

仕事の成果に対して支給される分配のこと。建前はそうだが、ボーナスは今や成果に応じた分配よりも、生活給の意味合いが強くなっている。個人の仕事の成果に対して支給するという要素が薄れている会社が多い。しかし、ボーナス制度はアメリカや日本のチェーンでも存在している。

ボーナスは、あくまでも成果に応じて支給されるものであるから、利益責任を負う職位にある人のボーナスは期間利益の大小に左右される。利益責任を負う人は、主にエリアマネジャーと店長である。店長が利益責任を負える時に初めて実施できるシステムである。

予定利益を上回った場合には、その利益の何割かがボーナスとして店長に支給される場合が多い。店長の貢献利益高によってボーナス額が決定するチェーンもある。

ホールレイアウト   hall layout

　客席部分の客席と通路の取り方や客席の作業スペースの配列のこと。ホールレイアウトは、次の2点がいつも考慮されている必要がある。

　第一は、お客さまにとって気持ちよく店が利用できること。第二は、そこで働く人たちが働きやすく、かつ効率よく働けることである。一般にレイアウトが問題にされるのは、店側の効率面である。無駄のない客席数、疲れない動きができるレイアウトが理想通りに実現すると、サービスの質は向上し、笑顔の多い接客係が増え、結果としてお客さまの数も増えていく。

　効率よくお客さまにサービスするためには、キッチンと客席の距離、通路の取り方、客席と洗場との距離などが問題になる。料理ができあがってくるディシャップと客席の距離、入口とレジの動線が短く、直線で歩けるレイアウトであることが望ましい。レイアウトの提案は営業部が行なう。

POSターミナル（ぽす）   point of sales terminal

　店舗で売上時点に発生する情報を、本部でも入手できるように入力する機器。

　POSシステムは、コンピュータ化を前提とするが、それまでのキャッシュレジスター機能にプラスして在庫管理や商品の売れ筋が記録され、マネジメント情報としても活かされるようになり、経営の大切な道具ともなっている。その情報は店で記録されると同時に、中央コンピュータに送られるので、現金管理や在庫管理に利用される。

　中央コンピュータは、各店で打ち込まれた情報を記録して収集し、使用目的に合わせてデータを引き出す。特に力を発揮するのが在庫管理で、商品情報を基に使用食材が数量で出され、現在の在庫量が算出される。標準在庫量に基づいて店長から発注量がデポや取引先に連絡されて、食材が店舗に配送されてくる。

ホスピタリティ　　　　　　　　　　　　　　　hospitality

　もてなしの心、お客さまに親切にする思いから生まれる行動のこと。ホテルやレストランにとってサービスの基本となるもので、心から相手をもてなし、満足させる行為をいう。

　病院（hospital）での看護師が患者をいたわる心遣いと行為がこの言葉の原点とされている。

　ホテルやレストラン業のことをホスピタリティインダストリーともいうが、ホスピタリティは、あくまでもお客さまの立場に立って、心からもてなすサービス行動である。相手の気持ちをどこまで理解できるかが大切である。

　気持ちよく食事ができる店の雰囲気づくりのポイントは、おいしい料理とサービスを実現して初めて生まれるものである。

　ホスピタリティは、お客さまの喜びを自分の喜びにできる人に与えられるものである。

POP広告（ぽっぷこうこく）　　　　point of purchase advertising

　店内で販売促進のために行なわれる広告のこと。

　POPは、お客さまの目につきやすいことが大切である。最高の場所はメニューおよびサンプルケースである。メニューの選定に際しては、テーブル上のPOPの効果も大きい。POPは絵であったり、写真であったりする。

　メニューやサンプルケースの工夫によって商品の売れ行きは大きく違ってくる。POPは、接客係のセールストークの代弁者であり、より追加販売を推し進める効果も大きい。デザート類やお子さま向きの商品はPOPの効果大である。

　ただし、POPは店側の利益ばかりを考えて行なうと失敗する。お客さまが推奨品を注文してよかったと思える中身が伴わなければならない。昼食時のように早く安く食事をしたい人が多い時は、その利用目的に合ったセールス方法が必要になる。

ボランタリーチェーン voluntary chain

問屋と中小商店が協力して、仕入れと配送の合理化を追求したチェーンシステム。直営やフランチャイズチェーンのように、強力な本部からの規制はない。

一般には、小売店を対象にした問屋が、商品開発や販売促進、広告活動などを行なう場合に結集した組合である。問屋の販路拡張策であると同時に、中小の加盟店がグループとして協力し合い、チェーンの利点を少しでも活かそうとするもの。

各加盟店は、直営やフランチャイズチェーンと異なり、店名はまったく別。共通しているのは、一部の使用食材だけである。生鮮野菜は難しいが、加工食品は協力し合うことによって仕入単価を下げられる。

フードサービスの場合は、共同仕入れによるメリットと広告宣伝の強化が考えられるが、ボランタリーチェーンはあまり普及していない。

本部 (ほんぶ) head office

チェーン展開する会社の統括本部のこと。店舗とは違う場所に本部はある。本部は、方針政策を出すトップマネジメントと立地開発や商品開発を行なう開発部門、人材を育成する教育部門、店舗にサービスをする経理、総務などから構成されている。

本部は指令塔であり、店舗への奉仕部隊でもある。店が競争相手に勝てるように、よい立地を確保し、商品開発を行ない、人を教育して、店長を送り込む。また、店長が、現場で指揮する時間が多く持てるように、店長の事務業務を軽減するサービスを担当する。また、店のサービスや料理が間違いなくスタンダード(基準)通りであるか否かをチェックし、店長の足りない知識や経験を補う役を務めるスーパーバイザーやエリアマネジャーも本部に所属する。本部は店のために武器とサービスを提供する場所である。

マーケットセグメンテーション   market segmentation

　消費者が求める商品やサービスを提供する戦略を立てるために、市場を細かく分類して焦点をはっきりさせること。

　わが社の狙う市場を地域、年齢、所得、性別など対象をはっきりさせてから何を売るかの戦略を立てる。

　競合が激しく、なおかつ消費者の好みが変化していくと、市場が求めているもの（ニーズ）を発見して、それに応えるものをつくりださなければならない。

　マーケットセグメンテーションの検討項目は次の2つ。

　一つは年齢、性別である。ただし、全国チェーンを目指すような店は、性別、年齢をあまり細分化しない。誰もが入れる店を打ち出すようにする。

　もう一つは価格。何を売るかよりも、いくらで売るかを明らかにしていく。わが社が対象とする客層が最も食事しやすい価格を設定し、その範囲内で提供できる価値ある商品をつくりだす。

マーケティング   marketing

　お客さまが求めているものを、科学的な調査に基づいて確定し、それを効率的に生産、販売する。マーケティングの基本は、消費者の求めているものは何かの仮設を立てて、それを提案することである。

　飲食業のマーケティングは、誰に、何を、いくらで、どこで、どのように売るかを組み立てること。その消費者ニーズといかに合致した商品政策と立地戦略を立てるかを決めることから事業はスタートする。対象とするお客さまの利用動機を明確にすることで、価格や提供方法は決まる。客層や利用の動機を絞り込むことが戦略である。何を売りたいかを考えるよりも、何が求められているか、客層と動機を限定して決めることになる。

　外食店も、コンビニエンスストアも、スーパーマーケットも、食生活で今何が世の中から最も要求されているか、その期待に応えるマーケティング競争を行なっているのである。

マーケティングエリア　　marketing area

事業展開を有利に進めている特定の地域。

エリア内の売上高や店舗数が競争上有利に展開できている状態である。マーケティング活動の一番大きな経費は、販売促進費と物流費である。消費者に最も強いインパクトを与えるのがテレビ広告である。となれば、テレビ広告を利用できるだけの売上高が期待できる地域かどうかが重要である。

テレビを広告媒体の最良のものと考えると、その地域の電波が影響を及ぼす範囲がマーケティングエリアである。

経営の効率を高めていくためにも、地域に集中した出店が果たせて規模拡大ができるかが重要なポイントになる。

テレビ広告の及ぶ範囲で、地区マネジャーがマネジメント活動をしやすいこと、食材の配送計画がスムーズに進められることも重視しなくてはならない。

マーチャンダイジング　　merchandising

商品が、食材のルート開発、工場から店舗への配送などに科学的な手法が講じられて、競争力のある価格と品質が提供されていくこと。よく売れて、適正な利益が確保されれば成功である。商品開発に携わる人のことをマーチャンダイザー（merchandiser）と呼ぶ。

基本は、まず売れるメニューをつくりだすこと。その原材料を継続的に確保でき、価格と品質の保証ができること。次に材料をどのように調理加工していくか、セントラルキッチンと店の調理を分ける。さらにキッチンでどんな調理器具を使用するかを決め、自社の主力メニューに適した独自の製品を開発する。

これまでの調理場の仕事を分類して、仕入れ、工場加工から市場調査、機器開発という具合に細分化し、各分野で専門知識の持ち主を育てることがポイントとなる。

マーチャンダイジングは、会社の生命線であり、すべてに優先しなければならない。

マスメディア　　　　　　　　　　　　massmedia

　情報を大量に伝達する媒体のこと。マスメディアの代表的なものはテレビ、新聞、ラジオ、雑誌など。

　マスメディアは、飲食店、とりわけチェーングループにとっては重要な広告媒体となっている。大衆消費時代の購買量を決定するのは、マスメディアの活用次第ともいわれるほどだ。消費者の心を捉えて、早く効果が出るのはテレビ広告である。

　企業の活性化を図り、お客さまの購買意欲を高めるために、ローカルチェーンにもテレビ、ラジオの広告は欠かせない。

　名声店は、雑誌や新聞広告が効果的とされている。特に旅行に関する雑誌に定期的に広告を出すことは、専門店、名声店には有効である。

　マスメディアを継続して利用することは、企業や店の知名度を高めると同時に、信用も高めていく。

マテハン機器（きき）　　　　　materials handling instrument

　商品の移動、包装、保管のために用いる物流機器のこと。

　多店舗を展開する会社では、食材を中心に工場や配送センター、店舗間を移動させる回数が多くなり、その移動にかかる経費は急激に膨らむ。そこで、物を経済的に運ぶ台車、クレーン、コンベアをはじめとする道具やパレットなどの開発が必要となる。

　キッチンと客席のフロアが別階層である場合、料理の出し入れのためのリフトなども有力な機器である。また、一度に多数の料理を出したり、汚れた皿を下げるためのカートも効率を高める武器となる。配送に利用されるカゴ車は、人件費節約に役立っている。

　そのほか、マイナス温度とプラス温度の食材を同時に運ぶボックスや、調理作業の能率を上げる小道具の開発も重要になってくる。

マニュアル　　　　　　　　　　　　　　　　　manual

　作業方法を明細な文章や図、写真などで示した指示書。誰が行なっても同じ結果が出るように作業手順を図や写真を添えて示したもので、作業の標準化に欠かせない。即戦力となるように、熟練者でなくても正確に作業ができるようにつくられる。

　レシピに基づいて、均質な料理をつくれるように、その調理手順や調理方法を写真、絵で示している。

　マニュアルを決定するのはトップだが、その起案者は商品開発と現場の人材である。

　スーパーバイザーは、各店がマニュアル通りの作業をしているかどうかを観察する。作業担当者はマニュアル通りに作業を進める。マニュアルはいわば命令書である。

　マニュアルを変更する場合には、担当者は変更理由を指摘して、新しいマニュアルを作成し、トップの承認を得て、現場に落とし込むことになる。

マネジメント　　　　　　　　　　　　　　　　management

　人、物、金を有効に活用して、経営目的を達成する技術。言い換えれば、人の技術を生かして成果をあげ、資産を効率よく活用することである。

　よいマネジメントとは、お客さまの満足を得て、高い売上げを上げる店舗運営ができていることである。

　そのため店長は、部下を採用して教育・訓練し、各人の能力を高めて、作業割当てできる技術が求められる。

　コストコントロールもマネジメントの重要な要素の一つであるが、優先することは、お客さまに喜んでもらえるオペレーションであり、そのための教育・訓練と店の組織づくりである。

　次に考えるべきは利益の獲得である。適正人員を配置して売上げを確保し、労働生産性を高くする。人材が育つ仕組みづくりがポイントである。よい人材は教育制度と現場の上司の仕事の進め方で決まる。

マネジメントサイクル　　management cycle

　経営管理活動のサイクル、plan-do-see の繰り返しを指す。
　まず目指す方向、計画をはっきりさせる（plan）。その計画を達成するためには、どういう活動をしたらよいかを全員に周知させ、各人の意欲的な行動を促す（do）。次に行動した結果、つまり計画したことが実際に達成できたか否かを評価する。もしできなかった場合には、（A）どれだけ狂ったか、（B）その原因は何か、（C）どういう対策を立てるかを明確にする（see）。
　特に行動（do）の結果分析（see）が重要になる。
　計画（plan）通りにいかなかった場合は、行動の過程を見直すと同時に、計画そのものが正しかったかどうかも検討する。
　経営は、常に計画→行動→結果、評価の繰り返しであり、計画と結果をいかに一致させていくのかがマネジャーのマネジメント力のなせる技である。

マネジャー　　manager

　部下の働きを通じて自分に課せられた責任を果たす人。
　マネジャーは部下を持ち、責任（数値）が明確に与えられ、それをルールを守りながら、確実に実現していかなければならない。
　マネジャーの仕事の第一は、トップの決めた方針、スタンダード（基準）を確認すること。お客さまに提供するサービスや料理の品質レベルを、トップに代わってお客さまに提供していく役である。そのためには、部下に対してトップの思いを調理力、サービス力、店舗力で伝える必要がある。
　最終的な責任は利益になるので、コストコントロールの技術修得も重要である。
　お客さまの満足を得るために、できるだけ優秀な人を採用して教育・訓練する。部下のレベルをどんどん高くするために、教育・訓練に重点を置き、正しく評価して、モラールの向上に努めることが大切である。

マンパワーデベロップメント　man power development

人材開発のこと。「企業は人なり」の基本通り、会社の成長の鍵を握るのは、人材の質とその数である。

人材育成は、店舗でお客さまに対応する一般社員やアルバイトに至るまで、それぞれ決められたルールで進める。

全員の能力アップを図ることで初めて競争に勝つことができる。全社員がそれぞれの職務を全うできるように、自己の知識や技術を高めて、経験を重ねていく。

人材開発は、人間性の成長と専門知識の修得が必要になるので、教育・訓練は系統的に行なう必要がある。

各人のレベルを高めるためには、一人ひとりの現状を正しく評価する。まず不足している知識と経験を発見することからスタートしなければならない。

専門知識や技術の導入には、現場訓練と人事の配置転換が必要になる。さらに個性や特徴を大切にした人事が必要になる。

見えざる経営資産　invisible asset

会社の資産はバランスシート上に表れるが、実際に会社の価値を決めるものは、そのバランスシートに表れないとする考え方である。それは人であったり、経営技術であったり、情報の収集力や経営方法を決める企業文化といった、数字で表現できないものが多い。

外食業では見えざる資産の第一は人材である。どれだけのオペレーション力のある店長と開発のスペシャリストを抱えているかが、経営戦略やマネジメント力に現れて競争力を上げる。人材の質のレベルの高さは、会社の価値、資産を意味する。

もう一つの重要な資産は情報力である。マーケティングや商品に関するもの、あるいはライバル企業に関する情報収集力によって企業間の差が出てくる。コンピュータを駆使した商品情報、経営資料、配送問題も重要だ。また、経営理念や経営哲学の浸透度も大きな資産といえる。

店前交通量 (みせまえこうつうりょう)   traffic of store front

店の前を通る車の通行量のこと。

駐車場付きのレストランにとって、売上高に大きな影響を及ぼすのは、店前の自動車の通行量である。店を中心とした周辺の人口、住宅数と共に売上高を決定する大きな要素となる。

通行量の中でも、自家用車の数は大切である。産業用のトラックは、売上高とはあまり関係がない。

車の通行量を確実に捉えるために、人を使って実際に車の通行台数を数える必要がある。

特に注意を要するのは、対向車線を走る車の台数の合算のしかたである。道路に中央分離帯があり、入店不可能な場合はカウントするわけにはいかないが、右折しても十分店に入れる状況であれば、その車の量の何%を組み入れるか、全社共通の換算のルールが必要である。

ミドルマネジメント   middle management

中間管理職者。経営を担当するトップマネジメントの下につく管理職者のことで、具体的には課長、係長などを指す。

ミドルマネジメントは、あくまでもトップの決めた方針に沿って、その政策を実行していく推進役であり、部下への指導者としての役割を果たす。

ミドルマネジメントには、次のような任務がある。

①会社の方針に従ってトップの要求する目標の達成を部下と共に目指す。
②組織の円滑な運営を推進するために、トップと一般社員との中間にあって上下と意思疎通を図るパイプ役を果たす。
③部門間の関係を円滑にする。とかくセクショナリズムに陥りがちな組織をスムーズに運営するために、他部門とのコミュニケーションを図る。

セクショナリズムの解消と激変する情勢に対応するために、階層はできるだけ少なくする。

名声店 （めいせいてん）　prestige store

格調高い歴史のある高級有名店のこと。値段はとびきり高いが、料理もサービスも店舗の雰囲気も高級感のあるレストラン。

プレステージレストランは、営業年数を重ねて、多くの人々の信用を得ていく。

名声店をエクスピアリアンストレストラン（Experienced Restaurant）ともいう。年に1回ではなく、一生のうち何度かしか食事しないような高級店という意味でもある。

名声店になるためには、次のような要素が要求される。

どこでも出せない格別に品質が高い料理であること。高品質の材料を用いてそれに高い調理技術を加えた、個性的な料理であること、サービスのプロがいること、そして店内の装飾が上等であること……などである。

名声店は、経営者の贅沢の極みを表現したもので、オーナーの趣味や教養を十分に生かした店でもある。

命令 （めいれい）　order

上司が部下に対して仕事や目標を命じること。

命令は、直属の上司から受けることを原則とし、求める結果が明確に示されている必要がある。その求められる点が明らかだと、「イエス」と理解して初めて部下は命令を引き受けたことになる。

期待される結果がわからない限り、命令を受けてはならない。また拒否した場合には、その理由がはっきりしていなければならない。いったん引き受けた場合は、必ず実行に移し、結果を出すこと。命令は実現可能なものであり、結果を出すまでの方法や手順を上司は教えることができなければならない。

上司から命令と指導を受けて、実行に移せば必ずよい結果が得られることによって初めて上司の権威も生まれる。

また、命令は必ず期限つきでなければならない。

メニュー計画 menu plan

　商品の品質と組合せ、および価格をお客さまに受け入れられるように計画すること。

　メニュー計画のスタートは、何を売りものの店にするのかメニューの品種と、お客さまの利用動機に合致した価格設定を行なうことから始まる。特にお客さまの利用動機、どんな目的を持った客層に絞るかは、メニュー計画の大切なポイント。専門店の場合は品種、たとえばトンカツ、ステーキ、天ぷらなどわが店の特徴をはっきり訴える。

　商品の内容と価格はサラリーマンの昼食や家族連れの夕食、社用など利用動機を考えて決める。

　価格設定によっても商圏は決まってくる。高単価の店は大商圏主義となり、交通の便、駐車場が売上高を左右する。大衆商法や多店化を目指す場合は、利用度の高い、ポピュラーなメニューと、気軽に何度も利用できる価格が成功の条件となる。

メニュー表 menu

　その店の商品を写真や文字で表示した献立表のこと。

　メニューには、何を店が提供できるのか、その品目、内容を示しながら、その価格と中身を紹介する。店とお客さまとの間に交わされる商品の情報交換である。

　メニューに書かれた商品は、常に注文に応じられることが必要。品切れは信頼を失くす。今日のサービス品、推奨品があれば必ずメニューに書き込むようにする。メニューは店の意思表示板であり、売りたいものを表したものでなければならない。

　メニューは、ものを言わない最も有力なセールスマンである。メニューのつくり方が拙いと、売上げのチャンスをなくすことにもなる。品目名の掲載順、字体の種類と大小、色の使い分けが大切である。たくさんのメニューを羅列するよりも、店の得意な商品に絞って目につきやすい位置に置き、文字の大きさ、色ではっきり強調する。

メニュー変更 menu change

　メニューの組合せや商品の内容を変えること。メニュー変更の目的の一つは、常に魅力ある商品を提供することである。同じメニューを出し続けると、お客さまは必ず飽きる。

　もう一つは利益の追求である。お客さまの要求する商品のレベルを出し続けるメニュー開発の成果が客数増に結びつき、仕入ルートの開発、調理技術の向上が利益に結びつく。

　単品チェーンといえども、常に品質の向上に力を入れて、商品内容を充実させないと、必ずお客さまに飽きられてしまう。品質の再検討、提供方法や価格の変更が必要だ。

　フルメニューのレストランは、売れている商品を残しながら売れ行きのよくない商品を削る。そのためにメニューのABC分析をしておくこと。変更の品目数は全体のメニューの10％前後が適正といえる。メニュー変更が多すぎると、キッチンを混乱させる原因になる。

メニューミックス menu mix

　メニューの組合せのこと。単品チェーンあるいは専門店を除いては、いかにメニューを魅力的に、効果的に組み合わせるかは商品開発の大切なテーマである。

　メニューミックスが問題になるのは、メニューの品数が多い店で、かつ営業時間が長い店である。メニューミックスは、まず商品群、たとえばピザ、スパゲティ、サンドイッチなどいくつの品種を揃えるかが問題になる。次に品種の中身を調理方法で分類し、品目数を決める。メニューは営業時間帯とも深く関連する。

　朝食、昼食、夕食、あるいはスナックとして売れるためには、時間帯別に強い売れ筋商品が必要である。メニューで大切なことは、営業時間に関係なく売れる商品を育てることである。ランチとディナー両時間帯はよく売れる商品を持つことが大切になる。

メンテナンス　　　maintenance

　資産、設備、器具などの維持管理のこと。

　内装や家具、什器・備品などは、お客さまにとって気持ちよく利用できて、目でも楽しめる店づくりにしておく必要がある。

　キッチンの設備、器具などをよい状態に保つことによって、商品の品質が高くなり、かつ調理作業の能率も上がる。

　資産の保全をよくし、できるだけ効率よく長く使用することは、資産の回収を早くすることにつながる。

　メンテナンスの基本は、常にオープン時の店の状態に保とうと努力することである。そのためには、店舗の設備の維持管理の方法について、細かい手引書となるマニュアルを整備しておく。

　そして、店長の作業項目の中に日ごと、週ごと、月ごと、季節ごとに、メンテナンスに関する項目を折り込むことが大切である。

モチベーション　　　motivation

　やる気を起こして、仕事の成果を高める手法。

　意欲を高めるためにまず仕事の目的や仕事の目標を明確にして、個人の役割をはっきりさせることである。次に、個人の評価が公平に行なわれるように評価の基準を示すことである。

　動機づけは、外から与えられるものと、心の中から自主的に出てくるものとがある。

　目標を与え、会社の向かう方向、その中での自分の存在価値を十分に認識させて、教育訓練で自己啓発が進めば、労働意欲は高まっていく。

　自主行動のエネルギーが生まれるように、個人とグループの目標をどう設定して、教育・訓練の機会を増やしていくかがポイントになる。

　動機づけは、店長や中堅幹部の意欲をかき立てるポイントになる。部下とのコミュニケーションを図り、店や会社の将来に自分の姿を写せるかが大切である。

モニター制度 (せいど)
monitor system

店の改善につながる外部の意見を採用する方法。

モニター制度は、社員以外の人に定期的に、店で気付いた点などを指摘してもらう制度である。お客さまに支持される店の真の姿をつかむためには、お客さまの声に耳を傾けることが最も正確である。

店の者には、モニターは全くわからない。モニターには、店の料理やサービス、クレンリネスなどに関して素直な意見を述べてもらう。

モニターは、オピニオンリーダーとなって、周りの人たちに影響を与えて、顧客開拓の役割も果たす。

モニターはあまり専門的な人でないほうがよい。そして年齢は広くしておく。同じ人に長くモニターを務めてもらってもメリットは少ない。

モラール
morale

働く意欲のこと。モラール（士気）は、従業員の仕事の質を左右する。大切なことは、喜ばれる仕事に従事することの価値を見出す雰囲気を会社が持つことである。

トップが示す方針や方向が正しく、常によい結果が出て、その成果として新しい仕事への挑戦があり、仕事の質が高くなり、収入のレベルも高まれば、従業員はおのずと仕事に対して意欲的に取り組むようになる。

モラールは社会貢献度や会社（店）の評価を反映する。収入が少々高くても、社会性のない仕事にはやりがいがない。また、先の見えない会社の仕事では働く意欲は上がらない。必ず方向と到達点が示され、行動を起こして、結果を評価することによって初めて仕事の喜びが生まれる。

人間関係はよいに越したことはないが、要は自主的に仕事に取り組めて、会社の成長と個人の成長が見えることが重要である。

モラールサーベイ　　　　　　　　　　morale survey

　従業員の労働意欲を調べる士気調査。

　働きやすい環境をつくるために、細かく注意を払い、意欲を減退させるものを撤去して、新しい施策を打ち出すこと。

　調査方法の一つは、従業員の活動状況や仕事の成果を記録し、その趨勢や成果の良し悪しによって従業員の精神状態をつかむ。成果が落ちてきたり、出勤状況が悪くなれば、仕事上のトラブル、あるいは個人的な悩みがあると考えて、一日も早く意欲の回復を図れるように手を打つ。

　もう一つは、態度調査。従業員数の少ない会社は、マンツーマンの面接が最良だが、面接の回数が多くなると難しい。そこで、質問用紙を渡して回答を得る。質問はできるだけ単純にして、「YES」と「NO」で済むようにする。各項目ごとに集計して、従業員の士気の状態の良し悪しを判断する。

安さ　　　　　　　　　　　　　　　　cheapness

　提供されるサービスや料理の品質が同業の店よりも高く、価格が低い時に、安さがあるという。

　安さは、常に同業者との比較で判断され、提供される価値との相対的な対比によって決まる。安さを単に販売価格との比較だけで捉えると間違える。安い、おいしいは飲食業の重要なテーマだが、店側が価格だけで一方的に判断するのは危険である。安さや旨さはあくまでもお客さまの主観と他店との比較によって決定される。外食が3度の内食に代わるものである限り、食材（スーパー、八百屋で買う食材）費に主婦の料理時間と買い物、仕込み、後片付けの手間なども考慮して、外食の販売価格の高低を考えなければならない。外食価格が内食価格よりも安ければ、より価値があると判断できる。

　荒利益率の低さだけで安さは認め難い。商品開発や技術の向上によってオペレーションコストを削減しながら、利益を確保できる体質を確立したうえで、安さを演出することも大切だ。

ヤングアダルト　　　　　　　　　　　young adult

　若い年齢の大人たちという意味だが、内容は年齢的な若さだけを意味しているとは限らない。25〜45歳ぐらいまでの大人と定義している場合もある。若い家族を指すこともある。
　消費者の行動を基準にして店の方針を考える場合、新しいライフスタイルを持った若い大人たちを対象にしてファッション性を大切にする。しかしこの場合、決して年齢が低い若者のみを指すのではない。年齢よりも、若さに対する共鳴度がある大人を対象とするマーケティングが重要である。実年齢は若くないが、若者のように新しさや冒険心を失なわない人を「ヤングアダルト」と呼ぼうということで、元来の20歳前後の若者だけでなく幅広い年齢の人を指すようになっている。
　マーケティングを行なう時は、最初は新しいことにいち早く反応する若者を対象にしても、最終的には幅広い年齢層に利用されることが繁盛店の条件になる。

ユーティリティコスト　　　　　　　　　utility cost

　電気、水道、ガスなど公共性の強い施設を利用した経費。
　ユーティリティコストとは、電気、ガス、水道料金の、いわゆるエネルギーコストのことである。
　特に飲食業にとって、水道光熱費は変動費の大きな部分を占めるものであり、そのコストコントロールは収益の良し悪しを左右してしまうほどである。
　一般的にいって、水道光熱費は売上高の3〜5%を占めるもので、変動経費の中では食材費、人件費に次ぐ大きな経費である。特にガス、電気、水道の使用量はキッチンで働く人々に注意を喚起し、毎日の使用量を気にかけさせ、毎日報告させることによって節減が可能になる。すべてが職場のしつけで決まるコストであり、店の責任者をどう教育するかによって成果が決まる。

ユニット店舗(てんぽ)   unit store

　工場でつくった建材を、一定の規格に従い、現地で組み立ててつくられた店舗。建材メーカーの技術開発によって建設の手間が省け、短期で安く仕上げることができるようになった。

　素材を買って、技術者の手をかけて店舗を建てると、個性を表現できるが、建築費が高くつく。

　ユニット店舗は大工、左官など職人を必要としない工業生産された建物なので、工事期間を大幅に短縮できる。

　このようにユニット店舗は大手メーカーの外食産業への進出に伴い、飲食業の店舗に対する考え方を大きく変えた。特にファストフードチェーンなどのユニット店舗は、今や事業展開に不可欠のものになっている。

　大手の住宅関連メーカーとの共同開発により、自社独自の店舗デザインの個性を出すこともできるようになった。

　国産の住宅メーカー以外に海外からの進出もある。住宅業界の進歩や各メーカーの技術の情報を入手する必要がある。

ユニフォーマティ   uniformity

　統一されたイメージのこと。

　多店舗を持つチェーン企業は、看板の名とオペレーションの内容がいつも一致していることが、お客さまからの信頼を得ることにつながる。利用者にとっては、どこの店に入っても、あるいは同じ店に何回行っても、いつも期待通りの商品やサービスが受けられることが重要なのである。

　統一性とは、目に映る店の外観、内装インテリア、働く人たちのユニフォーム姿や笑顔、サービス、料理、店の雰囲気などが同じということである。その統一性を維持するためには、作業のルールを決め、サービスや調理あるいは店舗のクレンリネスに関して、スタンダード(基準)を示しておくことである。

　ユニフォーマティは、店長のスタンダードを守る意欲と、その基準を守るための訓練で決まる。

要員計画 (よういんけいかく) personel planning

必要人員を適正に配置すること。要員計画はオペレーションのスタンダードの維持と経営効率の両面から決まる。顧客満足を第一義に働く人々の働きやすさ、効率を考えて、人員配置は決定される。

店舗の要員計画は、次の手順で決める。

第一に提供する料理の質、サービスレベルの維持に必要な人員数を決定する。時間帯ごとの来客数に合わせて調理担当、接客担当、洗場の人員を何名にするかを設定しておくことである。

第二は効率面。特に労働生産性と人時売上高をいくらに設定するかで、人の計画は決まる。人の効率はメニュープランと工場設置、客席数等によって左右されるので、常に要員計画の見直しが必要である。メニュー構成、加工方法、客席のレイアウトも、その考え方に基づいて決定する。

余暇 (よか) leisure

会社勤務から解放され、自由に使えるプライベートな時間のこと。暇潰しの時間ではなく、人間性の回復と明日へのエネルギーを補給する時間である。

週休2日制の実施と共に、余暇をいかに有効に使うかが大きな関心事になった。しかし本来、余暇は会社が管理したり、指示するものではなく、あくまでも個人に委ねるべきものである。

生活の糧を求めて拘束される生活から、個人の生きがいを感じられる自由な時間をつくり、充実した人生を送ることに重点を置く、人間性回復計画である。

週休2日制は個人支出を促し、経済成長の要因にもつながる。

週休2日制の完全実施、余暇時間の過ごし方が身についた時、その国の生活レベルは向上したことになる。

予算制度 （よさんせいど）　　　　　　　　　　budgetary control system

　計画した売上高、経費、利益の達成を目指して、事業活動を行なうこと。

　予算は、トップが株主に約束した利益高を実現するものである。各事業部の責任者、トップの責任、数字を分担する。予算は必ず実現するという思想が当り前でないと、この制度は機能しない。

　トップの利益予算を達成するために、各部門長は売上高、経費、利益を計画する。その数字を実現するために、どんな営業活動が必要か、また経費をどう変えれば利益が変化するのか、各部門長のリーダーシップが問われることになる。

　毎月の売上高と利益の推移を見ながら、数字が予定と違った場合にはその原因を明確にし、対策を立て、営業の方針を変える。この予算を中心にした、経営行動を行なうのが予算統制である。

来客数 （らいきゃくすう）　　　　　　　　　　number of customers

　来店された客数のこと。オペレーションは、その客数の増大を目標とする。来客数は、経営にとって利益以上に大切な数値である。したがって現場の仕事は、客数を増やし続けるように組み立てる。客数を増やすために人を採用し、人をトレーニングして、オペレーションを強化するわけである。

　社会貢献のバロメーターの一つが来客数である。仕事の目的は、お客さまのニーズに応えて、満足していただくことにある。利益を生むためには、お客さまの満足が必要である。利益は、お客さま満足の対価として代金をいただくこと、つまり売上高が前提にある。調理と接客で客数を増やし、コストコントロール技術を身につけたマネジャーの努力で利益を得る。

　トップマネジメントから店で働く者までの関心事は、来客数におかれる必要がある。

来店頻度 (らいてんひんど)　　　frequency of visit

　お客さまが一定期間に来店される回数のこと。
　来店頻度の高い店が繁盛店であり、次の2点でバランスが取れている。
　一つは価格である。気軽に利用できる価格でないと、何度も店に足を運んでもらえない。
　もう一つは商品の内容である。何回でも食べられるポピュラーなメニューでなければならない。
　チェーンは、利用頻度の高いメニューにする必要がある。そして、客層の幅が広ければ、商圏は狭くても店は成立する。
　来店頻度の低い店は、高価格の店だから、対象とする客層は高額所得者となり、商圏も広く設定する。
　オフィス街では商圏が狭いので、来店頻度を高くするためには価格を下げて、誰もが選べるポピュラーなメニューを揃える必要がある。

ラインスタッフ　　　line staff

　稼ぐ立場のラインに属しながら、稼ぐ人たちがその仕事に集中できるように、側面から援助する役割の人。組織は営業に所属し、勤務は本部の事務である。
　ラインスタッフは、数値責任を負うオペレーションラインの長のための補助者として存在する。ラインの長の指揮で店を訪問するインスペクターやスーパーバイザーもいる。
　あくまでもライン長の指示に従って動き、報告は営業本部長に対して行なう。店で起こっていることを正しく上司に報告し、その問題の解決策を提案していく。
　商品や調理に係わるラインスタッフは、専門知識を持ったスペシャリストである。スーパーバイザーともいう。
　営業部には、売上高と経費のバランスをチェックするコントローラーというラインスタッフが所属することもある。

ラックジョバー　　　　　　　　　　　　　　rack jobber

　小売店の棚（ラック）を借りて、卸売業（ジョバー）が行なう商法のことをいう。

　本来は、小売業の商品の弱い部分を、その商品に強い業者が担当するもので、業者は売上高の中から売場を貸している小売店に手数料を支払う。

　お客さまにとっては、商品の売場が専門店になることで店全体の商品力が強化されるので、より魅力的な店となる。

　飲食店にも、このラックジョバーは適用されている。その一つが、店内の一部に設置された売店である。

　食べ物以外の商品を魅力あるものにするためには、小売業の専門家に任せて、装飾品や子供の玩具などのヒット商品を揃えて、生き生きした店頭にする。これによって店の人気を高めることができる。

ラム　　　　　　　　　　　　　　　　　　　　lamb

　仔羊の肉のこと。一般には、生後1年以上たった羊肉をマトンといい、それ以下の仔羊の肉をラムと呼んで区分する。

　フランス料理で、羊肉は食材として重要な位置を占めており、高級店では高価格で人気も高い。

　日本で羊肉がなかなか受け入れられないのは、その肉の独特な臭いにある。牧場の草の臭みが嫌われる原因だが、ラムにはそうした臭みがないのが特徴である。

　ラムは若い肉なので、肉質の軟らかさが特徴である。主要産出国はオーストラリアとニュージーランド。

　ラムは、網焼きかローストで提供する。牛肉と違ってあっさりしているので、ソースを工夫して味つけすることがおいしく出すコツである。一方、マトンは、価格が牛肉に比べると圧倒的に安いし、最近は人気を博してきたので、食材として多く使用され始めている。

リージョナルチェーン　　　regional chain

一定枠を設けて集中出店して、ローカルチェーンを2つ以上持つチェーン企業のこと。

リージョナルチェーンは、ローカルチェーンと同じように、行政地区では決して出店地域を分けない。たとえ出店が県外か他都市に及んだとしても、一つの経済圏として捉える。

ローカルチェーンの場合は本社（本部）直轄で、すべて社長決裁、あるいは社長の目の届く範囲内で出店してきたが、リージョナルチェーンになると、出店地域が広くなり、だんだん社長の目が届かなくなる。このため、トップがいなくても、店を運営できる組織力が必要となる。

経営者に代わる指揮者をリージョナルマネジャー（地域マネジャー）と呼ぶ。トップに対して結果責任を負うと同時に、地区マネジャー（エリアマネジャー）たちを指揮して、計画通りの結果を出す能力がなければならない。

リース方式（ほうしき）　　　lease system

長期間にわたる賃貸しのこと。

リースとレンタルは、次のように区別されている。

リースは賃貸借契約が3年以上の場合をいう。それに対して、レンタルは3年以下の短期間の賃貸借である。

リース方式は、投資資金の一時的な不足を補うための対策として採られた財務対策である。

銀行からの借入能力のない会社や個人に貸与する場合と、財務内容をよくするために負債をできるだけ少なくしたい会社に貸与するものとの2通りがある。

リース方式は、たとえ自己資本が少なくても店が増やせるので、うまみがある。ただし、リース会社はあくまでも金融業であるから、経費は決して低くない。銀行の金利よりも高くつく。

ただ、少ない自己資金で規模拡大が可能となるので、起業家にとっては魅力のある方法といえよう。

リーダーシップ leadership

　部下を率いて自分の任務を果たす指導力のこと。
　リーダーシップは、集団をリードする人に不可欠の能力だが、その能力は決して与えられた地位と権力だけで発揮できるものではない。
　ビジネスの世界では、専門的な知識と経験に加えて、豊かな人間性が身についてこそ人を率いることができる。そして、真のリーダーシップとは、高い人間性と知識経験の積み重ねによって信頼を得て確立される。
　言われた通りに仕事をすれば、確実に期待通りの結果が出せて、高く評価されるという実績が何よりも大切だ。特に外食産業では、オペレーションのモデル作業者であり、いつも店にいて思いやりのある声かけや手助けができる心の持主がリーダーとなる。忙しい時間帯などは、必ず部下の調理や接客作業のフォローに入る。

リードタイム leadtime

　食材をはじめとする仕入品の発注してから入荷するまでの日時のこと。発注量を決定する時にリードタイムの設定が重要。毎日配送と週2～3回配送では発注方法に大きな違いがある。
　仕入数量は次のポイントを置いて決定される。
　①標準在庫量……食材の必要量が出る。
　②現在庫量……各品目ごとの在庫数量が出る。
　③来客数予測……各食材の100人当り使用数量（これを発注指数という）を算出する。
　リードタイム分の使用量、入荷分を考慮して標準在庫量を出す。
　標準在庫量－発注時在庫数量＝発注量
　今日夕方発注して店に搬入されるのが2日後の朝であれば、リードタイムは1日となる。発注時の在庫数は当日夜と明日の1日分となる。在庫の品切れがないように、10～15％は安全在庫とする。

利益 (りえき)　profit

売上高から経費を差し引いた後に残る儲けのこと。

荒利益（もしくは粗利益=gross profit）は、売上高から原価を差し引いたもの。

その荒利益の中から、他の経費が支払われる。

経常利益（ordinary profit）は、すべての営業経費を荒利益高から差し引いた利益である。借入れのある場合には金利分を引き、預金や株式で待た利益は営業外収入として、利益にプラスされる。

税引前利益（profit before tax）は、資産の売却損益、資産評価益など営業外の特別利益や損失を計上して残ったもの。

純利益（net profit）は、税引前利益から法人税などを支払った後の本当の会社利益である（税引後利益）。純利益は配当、役員賞与、社内留保などの原資となる。

利益管理 (りえきかんり)　profit management

利益計画を年度方針の柱として立て、その実現を優先するマネジメントスタイルのこと。

利益を高めることが目的ではなく、その数字を実現するために会社はどう行動すべきか、企業の基本政策を決めるものである。数字ありきを先行して、その後に企業の行動を決めることになる。

数字面では、売上げと経費の枠決めを追う。

企業としてのあるべき利益が決まると、それを確保するための売上高確保の戦略と経費枠が決まる。

利益管理は数字面だけが強調されがちだが、実は店の売上高を確保するための行動の決め方が大切になる。

規模の大小に関係なく、数字に裏づけられた経営を行なう必要がある。

利益分配制 (りえきぶんぱいせい)　　　profit sharing system

　会社で得た利益を社員に還元する方法。
　会社は資本家のものとする考え方に立てば、利益は資本家に属するものである。
　しかし、利益は次のように3分割することが常識とされる。
　①資本家、②会社（社内留保）、③従業員
　資本の回収を早めるためには、働く人の心を刺激し、やる気を起こさせることが重要である。
　そこで、企業が得た利益は、働いた人に返ってくる制度を確立しておく必要がある。
　利益分配制は、利益確保と人への配分を大切にする。
　役員賞与や配当金とは意味が異なる。資本家にとっても、働く人のやる気は、利益をより高めることになるから、その見返りは十分に期待できる。
　また、利益分配制に一定の枠を設定していれば、経営の安定をもたらす。

リザルトマネジメント　　　result's management

　目標による管理と同義語。リザルトマネジメントは、アメリカの経営学者、シュレーが主張した理論である。
　この理論の特徴は、会社全体が期待する成果を個人ごとの目標までおろして、それを命令の形式にすることにある。命令通りに全員が達成できれば、会社の目指すところは実現できたことになる。この組織管理では、すべて結果のみが問われて、過程はあまり問題ではない。各人の目標がしっかりしているので、管理者は多くの部下を持てる。
　ただし、リザルトマネジメントを会社に採り入れるためには、構成人員の質の高さが前提になる。
　また、目標を設定し、作業割当てができるように、マネジメント技術を持った幹部の育成が急務となる。大型店や業態の異なる会社には適応できる。

リストラクチャリング　　　　　　　　restructuring

　経営環境の変化への対応や、業績悪化の原因となっている部分を除き、経営を立て直すこと。

　一般にリストラといわれ、人員削減によって経営の立て直しを短期間に行なう場合が多い。

　フードサービスのリストラは、まず不採算店の閉鎖である。赤字店舗の閉鎖が第一手段として考えられる。立地産業といわれるほど、立地で売上高が決まるので、売上高が低い店は閉鎖対象となる。

　次は商品の見直しである。品質と価格の見直しが主だが、大事なことは加工方法の変更である。

　商品に次いで大切なことは組織改革である。トップと店長の間の職位を少なくして、トップマネジメントと店長のコミュニケーションをよくすること。

　最も厳しいリストラは、店の業態変更と本部費のカットである。

立地（りっち）　　　　　　　　　　　location

　店舗を出店する場所のこと。フードサービス業は立地産業といわれるほど、立地は成功のポイントである。

　店の業種や業態、対象とする客層によって立地の良し悪しが分かれる。

　立地は、自店の対象とする客層に応じて決定する。周辺のファミリー客を対象とする場合は、店の周辺の住宅地に何万人住んでいるか、その商圏内の人口で売上高が決まる。次に前面道路の交通量が大切になる。

　繁華街の場合には、常に繁盛立地が移動することを知っていなければならない。特に百貨店やビッグストア、駅、バスターミナルなどの新設によって、人通りが一変する。

　ドライブインの場合には、道路の上り、下りのいずれを選ぶかはとても重要だ。惣菜や弁当、テイクアウトを主にする店は郊外から住宅地に向かう道路の左側が有利である。

立地開発担当　　　　　　　　　real estate section

　フードサービスの生命線である立地開発を担当する人。
　チェーン志向の企業にとって立地を選ぶノウハウは、企業の命運を握る。チェーンでなくとも、立地を選ぶ感覚は重要である。優良立地は常に変化しているから、既存店であってもよい立地を求めて移転する柔軟な姿勢が大切だ。不動産業者や金融業者に依存していては、競合店に負けてしまう。
　経営規模が小さいうちは、経営者が不動産担当というケースが多いが、店のコンセプト（概念）をよく理解し、売上高を予測でき、立地を選定できる人材を育てる必要がある。
　土地を購入する場合と借りる場合では、担当者の知識や経験も若干違ってくる。購入の場合には、不動産取引の知識や経験を優先するが、借りる場合には、会社や店をよく理解し、地主を安心させることができる情報と人柄の持ち主が必要である。

立地変更　　　　　　　　　　　changing of location

　より売上高の高い場所に店の位置を変えること。競合状態や経営効率を考え、たとえ50m、100mでも店を移動させることで収益は変化する。
　よい立地は、固定されていることはなく、常に流動的である。したがって、店舗立地の変更には柔軟な姿勢が要求される。駅周辺ではあまり人の流れは変化しないと考えがちだが、核になる大型店、デパートやスーパーマーケットの新設・移転によって商店街は大きく変化するので注意を要する。
　テイクアウト主体の店は、それらの状況をつかんで、人の流れに対して敏感な対応が必要である。
　郊外ではバイパスの開通、高速道路の新設で、立地は変わる。長距離を移動するドライバーが多いインターチェンジやバイパスでは、売上高を決める重要なポイントが道路の開通である。チェーン展開している会社は、知名度が高いので、旅行者や長距離走行のドライバーの利用度が高い。

リベート

rebate

　取引条件として、売り主側から買い主側に支払われる報償金のこと。リベートは、商品を売る側が、取引の数量拡大を期待して取り入れた販促手段の一つである。

　買い主側の仕入数量が増えるに従って、単価の引下げや報償金が支払われる。次のような決め方がある。

①年間取引高に応じた報償金。
②特別セールや季節商品。果物、飲料、アルコール、季節の売り物などを、ある季節に限って販促し、その売上額に応じて報償金を仕入れする側に支払う。
③取引の合理化努力によるもの。1回の配送量の増大、配送費負担の軽減、搬入・決済方法の変更など、買い主側の努力によって売り主の負担が軽減された場合には、報償金を出すこともある。

流動比率(りゅうどうひりつ)

current ratio

　会社が財務的に安心できる経営状態を継続するための支払い能力を測る物差しのこと。

　資金繰りを測る指標で、流動比率＝流動資産÷流動負債×100という計算式で表される。流動資産とは現金預金、有価証券、売掛金、商品など。流動負債とは1年以内に支払いが発生する買掛金、短期借入金、長期借入金の年内支払額などである。流動比率とは、近い将来支払いが必要な債務に対する支払能力を示す物差しである。

　一般的に、流動比率は200以上あると安全とされている。金を貸す側の理想値である。小さな店、経営が不安定な会社に銀行が貸し出す時に判断の物差しになる。流動比率200は優等生の数値である。

　現金収入、荒利益の高い飲食業では、それほど高い数値を維持する必要はない。流動比率は130〜150あれば十分とされている。

料理長 executive chef

調理部門における店の最高責任者のこと。
料理長（調理長）は次のような任務を負っている。
① 会社の方針に合致したメニューの作成。
② 調理部門の部下の育成。
③ キッチン内の作業指示と人員配置を決める作業割当て。
④ 決められた数値責任（一般に数値責任は原価率を指す。原価と共に重要なのは人件費である）。
⑤ 新製品の開発。
⑥ 改善案（主に調理場における作業改善。キッチンの設備改善。特に調理機器の改善に注意を払う）。
⑦ 高い商品の品質維持（会社が決めたスタンダードを常に出し続ける）。

おいしい料理を出せる人が料理長だが、それは必要条件の一つ。調理技術と並んで、管理者としての能力が求められる。

リ・ロケーション re-location

店舗の場所をよりよい場所に移転すること。

一般にリ・ロケーションは、土地の貸借契約の満了に伴って近くに新しい場所を探すことが多い。

しかし、積極的なリ・ロケーションは、ロードサイドレストランには欠かせない戦略である。

立地は、道路事情と周辺の住宅、商業施設の出退店で大きく変化する。その変化に上手に対応することで、持続した売上高の確保が可能となる。

店舗数の多いチェーンでは、新店の出店計画以上に既存店の立地変化に対応する具体的なプランが大切になる。

新店の開発については、本部の立地開発部と不動産情報が大切になるが、リ・ロケーションについては、現場のオペレーション担当のエリアマネジャーの情報力、立地に対する知識が大切になる。

稟議制度（りんぎせいど）   "lingi" international authorization

起案者が計画案を提案して、直属の長や関係部署に計画の承認を求める方法。日本独特の管理方式である。

稟議（りんぎ）は一定の書式に基いて、計画を練り、文書化し、その計画の承認を得てから実施する手続きをとる。会議を開催しなくても、回覧方法によって関係者に周知させることができるメリットがある。

権限委設が行なわれれば、稟議の必要はない。あくまでも権限がトップマネジメント数名に集中している場合に承認を得る手法である。

本店事務所が遠隔地にある場合、投資に関するもの、特に新規出店の場合には稟議が必要になる。しかし同時に、稟議制は責任回避となる恐れもある。

大きな失敗をしないようにとスタートした稟議制度は、責任の曖昧さを生み、時間がかかりすぎて組織が有効に機能しないということで、排除される傾向にある。

レイアウト   layout

店舗内の席、機器施設の配列のこと。作業効率を重点に置きながらも、働きやすさと楽しさの表現も考慮する。働きやすさはサービスの向上につながる。

少ない人手で、できるだけ効率的に仕事ができて、初めてレイアウトは成功したことになる。

店内のテーブルのレイアウトは、いかに客席数を増やしていくかが関心事だが、実際にはあまり重要ではない。重要なのはいかに効率よく、しかもサービスしやすい店にするかということである。客席のレイアウトでは、常にキッチンとテーブル間の動線を短縮することがポイントになる。

またレイアウトで大切なのは、キッチンの機器類の配列である。キッチンの中を右往左往することがないように、機器は人員配置を考えて配置されなければならない。

冷蔵庫

refrigerator

　食品を冷やして保管するための機器。庫内の温度は大体5～7℃に設定されている。

　冷蔵庫は、電気を使用するが、時には氷冷蔵庫の店もある。電気冷蔵庫を利用すると、食品の水分が飛ぶことから、氷を使用する例も稀にある。

　業務用としては、人が出入りできる大型のウォークイン冷蔵庫と、戸棚のように開閉するリーチイン冷蔵庫、そしてキッチンの作業台の近くや下部に取り付けられた引出しスタイルのドロアー等がある。

　ウォークイン冷蔵庫には野菜や他の冷蔵品が保管され、リーチインには品種ごとに分類して、簡単に取り出せる野菜や小分けした食材が保管される。

　冷蔵庫で注意を要するのは、開封した食材は水分が蒸発して劣化することである。先入れ先出しの実行と共に、いつも適量保管を心がけなければならない。満杯状態だと冷気が回らないので、大体4割くらいの空間が必要である

冷凍庫

freezer

　冷凍食品を貯蔵する製品で、普通、マイナス20～25℃に設定する。品質の劣化を防ぐ機器である。

　冷凍庫は、貯蔵庫と同様にサイズは大小いろいろであるが、物流システムが整備されてきたことからキッチンの中での役割は大幅に減っている。

　冷凍庫内は、食材が取り出しやすく、実地棚卸しがしやすいように整理整頓を常に心がける。冷凍期間が長くなると、食品は必ず変質するので、あらかじめ賞味期限を設定しておく。

　冷凍庫は電気使用量が多くなるので、冷凍庫の開閉回数は、できるだけ少なくする。冷凍品は大体解凍をしてから調理するのでピーク中は開閉しないようにする。

冷凍食品   frozen foods

マイナス25℃以下に凍結された食料品のこと。供給時期と価格を安定させるために開発された加工食品である。かつては材料（食材）の保存が主目的であった。

当初は、材料を冷凍化してきたが、冷凍技術の向上と共に加工食品の冷凍が主になり、今日では完全に冷凍食品の主流は加工食品、しかも調理済みの食品になっている。

食品メーカーの技術開発や家庭の主婦の職場進出、所得の増大、冷凍冷蔵庫の普及によって、調理済み冷凍食品の市場は成長を続けている。

チェーン企業は、調理場の人件費削減と商品の早い提供を実現するために、調理済み食品の活用はどうしても避けられない。腕利きの調理長のつくりだした大量の料理を、大衆価格で提供するためには、冷凍技術に依存するところ大である。

レギュラーチェーン   corporate chain

一つの会社が、直営で11店以上の店舗を所有している場合にレギュラーチェーンという。

レギュラーチェーンは日本でつくられた言葉で、アメリカではコーポレートチェーンと呼び、イギリスではマルチプルチェーン（multiple chain）という。レギュラーチェーンと呼ぶようになったのは、フランチャイズチェーン、ボランタリーチェーンとの違いを明確に分類するためである。

レギュラーチェーンの特徴は、各店の運営を規制し、店舗を支える強い本部が、店舗とは別に存在することである。

少数の優秀な人材がつくりあげた仕組みを活用して、多数の店を運営していくのがチェーンストアである。

どこの店に行っても、全く同じサービスと料理が提供されるという安心感がある。規模（大量）の利点を追求して、安い価格と品質の向上と安定を図ると同時に、お客さまには安心感を売っている。

レシピ recipe

　調理で使用する食材と調味料の分量を表示したもので、フォーミュラ（formula）ともいわれる処方箋のこと。いつも均質の商品を出せるようにし、誰がつくっても同じ味になるようにする。

　レシピは、商品に使われている食材の数量や調味料の分量が示されている。料理の盛りつけがカラー写真や色彩感溢れた絵で示されているとわかりやすい。

　調理担当者が変わるたびに店の味が変化していては、お客さまは来店するのが不安になる。調理担当者を短期に育成するためにも、レシピは教育・訓練の道具として不可欠のものである。味を調理担当者個人のものから、店のものにしていく、キッチンの改革のポイントになる。レシピの作成は、調理場の近代化の第一歩として取り組むことが必要である。

　レシピをつくるのは商品開発担当（merchandiser）である。

レトルト食品 retort-packed food

　完全に調理した食品を蒸気釜で加圧、加熱し、滅菌した商品を特殊なアルミ袋に詰めた食品。1960年代に日本でつくられた加工食品名であって、正確な外来語ではない。コンビニエンスフーズの一種である。

　完全調理した加工商品を家庭で温めるだけで食べられるという、文字通りコンビニエント（便利）な面が時代にマッチした。

　この商品の発想のきっかけは、アメリカや旧ソ連の宇宙食であるといわれている。商品はカレー、スパゲティ、ハヤシライス、おでん、ぜんざい、シチューなどである。

　日本のレトルト食品はあくまでも家庭を対象にしたもので、家庭内の調理作業を排除している。

　レトルト食品は、フードサービス向きの商品ではない。むしろフードサービス業者でセントラルキッチンを持っているところが、一般向けに開発すべき商品ともいえる。

レトロ調(ちょう)　　　　　　　　　　retrospective restaurant

　昔の雰囲気を出した懐古調のレストランのこと。

　古い店舗の持ち味は、人々に抱かせる懐かしさと使用食材とデザインから生まれる温かさにある。

　レトロには、素材そのもので古さを強調するものと、新素材を古く見せるものの2通りの方法がある。

　レトロ調をテーマにした代表的な店は、イギリスに多くあるパブである。古い住宅、倉庫、旅館など家屋の建材をできるだけ残してデザインをし、独特のムードを醸し出している。店そのものに話題性があり、お客さまにはアルコールや食事をサービスしながら心もリラックスさせる。

　石やレンガの文明は、レトロ調の店には欠かせないテーマである。ただ最近のビルでは、レトロ調は消防法の制限を受けたり、コスト上困難になるので、古材に似せたプラスチックを使用して雰囲気を出すところが多い。

ロイヤリティ　　　　　　　　　　　　　　　　royalty

　フランチャイジー（加盟者）がフランチャイザー（本部）に対して技術指導料として支払う金銭のこと。

　一般にフランチャイジーは毎月、本部に対して売上高の何％かを経営指導料として支払うことになっている。それは、フランチャイズ契約の中に明記される。

　普通は売上高の3〜5％がロイヤリティとなる。これはあくまでも本部の指導と看板に対する料金である。したがって、本部側はロイヤリティに値するだけの指導をしなければならない。本部は、スーパーバイザーを育成して加盟店の指導に巡回させたり、新しいシステムを開発して加盟店がより有利に事業を展開できるように援助する必要がある。

　食材を卸すメーカー志向の強いチェーンでは、ロイヤリティを取らずに、食材や商品を供給することで利益を上げている場合が多い。

労働協約 labor agreement

労働者と使用者の話し合いによって決めた契約のこと。労働組合がなかった時代は、労働に関する契約はマンツーマンで進められて、使用者側に有利な契約になりがちであった。

労働協約は、組合と使用者側との話し合いによって成立するものである。労働協約の内容は次の通り。

労働条件、団体交渉、組合活動、人事、経営協議会、苦情処理、争議など。労働協約は文書化され、記名押印されて初めて効力を発する。その期間は3年を超えないこととされている。

問題になるのは、就業規則との食い違いである。

労働協約と就業規則の食い違いが起こった場合には、労働協約が優先される。労働協約の解釈についての紛争は、末端の労働者から階層ごとに選ばれた委員と使用者側が話し合って解決する。それを苦情処理という。

労働組合 labor union

労働者の権利と生活向上を目指してつくられた組織。

生活向上に重点が置かれるので、労働条件の整備や経済条件が主たる交渉テーマとなる。

日本の労働組合は、産業別組合が主となっている。ホテル、商業、印刷、私鉄、鉄鋼という具合に、産業間の横一線交渉が多く、同業者内で条件などのバランスを取るように配慮されている。

各組合の上部団体には、政治色の強い団体が存在し、政治的な発言力を伴った働きかけも行なう。

外食産業では、1970年代の株式公開を機に、大手チェーンに労働組合が誕生した。

成長期であったことや会社側の意志で生まれた経緯があるので、あまり活発な動きはない。

組合員も、店が広い範囲に散在していることもあり、組合活動に積極的に参加するのは困難な状態である。

労働生産性 labor productivity

　従業員1人当たりの稼ぎ高のこと。一般には、1人当たりの荒利益高を指す。ただし、企業によっては1人当たりの売上高や時間当たりの売上高を指す場合もある。

　経営管理上、労働生産性は常に支払可能賃金と利益率確保とのバランスで検討されるので、労働生産性は稼いだ付加価値、つまり労働1時間当たりの荒利益高で考えるのが正しい。

　企業として適正な利益を維持するためには、その企業の人件費の3倍の荒利益高が必要だと、過去の実績から言われている。たとえば年間5000万円の人件費が必要な店では、荒利益高は1億5000万円確保しなくてはならない。それを労働1時間当たりの荒利益高で表すと、労働生産性という言葉が使われる。

　パートタイマーが多い場合には、パートタイマーの総労働時間数を正社員の1ヵ月分の労働時間数で割れば、正社員の何人分に相当するか数字が出る。それによって1人当たりの労働生産性は算出できる。

労働分配率 payroll to gross profit

　荒利益高に占める人件費の割合をパーセンテージで示したもの。労働分配率は適正人件費の枠を決めるために用いられる。人件費には役員賞与を除いた給与、諸手当、交通費、寮費、賄い費などが含まれる。労働分配率の計算式は次の通り。

　労働分配率＝人件費÷荒利益高

　経費コントロール上、人件費は荒利益高の40〜45％が望ましいとされている。最近では、荒利益高の50％まではやむを得ないといわれている。

　ただし、荒利益高の50％を超えるようになると、経営はきわめて危険な状態に陥る。経営者としては、労働分配率を常に一定に保つ努力が求められる。1人当たりの給与が高くなれば当然、商品力、オペレーション力を上げて来客数を増やし、売上高を上げて、1人当たりの荒利益高も大きくなければならない。

ローカルチェーン　　　　　　　　local chain

　ある地区に集中した出店を続けて、商圏が重なり合うようになっている地方チェーンのこと。同じ会社が経営していても、業種業態が異なる場合はチェーンとはいわない。同じ業態で11店以上ある場合にチェーンと言われる。ローカルチェーンができあがると、本格的なチェーンの基盤が整ったことになる。

　店と店との距離が離れすぎては、物流やマネジメントの効率の悪さはもちろん、人気が高まらない。店と店の距離が接近し、お客さまを奪い合うほど隙間のない出店になると、本格的なチェーンが誕生したことになる。

　店舗数を増やす場合には、人口の多い都市から1店舗ずつ出店するケースがあるが、チェーン経営はとにかく集中出店して来客数を増やして、利益を上げなければならない。11店以上を狙える地域を一つの商勢圏にして、その中で各店の立地に対応して1店ごとに収益を上げて、ローカルチェーンを確立する。そして次の地域にまた集中出店する。

ロールプレイング　　　　　　　　role playing

　教育・訓練の一つの方法で、訓練者が実際に現場で行なう作業担当者とお客さまの役割を演じて、身体で技術を憶えること。役割演技法と呼ばれる訓練方法。

　飲食店で一番効果の上がるのが接客訓練である。ロールプレーイングをする時は、トレーナーが訓練者にどのように接客すべきか、作業や動作の基本を示す。モデル作業をはっきりと全員に教え、実際の客席と全く同じ環境をつくり、演技を繰り返すことで接客サービスに自信がつく。

　自分の演技と、仲間の表情や動作、言葉遣いを実際に見ることは大変いい勉強になる。

　接客ロールプレーイングの場合は、トレーナーか先輩がお客さまになったほうがよい。また、演技終了と共に、観察者の意見を必ず聞く。よかった点や改善すべき点を互いに意見交換する。

井上恵次 いのうえけいじ

1939年9月10日福岡県生まれ。上智大学経済学部卒。柴田書店編集部長を経て、78年、ロイヤルに入社。86年同社副社長。在任中にベッカーズを創設、社長に就任。88年ロイヤルを退社。90年5月、ベッカーズ社長を退任し、井上フードビジネスコンサルタンツを主宰。令和2(2020)年没。

著書に『食堂業 店長の仕事』『食堂業 エリアマネジャーが育てる強い店 強い店長』『食堂業の店長会議』(すべて柴田書店刊)などがある。

㈱井上フードビジネスコンサルタンツ
〒162-0825　東京都新宿区神楽坂3-2 トレビスビル
TEL. 03-3267-6258

フードサービス用語辞典

初版発行	2017年1月15日
2版発行	2024年4月30日
著者ⓒ	井上恵次
発行者	土肥大介
発行所	株式会社柴田書店
	〒113-8477
	東京都文京区湯島3-26-9 イヤサカビル
	営業部　03-5816-8282（注文・問合せ）
	書籍編集部　03-5816-8260
	URL　https://www.shibatashoten.co.jp
印刷・製本	株式会社文化カラー印刷

ISBN 978-4-388-15338-1
本書収録内容の無断掲載・転写（コピー）・引用・データ配信などの行為は固く禁じます。落丁、乱丁はお取替えいたします。
Printed in Japan